Yves Assouline

LA COURSE INCESSANTE DES ÊTRES HUMAINS

BALLOTTÉS CHAQUE JOUR ENTRE LEURS MOTIVATIONS ET LEURS POISONS

Editions Atract

Introduction : Un conte de Lao Tseu

Asseyez-vous un instant...

Et posez-vous cette question :
Pourquoi décidez-vous de faire telle ou telle action, par exemple pourquoi lisez-vous ce livre ?

D'une manière intuitive, vous savez qu'il y a un certain nombre d'actions que vous réalisez par devoir ou par obligation : se lever tôt le matin pour aller travailler, sortir les poubelles le mardi, etc.

Et puis, quand vous avez du temps libre, vous l'occupez par des activités qui vous sont personnelles et vous procurent du plaisir : souvent vous lisez, vous écoutez de la musique, vous passez du temps en famille ou avec vos enfants, vos amis, vous voyagez, vous faites du sport, vous écoutez de la musique, ...

J'ai bien précisé “souvent”, car nous sommes tous différents : par exemple, beaucoup de personnes aiment lire, mais il en existe qui détestent cela; et parmi ceux qui aiment lire, il y en a qui adorent les romans policiers, et d'autres qui les exècrent.

Mais quelle est l'origine de nos motivations ?

Qu'est-ce qui nous motive à faire telle ou telle activité ?

Pourquoi les motivations sont-elles différentes ou semblables suivant les personnes ?

Avons-nous des motivations prioritaires, que nous devrions privilégier pour nous épanouir ?

Voilà les questions auxquelles je vais essayer de répondre.
Comprendre l'origine de ses motivations, de ce qui nous pousse à agir, permet de mieux faire ses choix, d'être bienveillant avec ceux qui nous entourent, et plus serein face aux événements que nous ne maîtrisons pas.

Nous sentons instinctivement que toutes les actions et événements de la vie n'ont pas la même importance, et parfois, nous aimerions savoir comment donner une juste signification aux choses, en relativiser certaines, en apprécier d'autres plus intensément.

*

Un conte de Lao Tseu (IVème siècle av. J-C.) nous rappelle l'importance de **cette relativisation des événements** :

Un pauvre et vieux chinois suscitait la jalousie des plus riches du pays parce qu'il possédait un cheval blanc extraordinaire.

Chaque fois qu'on lui proposait une fortune pour l'animal, le vieillard répondait :
- « Ce cheval est beaucoup plus qu'un animal pour moi, c'est un ami, je ne peux pas le vendre. »
Un jour, le cheval disparut. Les voisins rassemblés devant l'étable vide donnèrent leur opinion :
- « Pauvre idiot, il était prévisible qu'on te volerait cette bête. Pourquoi ne l'as-tu pas vendue ? Quel malheur ! »
Le paysan se montra plus circonspect :
- « N'exagérons rien dit-il.
Disons que le cheval ne se trouve plus dans l'étable. C'est un fait. Tout le reste n'est qu'une appréciation de votre part. Comment savoir si c'est un bonheur ou un malheur ?
Nous ne connaissons qu'un fragment de l'histoire. Qui sait ce qu'il adviendra ? ».

Les gens se moquèrent du vieil homme. Ils le considéraient depuis longtemps comme un simple d'esprit.
Quinze jours plus tard, le cheval blanc revint. Il n'avait pas été volé, il s'était tout simplement mis au vert et ramenait une douzaine de chevaux sauvages de son escapade.

Les villageois s'attroupèrent de nouveau :
- « Tu avais raison, ce n'était pas un malheur mais une bénédiction.»
- « Je n'irais pas jusque-là, fit le paysan. Contentons-nous de dire que le cheval blanc est revenu. Comment savoir si c'est une chance ou une malchance ? Ce n'est qu'un épisode. peut-on connaître le contenu d'un livre en ne lisant qu'une phrase ? ».

Les villageois se dispersèrent, convaincus que le vieil homme déraisonnait.
Recevoir douze beaux chevaux était indubitablement un cadeau du ciel, qui pouvait le nier ?

Le fils du paysan entreprit le dressage des chevaux sauvages. L'un d'eux le jeta à terre et le piétina.

Les villageois vinrent une fois de plus donner leur avis :
- « Pauvre ami ! Tu avais raison, ces chevaux sauvages ne t'ont pas porté chance. Voici que ton fils unique est estropié.
Qui donc t'aidera dans tes vieux jours ? Tu es vraiment à plaindre. »
- « Voyons, rétorqua le paysan, n'allez pas si vite. Mon fils a perdu l'usage de ses jambes, c'est tout. Qui dira ce que cela nous aura apporté ? La vie se présente par petits bouts, nul ne peut prédire l'avenir. »

Quelque temps plus tard, la guerre éclata et tous les jeunes gens du village furent enrôlés dans l'armée, sauf l'invalide.
- « Vieil homme, se lamentèrent les villageois, tu avais raison, ton fils ne peut plus marcher, mais il reste auprès de toi tandis que nos fils vont se faire tuer. »
« Je vous en prie, » répondit le paysan, « ne jugez pas hâtivement. Vos jeunes sont enrôlés dans l'armée, le mien reste à la maison, c'est tout ce que nous puissions dire. Dieu seul sait si c'est un bien ou un mal. »

*

Schopenhauer (dans "Aphorisme sur la sagesse dans la vie", 1880) nous **dit la même chose** :
« Nul événement ne doit nous faire éclater en grands éclats de joie ni de lamentations, en partie à cause de la versatilité de toutes choses qui peut à tout moment modifier la situation, et en partie à cause de la facilité de notre jugement à se tromper sur ce qui nous est salutaire ou préjudiciable; ainsi il est arrivé à chacun, au moins une fois dans sa vie, de gémir sur ce qui s'est trouvé plus tard être tout ce qu'il y avait de plus heureux pour lui, ou d'être ravi de ce qui est devenu la source de ses plus grandes souffrances. »

*

Quand on y réfléchit, il est vrai que nous passons beaucoup de temps à réagir aux événements, agréables ou désagréables, qui nous arrivent.
Et nous faisons rarement le bilan de leurs conséquences, parce que nous oublions, ou sommes pris par notre activité quotidienne.
L'histoire précédente nous montre que le vieux paysan, dont l'attitude nous paraît incompréhensible au début du conte, se révèle au final un personnage sage, qui relativise beaucoup les

événements qui lui arrivent, ce qui lui permet de mieux faire face aux événements de la vie, qu'ils soient bons ou mauvais.
Ce récit est certes exagéré, car il encourage une certaine passivité. En effet, dans notre vie quotidienne, il arrive souvent que nos actions modifient le cours des événements dans le sens que nous souhaitons leur donner à long terme.
Cependant, cela n'est pas du tout systématique.
Quels que soient nos efforts, nous ne pourrons jamais maîtriser totalement ce qui arrive ; c'est la raison pour laquelle nous devons rester humbles dans nos jugements sur les événements qui jalonnent notre vie, et être prudents et mesurés dans nos choix de vie.

*

D'une certaine manière, le but de ce livre est de vous transmettre un peu de la philosophie de sagesse du vieux paysan.
Mais pour en arriver à cette sagesse, nous devons d'abord faire un long cheminement pour comprendre d'où nous viennent ces besoins impérieux qui nous poussent à acheter, à vendre, à posséder, à agir, ...
Je vous présenterai les motivations par une approche progressive, en me basant sur des notions simples de biologie, ce qui m'amènera à vous décrire les processus en action dans notre cerveau.
Vous découvrirez que nous avons tous de nombreuses motivations, dont certaines sont plus importantes que les autres pour la majorité d'entre nous, mais que, dans tous les cas, des préférences de motivations existent en fonction des personnes.

Pour faire une comparaison imagée, vous pouvez imaginer que nos motivations sont comme les doigts de nos mains.
Nous avons tous 10 doigts, mais les doigts que nous utilisons les plus fréquemment sont nos pouces et nos index.
Mais certains, en raison de leur métier ou leur activité, pourront utiliser aussi fréquemment d'autres doigts.

Par exemple, les guitaristes ou les pianistes assidus utilisent quotidiennement, certes leurs pouces et leurs index, mais aussi beaucoup leurs autres doigts, y compris les majeurs, les annulaires et les auriculaires !

******

Partie 1. Les motivations fondamentales

Dans cette partie, nous allons faire un retour en arrière de plusieurs millions d'années afin de découvrir quelles sont les toutes premières motivations, « fondamentales ».
Nous verrons qu'elles sont à la base de toutes les autres motivations.

Pour reprendre la métaphore avec les dix doigts des mains, on pourrait dire qu'elles constituent les pouces et les index !

Chapitre 1. L'apparition de motivations archaïques

« Vraiment, on a peine à croire à quel point est insignifiante, vide de sens, aux yeux du spectateur étranger, à quel point stupide et irréfléchie, de la part de l'acteur lui-même, l'existence que coulent la plupart des hommes :

Une attente sotte, des souffrances ineptes, une marche titubante, à travers les quatre âges de la vie, jusqu'à ce terme, la mort, en compagnie d'une procession d'idées triviales.

***Voilà les hommes : des horloges ; une fois monté, cela marche sans savoir pourquoi** ; à chaque conception, à chaque engendrement, c'est l'horloge de la vie humaine qui se remonte, pour reprendre sa petite ritournelle, déjà répétée une infinité de fois... »*

(Schopenhauer - Le Monde comme Volonté et comme Représentation)

De notre naissance à notre mort, nous nous agitons sans cesse, quel que soit notre niveau de vie ...
Mais pourquoi sommes-nous ainsi poussés à courir constamment ?

Existe-t-il des substances chimiques, des molécules, des cellules spécifiques, des organes, qui, en contrôlant ou influençant notre cerveau, nous poussent à courir ainsi en permanence ?
Pour une pierre, une plante, ou une cellule, avoir un objectif, être joyeux, content ou heureux n'a pas de signification.
Les notions de motivation, de plaisir et de bonheur n'existent, semble-t-il, que parce qu'il y a un cerveau qui les crée et leur donne un sens.

Dans la suite de ce chapitre, le terme « motivation » sera pris dans un sens large, c'est-à-dire définissant une tendance animale à aller vers un but spécifique.
Nous allons décrire comment l'évolution naturelle a dirigé les espèces les plus primaires vers des motivations « archaïques », fondamentales, qui les ont poussé à agir.

*

LES TOUTES PREMIÈRES MOTIVATIONS DE LA VIE

Voici environ 650 millions d'années, des organismes tels que les éponges de mer, les coraux, les étoiles de mer se multiplient : ils possèdent alors un corps composé essentiellement de deux sortes de cellules : des cellules extérieures et intérieures.
Cependant, un tel animal à plusieurs couches de cellules n'aurait pas pu être viable si les cellules extérieures avaient été incapables de transmettre des nutriments aux cellules intérieures, et plus généralement de communiquer avec ces cellules intérieures.
Par exemple, les cellules de notre corps ne peuvent pas survivre sans apport régulier de lipides, glucides, sels minéraux, acides aminés...
Deux nouveaux outils apparurent alors et permirent une transmission et une communication entre les cellules extérieures

et intérieures de ces nouveaux animaux : **les hormones et les cellules nerveuses**.
Ces systèmes hormonal et nerveux vont être à l'origine des « envies » de dormir, manger, se reproduire, allaiter, se protéger, etc. : ils seront les précurseurs de l'apparition des motivations fondamentales.

LES HORMONES

Les hormones sont des molécules chimiques qui peuvent circuler dans un fluide interne de l'animal (par exemple le sang chez les mammifères).
Elles ont permis non seulement de nourrir les cellules internes des premiers animaux, mais aussi de déclencher des comportements périodiques, nécessaires à la survie ou la reproduction de l'animal.
En ce sens, elles constituent des **« motivations archaïques »**.

De même, pour l'espèce humaine, il existe des hormones pour déclencher le sommeil, la faim, la reproduction, la croissance, le lait maternel, le besoin d'allaiter, l'attachement... et pour gérer la fréquence cardiaque, la pression artérielle, la quantité de sucre dans le sang, etc....

Donnons quelques exemples d'hormones : la mélatonine pour le sommeil, la leptine pour la faim, la testostérone – progestérone - œstrogène pour la reproduction, la somatotrophine pour la croissance, la prolactine pour le lait maternel, l'ocytocine pour l'envie d'allaiter et l'attachement, ...

*

Paul Zak est un neuro-économiste américain.
Il a mené de nombreuses expériences liée à l'hormone ocytocine, et il postule que l'ocytocine est aussi une hormone liée à la confiance et à la joie.
Il a montré, en particulier sur les animaux, que l'augmentation du taux d'ocytocine secrété par un chien lorsqu'il est en présence de

son maître est 5 fois supérieur à celui des chats dans les mêmes conditions.
Sa conclusion est que les chats ressentent bien du plaisir et de l'amour en présence de leur maître, mais que celui des chiens est bien supérieur, ce qui explique l'enthousiasme et la joie des chiens quand leur maître apparaît ...

Ainsi, nous ne sommes pas tous égaux en ce qui concerne la joie et la bonne humeur, et tout cela à cause de taux d'hormone différents !

LES CELLULES NERVEUSES

Les cellules nerveuses permirent, quant à elles, à partir d'une perception extérieure, d'exciter extrêmement rapidement un organe interne, donc de déclencher rapidement un comportement.
En effet, l'influx nerveux est basé sur l'électricité et se propage à la vitesse de l'électricité.
Chaque cellule nerveuse (ou neurone) communique avec la cellule nerveuse voisine en lui transmettant une petite molécule chimique, le neurotransmetteur.
Si on touche une aplysie (ou limace de mer), on provoque une réaction de retrait immédiate : les neurones de perception de l'animal transmettent l'influx nerveux de neurone en neurone jusqu'au muscle.
L'animal est donc, grâce à ses neurones, **motivé à agir (vite) pour sa sécurité** (voir annexe pour plus de détails).

*

On a constaté que la dépression est associée à un déficit de certains neurotransmetteurs spécifiques, les neurotransmetteurs dits « monoamines » : sérotonine, dopamine, et noradrénaline.

C'est pourquoi tous les antidépresseurs actuels tels que le Prozac, le Zoloft, le Surmontil, ont pour effet d'augmenter la concentration de ces trois neurotransmetteurs dans les fentes synaptiques.

Le médicament ne corrige donc pas la cause fondamentale (les événements qui ont engendré l'état dépressif) mais ses effets.

Si une personne possède génétiquement une déficience en neurotransmetteurs, par exemple monoamines, elle sera de nature dépressive, c'est-à-dire que la moindre contrariété (ou même aucune...) pourra engendrer une dépression.

Plusieurs observations montrent également que l'excès de neurotransmetteurs noradrénaline provoque l'anxiété.
C'est la raison pour laquelle plusieurs médicaments anxiolytiques (c'est-à-dire contre l'anxiété) sont basés sur l'inhibition des neurotransmetteurs à noradrénaline, comme par exemple l'Avlocardyl ou le Propanolol.

Mais il existe aussi des médicaments qui, à l'inverse, vont amplifier le nombre de certains neurotransmetteurs. C'est par exemple le cas des antidépresseurs Valium et le Lexomil, que vous connaissez certainement : ces médicaments amplifient les neurotransmetteurs « Gaba ».
En effet, les Gaba sont des inhibiteurs de la noradrénaline, c'est-à-dire qu'ils vont gêner la transmission de la noradrénaline.

******

Chapitre 2. Voici nos 4 premières motivations

« Ah ! La faim ! La faim ! Ce mot-là, ou plutôt cette chose-là, a fait des révolutions ; elle en fera bien d'autres ! »

Gustave Flaubert / Agonies

Nous allons ici déterminer les motivations prioritaires, celles qui constituent pour les êtres vivants un besoin impérieux, et doivent être, autant que possible, satisfaites avant toute autre motivation.

Par exemple, la faim est l'une de ces motivations qui pousse fortement les êtres vivants à agir.
Nous avons vu au chapitre précédent le rôle des hormones : l'hormone de la faim nous motive à manger, mais il y a aussi celle du sommeil qui nous pousse à dormir, celle de la reproduction à chercher une partenaire, celle de la peur (adrénaline) à fuir plus vite...
Au final, l'apparition de ces motivations hormonales n'a rien d'étonnant : les motivations de base d'un être vivant doivent être de se conserver, se protéger et de se reproduire.
Sans elles, son espèce est vouée à disparaître. Pour cette raison, l'évolution nous a poussé à les satisfaire afin de nous perpétuer.
Ces besoins archaïques sont donc les moteurs essentiels de nos motivations ; nous verrons qu'ils seront finalement à l'origine de tout ce que nous faisons.

La motivation d'une action peut aussi consister à ne pas perdre quelque chose, à vouloir préserver un acquis.
Ainsi, le lion qui chasse une proie et la tue, est motivé par la faim. Si un tigre survient avec des vues sur sa proie, le lion sera prêt à combattre, sa motivation étant de préserver son butin.
De son côté, le tigre préférera peut-être renoncer à la proie et battre en retraite, sa motivation étant alors de ne pas mettre sa vie en péril.

*

On peut ainsi distinguer quatre catégories de motivations nécessaires à la survie de l'espèce, ces quatre motivations étant liées à la production d'hormones.

LA PREMIÈRE SOURCE DE MOTIVATION : SATISFAIRE LA CONSERVATION

La « conservation » est assurée par l'ensemble des actions

physiologiques qui contribuent à conserver notre bon fonctionnement de base : respiration, nourriture, sommeil, chaleur...
Chez les êtres évolués, chaque fois qu'une activité qui permet la conservation est effectuée, il se produit une sensation, un ressenti de plaisir.
Par exemple, si vous mangez un gros gâteau, alors que vous êtes affamé, vous ressentirez un plaisir gustatif.

LA SECONDE SOURCE DE MOTIVATION : SATISFAIRE LA SÉCURITÉ

Il ne suffit pas de se nourrir pour perpétuer une espèce ; il convient également que celle-ci ne se mette pas en danger. C'est pourquoi la recherche de sécurité est une motivation fondamentale des êtres humains.
Par exemple, beaucoup d'animaux sauvages se déplacent en troupeau parce qu'ils se sentent plus en sécurité.
En période d'épidémie (peste, choléra, ..), les populations cherchent d'abord à assurer leur subsistance en nourriture, puis se confinent pour leur sécurité, tous les autres achats étant suspendus.
Également, si une mère caresse les cheveux de son enfant, celui-ci aura du plaisir parce que cela constitue un signe indirect de sécurité : il se sent protégé, aimé, et il peut donc se laisser aller, se relaxer en toute confiance.
Ainsi, des expériences animales, mais aussi des expériences avec des enfants, ont montré qu'un « petit » sans affection ne peut survivre.

LA TROISIÈME SOURCE DE MOTIVATION : SATISFAIRE LA REPRODUCTION - LA MOTIVATION SEXUELLE

De manière logique, l'évolution nous a incité à nous reproduire, afin de favoriser la continuité de l'espèce.
Pour cela, nous avons vu qu'elle a favorisé l'apparition des

hormones sexuels, qui permettent de déclencher une libération de gamètes sexuelles programmée.

Plus tard, l'évolution va aussi créer « le plaisir » et en particulier le plaisir sexuel, pour inciter plus intensément les êtres à se reproduire.
Ce plaisir est à la fois non durable dans le temps, et souvent (mais pas toujours) non orienté sur un partenaire spécifique ce qui encourage les individus à renouveler régulièrement l'acte sexuel, et avec des partenaires multiples, favorisant ainsi à la fois la reproduction et la diversité.

LA QUATRIÈME SOURCE DE MOTIVATION : SATISFAIRE LA « PERPÉTUATION » («L'INSTINCT MATERNEL »)

La sexualité ne suffit pas à garantir la « reproduction » d'une espèce.
Une reproduction réussie nécessite la perpétuation, c'est-à-dire la conservation, la protection de notre progéniture, au moins durant le temps où celle-ci est incapable de subvenir seule à ses besoins.
Cela est encore une fois assuré par le système hormonal.
Cette motivation constitue donc à nouveau une motivation de sécurité et de conservation, mais pour sa progéniture et non pour soi.

Une étude récente de 2017, menée dans 11 pays et publiée dans les Comptes rendus de l'académie américaine des sciences (PNAS), permettrait de confirmer l'existence d'un instinct maternel, non seulement chez les mammifères, mais aussi chez la femme.
L'instinct maternel, plus qu'un plaisir, est une force qui pousse la femme à serrer son petit contre elle, à le protéger quoi qu'il lui en coûte, y compris au dépens de sa propre vie.

*

Les « campagnols » sont une sorte de rats des champs.
Des expériences sur ces rats campagnols ont montré

l'importance incroyable des hormones dans leur comportement envers leur progéniture.

On a injecté l'hormone ocytocine dans le cerveau d'une femelle campagnol vierge : elle est devenue immédiatement très « maternelle » avec des petits (qui ne sont évidemment pas les siens); elle les lèche, les protège, ...

Inversement, si l'on supprime la circulation de l'ocytocine dans le cerveau d'une rate venant d'avoir des petits, son instinct maternel disparaît immédiatement : elle se désintéresse totalement de ses enfants.

On constate la même chose pour une brebis !...

On peut donc supposer que l'injection d'ocytocine active plusieurs circuits liés à l'instinct maternel, et permet l'augmentation du plaisir relatif à ces circuits : par exemple, le circuit de « l'action de lécher », le circuit de « telle odeur », etc.

*

Les êtres humains secrètent aussi de l'ocytocine.

L'ocytocine est souvent appelée hormone de la maternité, de l'amour et de la fidélité.

En effet, des expérimentations ont confirmé qu'elle favorise l'attachement dans le couple humain, mais aussi l'attachement de la mère pour son nouveau-né.

De même, l'hormone vasopressine, qui dépend de la testostérone, est souvent considérée comme une version mâle de l'ocytocine, et on la lie à l'attachement (monogamie).

******

Illustration. Les premiers niveaux de la pyramide de Maslow

« On peut s'affranchir du monde pour se mettre à l'écoute de la voix de ses pulsions intérieures, issue de notre nature animale, non seulement liée à notre espèce, mais aussi à notre propre unicité. »

Abraham Maslow

Le psychologue américain Abraham Maslow a élaboré, d'abord dans les années 1940, puis de manière plus détaillée dans les

années 70, une théorie qui donnait une hiérarchie des besoins humains.
Pour Maslow les besoins fondamentaux à satisfaire en priorité sont les besoins « animaux », soit les besoins physiologiques et le besoin de sécurité.

Ces besoins fondamentaux correspondent aux motivations fondamentales que nous avons définis précédemment : conservation, sécurité, sexualité, perpétuation.

*

Très précisément, Abraham Maslow a déterminé 5 groupes principaux de besoins : les besoins physiologiques, les besoins de sécurité, les besoins d'appartenance et d'amour, les besoins d'estime et le besoin d'accomplissement de soi.
Il a ensuite hiérarchisé ces motivations, en établissant un ordre de priorité décroissante :

Les besoins physiologiques sont : la respiration, la faim, la soif, la sexualité, le sommeil, ...

Les besoins de sécurité sont : un environnement stable et prévisible, une bonne santé, ..

Nous reviendrons ultérieurement sur les besoins d'appartenance, d'estime et d'accomplissement décrits dans cette pyramide.

******

Chapitre 3. La révolution neuronale

« Maintenant Nous sommes tous connectés par Internet, comme des neurones dans un cerveau géant. »

Stephen Hawking

La connexion en réseau, l'échange instantané, la communication entre êtres humains par internet a permis une explosion des progrès technologiques et de la collaboration humaine.
De manière similaire, c'est l'aptitude qu'ont eu les neurones à se connecter entre eux qui a été, à l'origine des temps, une véritable révolution, améliorant en premier lieu la survie de l'espèce.

*

Remarquons en préliminaire que dans nos sociétés modernes, nos besoins fondamentaux sont souvent satisfaits : nous mangeons à notre faim, nous vivons en sécurité, nous avons des outils (réseaux sociaux, etc) pour rencontrer des partenaires sexuels ou satisfaire ces pulsions, et la société nous aide à prendre soin de notre progéniture (aide, assistance médicale, ...) .

Mais alors...

Puisque nos 4 besoins fondamentaux sont satisfaits, pourquoi ne ronronnons-nous pas comme des chats sur un fauteuil ?

Pourquoi continuons-nous à courir ?

Pourquoi voulons-nous toujours plus ?

La raison tient à la complexification des êtres vivants, et tout particulièrement de l'espèce humaine.
Cette complexification a généré l'apparition de nouvelles motivations....

*

En particulier, l'apparition du neurone en apportant la « communication », va permettre l'émergence d'une nouvelle motivation, la **motivation associative**.

Nous allons voir pourquoi et comment dans la suite.
Mais pour cela, dans un premier temps, nous devons décrire le neurone.

On sait que la vie s'est développé par mutations génétiques successives, dues au hasard.
Or, à la suite d'une mutation, des cellules normales sont devenues des « neurones » : elles avaient acquis la particularité de communiquer entre elle, grâce à l'apparition de longs filaments (l'axone et les dendrites).

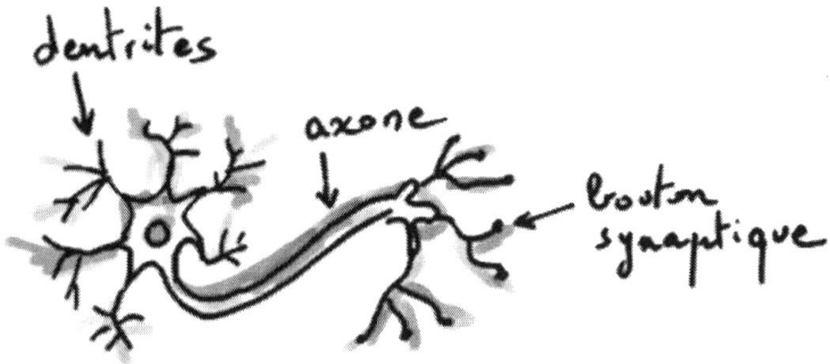

Grâce à ces longs filaments, de multiples perceptions en périphérie du corps peuvent être transmises de neurone en neurone, jusqu'à un muscle, apportant l'aptitude à activer automatiquement un mouvement approprié à la perception.
Ainsi, l'animal réagit désormais très rapidement à de multiples perceptions, comme par exemple la vue d'une proie, ou la perception d'un danger.
Cela a évidemment permis de renforcer encore la conservation et la sécurité de l'espèce.
Nous verrons en outre que cela a également permis, plus tard, avec l'émergence de la tête et du cerveau, le développement de l'intelligence chez les mammifères, et surtout l'homme.

Par exemple les méduses (apparues il y a environ 600 millions d'années) n'ont pas de cerveau, mais leurs réseaux de neurones, généralement diffus, leur servent à transmettre un mouvement suite à une perception.
Si vous touchez une méduse, vous observerez qu'elle se rétracte.
Que s'est-il passé ?
Des neurones de « perception » tactiles, situés en surface, ont transmis la perturbation à d'autres neurones, qui eux-mêmes l'ont transmise à d'autres neurones, jusqu'à un neurone

« moteur » qui a créé une réaction musculaire de retrait.

Nous aussi, les humains, nous avons, dans notre corps, des neurones dédiés à la transmission musculaire.
Par exemple, si mon pied touche un clou, l'information est transmise à ma moelle épinière (qui gère les réflexes), de neurone en neurone, et celle-ci donne alors immédiatement l'ordre, grâce à des motoneurones, de contracter les muscles de la jambe, pour que celle-ci se lève.

De même, le ver de terre et l'insecte ont, grâce à leurs neurones, des automatismes associatifs permettant de réagir à des perceptions diverses.

******

Chapitre 4. La loi de Hebb crée la motivation associative

« L'homme ne peut rien faire en bien ou en mal qu'en s'associant. Il n'y a pas d'armure plus solide contre l'oppression ni d'outils plus merveilleux pour les grandes œuvres. »

Pierre Waldeck-Rousseau

Avant même la collaboration des hommes que préconise Waldeck-Rousseau, les neurones devinrent puissants parce qu'ils travaillaient en association.
Par exemple, cette association a renforcé la sécurité : ainsi, suite à une perception extérieure dangereuse, un ordre de contraction d'un muscle pour une fuite, est rapidement transmis de neurone en neurone...
Mais cette collaboration a aussi permis, un peu plus tard, une merveilleuse *« grande œuvre »* : l'apparition de **l'association d'idée**, indispensable à l'intelligence.

Remarquons que l'association d'idée est à la base de l'intelligence dite « associative » ou « synthétique », qui donne l'aptitude à retrouver rapidement toutes les idées liées à une idées donnée (c'est d'ailleurs le principe de la carte mentale ou « Mind Mapping »).
Chez les êtres humains, les personnes ayant une bonne aptitude d'intelligence associative sont par exemple capables de visualiser rapidement les différentes idées (le « pour » et le « contre ») dans un débat, sans en oublier, sans se dire après-coup « mince, j'ai oublié de parler de cela ».

Les personnes ayant un bon esprit de synthèse savent comprendre et structurer très vite de multiples idées. elles voient intuitivement et spontanément les liens entre ces idées. En particulier, à l'école, ils peuvent, s'ils sont suffisamment attentionnés bien entendu, sortir du cours en ayant parfaitement compris celui-ci.

COMMENT EST DONC APPARUE L'ASSOCIATION D'IDÉE ?

L'association d'idée est apparue grâce à une particularité des neurones, découverte par le scientifique Donald Hebb : si deux neurones (ou plus généralement deux réseaux neuronaux) existants sont activés simultanément, ou à des instants très proches, ils établissent ou renforcent des connexions entre eux.

Il résulte de la loi de Hebb que si nous activons deux idées simultanément, des liens sont créés entre elles, et l'une fait penser à l'autre : c'est ainsi que se forment les « associations d'idées » !...

A l'origine, les organes permettant les « idées », n'existent pas encore, et il s'agit plutôt d'une sorte de mémoire du corps, dite « implicite » : les neurones d'une perception sont associés à un mouvement, puis, par la suite, cette perception entraîne automatiquement le mouvement associé (voir annexe).
Cette faculté a permis aux espèces « d'apprendre », de « tirer des leçons » de la vie.

Une telle mémoire implicite existe aussi chez les êtres humains. C'est elle qui fait que l'on se souvient naturellement comment faire du vélo ou skier, parce que, initialement, nous avons répété ces mouvements de multiples fois, et « notre corps » les a appris, enregistrés.

*

Il est important de noter que c'est la « répétition » d'une telle association qui permet un renforcement de ces connexions déjà existantes (qui peuvent être initialement très faibles).
Plus les connexions sont fortes, plus l'apprentissage est solide.

Ce renforcement est d'ailleurs familier pour chacun de nous puisque depuis notre enfance, nous savons que pour apprendre un cours, ou simplement retenir un mot ou un nombre, il convient de le répéter plusieurs fois.

L'apprentissage par répétition constitue en outre un outil simple et intéressant pour positiver nos journées : il suffit de se répéter plusieurs fois des idées positives pour qu'elles soient ancrées plus fortement, et donc mises en avant plus facilement dans notre esprit !

*

La loi de Hebb et le renforcement des connexions par la répétition permettent en particulier d'expliquer le phénomène des

réflexes de Pavlov.
Pavlov a réalisé cette expérience simple sur un chien : chaque fois qu'on amenait à l'animal sa gamelle de nourriture, on faisait coïncider cet événement avec le son d'une cloche.

Au bout d'un certain temps, le chien est devenu « conditionné » : il associait le son de la cloche à l'arrivée de sa gamelle, et ainsi, il devenait joyeux et salivait en entendant la cloche, même si sa gamelle n'était pas là.

DE NOUVELLES MOTIVATIONS PAR L'ASSOCIATION D'IDÉE

L'expérience de Pavlov permet de constater que **l'association d'idées** a permis la création de nouvelles motivations pour l'animal :
Le chien est motivé, non seulement par la vue de sa nourriture, mais aussi, désormais, par le son de la cloche !...

L'expérience de Pavlov met donc en évidence le phénomène de motivation par association d'idée pour le chien, mais il est probable que cette propriété « d'association d'idée » soit apparue avec les premiers cerveaux véritables, ceux des reptiles, il y a environ 350 millions d'années.

******

Chapitre 5. Le rôle des émotions

« La plus grande pulsion n'est pas la libido mais le besoin de sécurité. »

Jean Delumeau

L'évolution va permettre l'arrivée d'un nouvel organe, l'amygdale du cerveau, qui apportera à l'animal un renforcement considérable de sa motivation de sa sécurité.
Nous ne nous en rendons pas toujours compte, mais nous avons tous un besoin crucial de sécurité, et détestons les imprévus.
Au cours de notre vie, nous essayons en permanence de limiter au mieux les agressions physiques, les agressions biologiques que sont les maladies, les pertes matérielles, les instabilités familiales et professionnelles, etc.
Cet organe, l'amygdale, va également entraîner l'émergence **des « émotions »,** qui surdimensionnent parfois nos craintes, et, en ce sens, orientent nos motivations, comme nous allons le voir.

L'AMYGDALE

Voici environ 200 à 250 millions d'années , les ancêtres des premiers mammifères, les « tétrapodes » commencent à peupler la terre (les mammifères arrivent quant à eux il y a 200 millions d'années).
L'amygdale et les émotions vont apparaître avec eux.
On peut considérer l'amygdale comme le « centre » des associations d'idées très négatives : c'est une sorte de « système d'alarme », un organe qui mémorise les dangers et crée des émotions (tout particulièrement « la peur ») pour alerter le corps. Ainsi, grâce à lui, la motivation de l'animal à agir pour sa **sécurité** est décuplée. Comme on le dit souvent, la peur donne des ailes !

L'amygdale est évidemment basé sur l'association d'idées, car il associe les situations de danger à un comportement de fuite, puis amplifie et mémorise ces situations.
Ainsi il offre à priori aux êtres vivants une réaction (fuite, défense, ..) plus efficace face à un péril.
Par exemple, l'animal mémorisera que la vue d'un lion constitue une «idée» très négative, c'est-à-dire un grand danger...

Une expérience en imagerie cérébrale a permis d'observer que les amygdales d'anciens combattants s'activent fortement

lorsqu'on leur présente des images ou des enregistrements leur rappelant des souvenirs douloureux.
En Californie, le neuropsychologue Larry Cahill a présenté à des volontaires des images très négatives (crimes, violences) et des images plus neutres, tout en mesurant l'activité de leurs cerveaux.
Il a constaté que l'amygdale fut active pour les deux types d'images, mais que le souvenir des films négatifs était d'autant meilleur que l'amygdale avait été active.

NOS ÉMOTIONS FORTES

Simultanément à l'attribution des valorisations, l'amygdale possède un noyau (appelé « noyau central ») chargé de générer de nombreuses commandes internes, afin de préparer l'organisme à agir rapidement :
Accélération cardiaque, augmentation de la température, salivation, etc.
En particulier, l'amygdale commande la production de l'hormone adrénaline (hormone de la « peur »).

Notons que la molécule chimique « adrénaline » est à la fois une hormone (produite par les glandes surrénales) et un neurotransmetteur (produite par des neurones).

C'est la raison pour laquelle, nous ressentons physiquement des « **émotions** » violentes de peur, stress, etc. : la perception d'une information de danger est traduite par l'amygdale en une « sensation » physique à l'intérieur de notre corps.
Vous connaissez maintenant le responsable de vos états de stress !

Ces émotions, que nous connaissons tous se manifestent par un bégaiement, de la sueur, une rougeur, un rythme cardiaque accéléré....
Tout cela permet de préparer rapidement le corps à une situation dangereuse. Les émotions constituent donc également, à

l'origine, un « outil » supplémentaire fourni par l'évolution pour mieux réagir en cas de danger.

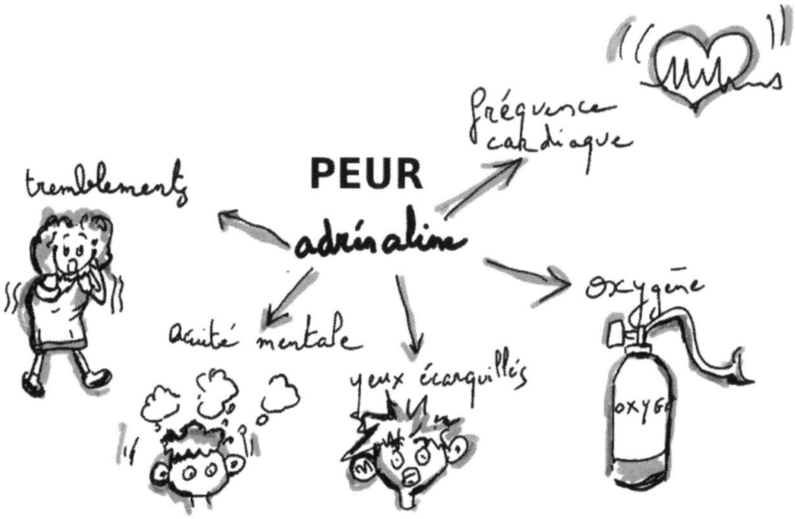

Chez l'homme, une simple idée effrayante, même non réalisée, peut induire un état de stress : notre amygdale s'active, d'où, fortement, les muscles peuvent se raidir, notre température augmenter, notre peau rougir, notre pouls s'accélérer, notre sueur augmenter, ...
Simplement avec une pensée.

Un animal ou un homme ayant subi une lésion de l'amygdale ne ressent plus ni peur ni stress, même face à un danger important.

LE SURDIMENSIONNENT DES ÉMOTIONS

Le renforcement négatif par l'amygdale est si intense qu'il crée fréquemment des traumatismes , petits ou plus importants.
Il en résulte qu'une personne peut, sans en être consciente, trouver une énergie, une motivation, un courage fort et persistants tout au long d'une vie pour éviter une source d'infériorité et d'insécurité (association fortement négative).

Ainsi, Alfred Adler nous donne l'exemple d'enfants qui ont un handicap de mouvement et dont les aspirations consistent à devenir cocher ou conducteur (Alfred Adler, « Connaissance de l'homme », 1927)

*

L'amygdale a tendance à exagérer fortement l'intensité des perceptions négatives, en fonction de nos expériences propres.
Cela répond probablement à un besoin de sécurité. En effet, il est clair qu'une commande d'urgence est d'autant plus efficace qu'elle est décelée non seulement rapidement mais aussi intensément.
Par exemple, si un animal n'accorde pas d'importance immédiatement à un bruit sourd, il peut y laisser la vie.

Cette démesure de l'amygdale permettent d'expliquer des émotions violentes, des peurs extrêmes et des actes irraisonnés, commis dans la panique.
Par exemple, une personne pourra sauter d'une hauteur de deux ou trois mètres, risquant de se blesser ou se tuer, parce qu'elle ressent une terreur panique en voyant une souris.
Pourtant, la perception initiale, qui était la vue d'une souris, ne justifiait pas de prendre un tel risque...

*

On constate également que les nouvelles informations ajoutées dans l'amygdale sont très difficiles à supprimer.
Cela paraît cohérent dans la mesure où cet organe constitue un système de surveillance pour la « survie » : il ne peut donc pas se permettre de détruire « à la légère » une information, car cela risquerait de mettre l'animal en danger.
Cette mémorisation forte explique pourquoi de multiples « traumatismes » perdurent dans le temps.

J'ai connu un homme robuste, mesurant 1,90 mètre, qui était terrorisé par la vue d'un chien et ne voulait pas les approcher à

moins d' un mètre.
Quand il était enfant, m'a-t-il expliqué, il avait été mordu par un chien, et depuis il avait une peur incontrôlée à la simple vue de cet animal.

******

Chapitre 6. Notre mémoire explicite

« *Une tête sans mémoire est une place sans garnison.* »

Napoléon Bonaparte

Les premières mémorisations permises par le système nerveux, sont celles qui, comme pour la méduse, permettent d'associer une perception (visuelle, tactile, sonore...) à un mouvement (captation, retrait, fuite, ...) : il s'agit alors d'une « mémoire corporelle », une mémoire dite implicite (et donc d'une motivation « implicite »).

Rappelons que la mémoire implicite est une mémoire du corps, qui nous permet par exemple d'apprendre à faire du vélo ou skier, après de multiples répétitions.

Mais l'évolution a permis aussi l'apparition d'une autre mémoire, dite explicite, localisée dans le cerveau, et permettant à l'animal de reconnaître des lieux ; c'est donc à l'origine une mémoire spatiale.
Cette nouvelle mémoire fut possible grâce d'une part à l'agrandissement du cortex cérébral, mais aussi au développement d'un nouvel organe dédié, l'hippocampe du cerveau.

Ce nouvel organe est à l'origine de notre mémoire explicite, et c'est grâce à lui, parce que nous pouvons mémoriser les choses, que nous sommes capables d'avoir de nombreuses motivations diverses et variées, obtenues en faisant des associations d'idées.

*

L'hippocampe apparaît clairement chez les mammifères et les oiseaux, il y a environ 200 millions d'années.
Chez les premiers vertébrés que sont les poissons, il n'est pas présent, mais il existe des noyaux sommaires, des « embryons » d'hippocampe.
Le nom de « hippocampe » vient de la forme de cet organe : il ressemble en effet à l'hippocampe de mer, ce petit animal ayant la forme d'un cheval et à la queue recourbée.

*

L'hippocampe va d'abord donner aux premiers vertébrés la possibilité d'une orientation et d'une mémorisation dans l'espace, leur permettant de reconnaître leur habitat, un chemin, un endroit

spécifique...
Chez les vertébrés évolués, la mémoire explicite leur permettra de mémoriser aussi des images, des sons, des mots, en bref des **idées**.
Par exemple, l'animal pouvait maintenant mémoriser que tel endroit est le territoire du tigre, que de l'eau ou des proies se trouvent à tel autre endroit, etc.
Grâce à cette mémoire explicite, les associations sont maintenant liées à des « idées », qui peuvent être enregistrées, mémorisées, centralisées dans une zone spécifique du cerveau (le cortex).
On comprend donc que la mémoire explicite a contribué, avec l'apparition des idées, à la **multiplication des motivations associatives**.

Par exemple, un animal (tout comme le chien de Pavlov) pouvait ainsi être désormais motivé par le « goût » d'une proie mais aussi par son odeur, son cri, sa silhouette, etc.

C'est la même chose pour les êtres humains : je me souviens que, lorsque j'étais enfant et que j'avais un peu d'argent, j'allais m'acheter le magazine « Pif Gadget ».
Lorsque le marchand me l'avait donné, je regardais avec délectation les titres, le logo, les couleurs sur la couverture, puis j'ouvrais le cellophane, et je passais une ou deux minutes à sentir l'odeur du papier frais, que j'adorais, parce que, pour moi, elle était associée à la promesse d'un plaisir de la lecture à venir....

*

Le fonctionnement de l'hippocampe, se base sur la génération de nouveaux neurones : c'est la « neurogenèse ».

Chez les mammifères, dont l'homme, le singe ou le rat, la neurogenèse se produit très exactement dans le girus denté de l'hippocampe, mais aussi dans certaines régions du cortex.
Elizabeth Gould, de l'université de Princeton, a mis en évidence que cette génération de nouveaux neurones permettrait de structurer de nouvelles informations à retenir à long terme, mais aussi de remplacer de « vieux » neurones.

*

Il ne faut pas confondre le processus de mémorisation réalisé par l'hippocampe et la mémorisation elle-même, réalisée dans le cortex.
L'hippocampe permet de créer une nouvelle information, grâce aux neurones issus de la neurogenèse.
Dans un second temps, cette nouvelle information est stockée à long terme dans une autre zone, le cortex.
Ainsi, le rappel de l'information mémorisée ne fera plus intervenir l'hippocampe, mais l'organe chargé du stockage, c'est-à-dire le cortex.

Pour cette raison, une personne ayant une lésion de l'hippocampe comme c'est par exemple le cas des malades d'Alzheimer, ne sera pas capable de retenir toute information nouvelle.
Par contre, elle n'aura aucun problème pour accéder à tous ses anciens souvenirs qui, eux étaient stockés dans son cortex.

*

Les scientifiques ont également constaté que le stress est souvent lié à des troubles de la mémoire et de l'apprentissage.
Et effectivement, en période de stress, on observe une diminution de la neurogenèse.
En particulier, la dépression serait fortement liée à une faible neurogenèse.
Certains antidépresseurs, comme le Prozac, permettent de combattre le stress, et on constate qu'ils provoquent effectivement une augmentation de la neurogenèse dans l'hippocampe.

******

Chapitre 7. L'intelligence associative

« A la source de toute connaissance, il y a une idée, une pensée, puis l'expérience vient confirmer l'idée. »

Claude Bernard

Il y a probablement 200 millions d'années de cela, parallèlement à l'amygdale et l'hippocampe, le cortex cérébral se développe chez les premiers mammifères.
De manière grossière, on peut considérer que la « première couche » initiale du cortex vient s'enrichir d'une « seconde couche », appelée « néocortex », qui, nous le verrons plus loin, va jouer un rôle prépondérant dans le développement de l'intelligence.

Les reptiles, apparus il y a 350 millions d'années, donc avant les mammifères, possèdent déjà, outre leur cortex, une ébauche de néocortex.
Aujourd'hui, le néocortex représente 80% du cortex humain, qui compte environ 80 à 100 milliards de neurones...

Voici 65 millions d'années, lorsque les dinosaures disparaissent, les mammifères se multiplient, se diversifient, grandissent en taille, et évoluent.
En particulier, les tailles de leur cortex et néocortex augmentent encore fortement.
Ce nouveau développement va leur permettre de faire de plus en plus d'associations d'idées, **ce qui va ainsi multiplier le nombre de motivations associatives**.

Le chien qui saute de joie en voyant sa laisse montre qu'il a associé celle-ci à une « idée agréable », celle d'aller se promener...

L'aptitude des animaux évolués à faire un assez grand nombre d'associations d'idées est d'ailleurs utilisée dans les spectacles du cirque.
C'est ainsi que vous serez impressionné par le lion du cirque qui saute dans un cercle de feu puis se tient bien droit sur un tabouret, par l'otarie qui jongle, par le cheval qui compte en tapant avec son sabot, etc.
Grâce au développement associatif, les animaux vont acquérir l'intelligence, et en particulier une « certaine » conscience du temps qui passe, du passé et du futur.

Ainsi, un chien ira cacher un os, et saura le déterrer quelques jours plus tard.

L'aptitude d'association d'idées va encore s'acrroître avec les grands singes, les hommes préhistoriques (genre Homo, apparu il y a 3 millions d'années), et surtout avec Homo Sapiens, apparu il y a 300 000 ans.
Nous décrivons cela dans le chapitre qui suit.

******

Chapitre 8. Notre cerveau est incroyable

« Le véritable signe de l'intelligence, ce n'est pas la connaissance mais l'imagination. »

Albert Einstein

Le cerveau de l'homme possède environ 100 milliards de neurones.
On estime qu'il est capable de stocker 1 pétaoctet de données, soit un million de milliards d'octets.
En pratique, nous faisons et mémorisons en permanence de multiples associations d'idées.

Grâce à cette faculté associative formidable, les êtres humains vont désormais posséder un cerveau bien plus performant que les animaux.
Cette aptitude cognitive nous apporte aujourd'hui des caractéristiques et des motivations particulières, que n'ont pas ceux-ci (ou alors qu'ils ont très faiblement).
Par exemple, nous possédons une conscience de nous-même, ainsi qu'une conscience forte du monde qui nous entoure, mais aussi une conscience claire du passé et du futur.
Être conscient du passé ou du futur, c'est, en effet, être capable de faire de nombreuses associations d'idées que nous lions au passé, ou à l'avenir (avec une estimation de probabilité pour l'avenir).
Mais c'est donc aussi être capable de faire des associations très variées, de situations non existantes : c'est donc l'aptitude à imaginer.

*

L'association d'idée est omniprésente et multiple pour nous.
Par exemple, quand je pense à la mer, j'ai du plaisir parce que je l'associe à mes vacances.
Être en vacances pour moi, c'est se reposer en toute sérénité et sécurité, sans souci ni contrainte, profiter du soleil, des baignades, de ses amis, etc.
C'est donc satisfaire indirectement les motivations fondamentales (conservation, sécurité,...).
C'est la raison pour laquelle cette idée «la mer» est une motivation en elle-même, positive et valorisante pour beaucoup d'entre nous (mais ce n'est pas forcément le cas pour tous, comme nous le verrons plus loin).
Cette valorisation peut être aussi celle obtenue en retrouvant par exemple sa région natale ou bien un ami d'enfance.

Car cette région ou cet ami nous rappelle une enfance heureuse, où nous étions en sécurité et insouciants, entourés de l'amour protecteur de nos parents : encore une fois, il s'agit d'une période de la vie où notre besoin de conservation (subsistance, sécurité...) était satisfait.

*

Parce que nous, les êtres humains, possédons une imagination forte, une aptitude associative extraordinaire, nous sommes donc capables, en nous concentrant sur une idée que nous avions préalablement valorisé positivement, de ressentir du plaisir, du bien-être.
Cette valorisation par « souvenir agréable » est très variable suivant les individus, car elle dépend des situations vécues par chacun, des hasards de la vie et des associations que nous mémorisons.

L 'association d'idée permet donc désormais de ressentir du **« plaisir » simplement en évoquant une idée positive**.
Par exemple, le seul fait de penser à la mer, de m'imaginer me promenant sur la plage, est relaxant pour moi.

Notons, que de même, nous pourrons ressentir du mal-être simplement en pensant à une idée, qui est associée à des images négatives.

En pratique, on peut utiliser cette aptitude comme **un outil très simple de bien-être** : il suffira de penser à des souvenirs ou des sensations agréables pour avoir du plaisir.

Cela est d'ailleurs utilisé dans les techniques de relaxation (permettant de « dé-stresser »), comme le yoga, la musicothérapie, la concentration sur ses sens (méthode Vittoz), etc. : on focalise l'attention de la personne sur des perceptions positives.

Promenez-vous dans une forêt silencieuse, et concentrez-vous sur les petits bruits de la nature, le chant des oiseaux, le bruissement des feuilles, la beauté des paysages...

Vous focalisez alors votre esprit sur des perceptions associées à des valeurs positives, et non pas sur vos problèmes de travail.
Vous ressentirez une « valorisation », qui se manifestera par une sensation apaisante, de calme intérieur...
On peut également expérimenter cela en faisant de la plongée sous-marine, focalisant notre esprit sur les magnifiques paysages marins, les poissons de toutes sortes, dans le quasi-silence de la mer...

Bref, tout loisir facilitant l'association d'idées agréables, à commencer par lire un livre, faire un jeu, regarder un film de comédie ou de romance, fait partie de ce type de plaisir : le loisir concerné occupe notre esprit, nous donne l'opportunité de faire des associations positives pendant toute sa durée.

Dans son livre « 3 kifs par jour » (éditions Marabout), Florence Servan-Schreiber nous incite à focaliser notre esprit sur au moins 3 petits plaisirs par jour, afin de positiver notre quotidien.
La technique "d'ancrage" utilisée en PNL (Programmation Neuro-Linguistique) est précisément basée sur ce principe associatif : on associe un souvenir agréable à un stimuli sensoriels (par exemple le toucher de son oreille). En cas de "besoin", le simple fait de toucher notre oreille déclenchera alors le souvenir positif et agréable...
(par exemple cela permet de se déstresser avant une prise de parole en public).

*

Enfin, **cette faculté associative puissante va aussi donner lieu à des motivations spécifiques,** personnelles, qui nous sont propres, parce qu'elles dépendent totalement de notre contexte très particulier.
En effet, faire des associations d'idées est propre à chacun d'entre nous, car nous avons tous un environnement et des aptitudes distinctes.
Par exemple, si, ayant vécu dans une famille de pêcheurs où des drames marins ont eu lieu, vous avez grandi en associant la mer, le danger et la mort, vous ne serez probablement pas motivé et intéressé pour aller passer vos vacances d'été au bord de la mer.

Car les associations liées à la mer que vous aurez créé seront négatives et traumatisantes.
Cela n'est pas le cas, si vous avez grandi en ville et que pour vous, la mer est synonyme de vacances, retrouvailles en familles, baignades, amis, rencontres, loisirs, restaurants, etc.
Par ailleurs, nous n'avons pas tous les mêmes aptitudes à réaliser des associations d'idées et à faire des comparaisons.
Par exemple, certains font naturellement de multiples associations d'idées, tandis que d'autres en font peu.
Enfin, la construction des associations d'idées successives, et donc la construction des motivations, dépendent des associations et motivations antérieures construites et mémorisées, et se renforcent par la répétition.

Reprenons l'exemple de la mer :
La répétition, au fil des années, des vacances au bord de la mer et de ses plaisirs associés, va renforcer l'association positive de la mer, mais aussi de nombreuses associations d'idées liées à la mer : l'eau, la plage, le sable, les villes de bord de mer, les bateaux, les oiseaux, les bains, la natation, ..
Cela pourra par exemple, inciter un citadin à décider de pratiquer la natation, et à adorer ce sport.
Ce qui ne sera bien entendu pas le cas de la personne qui a vécu de nombreux drames liés à la mer.

Également, ces associations d'idées positives ou négatives, déterminent des intérêts différents suivant les personnes, et donc des facilités d'associations ultérieures différentes.
Indépendamment de vos aptitudes d'associations, parce que vous aimez la mer, vous retiendrez plus facilement toutes les associations d'idées qui lui sont rattachées.
Chacun d'entre nous sait, par expérience, que l'on retient toujours beaucoup mieux ce qui nous intéresse....

*

On peut aussi avoir, avec l'association d'idée, des motivations qui s'éloignent des motivations fondamentales.

Par exemple, si nous sommes amoureux d'une personne, et que nous associons cette personne à un objet ou une particularité, nous pourrons avoir du plaisir simplement en voyant cet objet ou cette particularité.

Ainsi, Descartes décrit comment, enfant, il était amoureux d'une petite fille, qui louchait.
Descartes raconte qu'il a alors associé « le fait de loucher » à quelque chose d'agréable.
Aussi, plus tard, lorsqu'il voyait une jeune femme affublée d'un strabisme, il était attiré par elle : cela lui rappelait un souvenir agréable !...

*

Toujours grâce à notre faculté associative, de nombreuses idées, **de nombreuses situations, mêmes si elles semblent à priori négatives, peuvent être positivées**.
Nous avons donc en théorie (dans une certaine mesure, bien sûr) la possibilité de positiver ce que nous vivons au quotidien, même si cela nous paraît parfois négatif.

Par exemple, imaginez que vous êtes dans une réception de mariage, et que l'on vous a placé à côté de personnes inconnues, alors que vos amis sont à une autre table.
Au lieu de rager, de ressasser votre rancœur contre la maîtresse de maison, pensez que c'est pour vous l'opportunité de faire de nouvelles connaissances.
C'est donc une chance plus qu'une contrainte...
Vous voyez ainsi que le bien-être et le plaisir dépendent pour beaucoup de l'idée que l'on se fait du monde.

*

Dans un autre exemple, à priori fictif, Charles Peguy nous montre que l'association positive peut même nous permettre de donner du sens à notre vie.
Ainsi, il nous conte « la fable du casseur de cailloux » :

En se rendant à Chartres, Charles Peguy aperçoit sur le bord de la route un homme qui casse des cailloux à grands coups de

maillet. Les gestes de l'homme sont empreints de rage, sa mine est sombre. Intrigué, Peguy s'arrête et demande :
-« Que faites vous, Monsieur ?»
-« Vous voyez bien », lui répond l'homme, « je casse des pierres ».
Malheureux, le pauvre homme ajoute d'un ton amer : « J'ai mal au dos, j'ai soif, j'ai faim. Mais je n'ai trouvé que ce travail pénible et stupide ».

Un peu plus loin sur le chemin, notre voyageur aperçoit un autre homme qui casse lui aussi des cailloux. Mais son attitude semble un peu différente.
Son visage est plus serein, et ses gestes plus harmonieux.
-« Que faites vous, Monsieur ?», questionne une nouvelle fois Peguy.
-« Je suis casseur de pierre. C'est un travail dur, vous savez, mais il me permet de nourrir ma femme et mes enfants.»
Reprenant son souffle, il esquisse un léger sourire et ajoute : « Et puis allons bon, je suis au grand air, il y a sans doute des situations pires que la mienne ».

Plus loin, notre homme, rencontre un troisième casseur de pierre. Son attitude est totalement différente. Il affiche un franc sourire et il abat sa masse, avec enthousiasme, sur le tas de pierre. Pareille ardeur est belle à voir !
-« Que faites-vous ? » demande Peguy
-« Moi, répond l'homme, je bâtis une cathédrale ! »

*

Noah Harari, dans son livre « «Sapiens une histoire de l'humanité », met de même en exergue l'importance du point de vue, positif ou négatif :

« ....le prix Nobel d'économie Daniel Kahneman a demandé aux gens de raconter une journée de travail typique, épisode par épisode, en précisant chaque fois à quel point ils en concevaient plaisir ou déplaisir [...]
Prenez le travail qu'implique d'élever un enfant : Kahneman

observe que, si l'on compte les moments de joie et les moments fastidieux, on a l'image d'une affaire assez déplaisante qui consiste largement à changer les couches, faire la vaisselle et affronter des crises de rage […]
Et pourtant la plupart des parents déclarent que leurs enfants sont leur principale source de bonheur [...]
Le bonheur consiste à [...] une vie qui a du sens et qui en vaut la peine : « Pitoyable esclave d'un bébé dictateur » ou « éducateur affectueux d'une vie nouvelle », ce sont nos valeurs qui font la différence. »

*

En raison de notre aptitude associative conséquente, nous emmagasinons de nombreuses informations et règles de conduites, au travers de notre éducation, notre environnement social et culturel, notre expérience.
Or, les performances de notre aptitude associative et de notre circuit de la récompense font que nous pouvons parfois survaloriser certaines idées, positivement ou négativement (bienfaits ou malheurs).
Cette survalorisation peut même aller à l'encontre de nos motivations fondamentales.

Par exemple, au temps de la chevalerie, l'honneur, le courage, la galanterie, la foi chrétienne, étaient des valeurs essentielles, pour lesquelles on n'hésitait pas à sacrifier sa vie.

*

La survalorisation crée le désir, qui accentue la motivation, qui sera renforcée par la répétition de l'idée, par l'idéalisation, par l'imaginaire.
Ainsi, un enfant pourra rêver pendant des mois au vélo qui lui a été promis pour son anniversaire...

*

On constate une diminution rapide du plaisir après obtention de l'objet de désir.
Cela peut se comprendre d'un point de vue de l'évolution des

espèces : le circuit de la récompense permet de survaloriser une idée afin d'accentuer la motivation. Cependant, une fois celle-ci satisfaite, la survalorisation n'a plus d'intérêt.

Par exemple, si une personne gagne une somme formidable au loto, elle pourra acheter la voiture de sport de ses rêves, elle aura alors un grand plaisir.
Cependant, rapidement, en quelques semaines ou mois, ses attentes étant satisfaites, son « taux de bonheur » va redescendre, et revenir à sa valeur initiale .
Pour celui, aux revenus plus modestes, qui s'offre la petite berline qu'il désirait depuis plusieurs mois, le plaisir ne sera pas moins intense, mais il redescendra de même rapidement après quelques temps.

Citons « Sapiens une brève histoire de l'humanité » de Noah Harari :

« ...le bonheur ne dépend pas vraiment des conditions objectives : richesse, santé ou même communauté. Il dépend plutôt de la corrélation entre conditions objectives et attentes subjectives. [...] »

******

Partie 2. De nouvelles motivations émergent avec l'intelligence

Chapitre 1. Nous cherchons des récompenses

« Il n'y a point de hasard ; tout est épreuve, ou punition, ou récompense, ou prévoyance. »

Voltaire / L'Ermite

L'amygdale du cerveau est un organe de la peur et des émotions, qui enregistre les associations négatives et fait réagir l'animal en cas de danger. Cet organe est considéré comme l'élément central d'un « circuit de la punition », basé sur l'adrénaline.

Il semble que l'apparition de l'amygdale et de l'hippocampe coïncide chez les vertébrés, avec celle d'un « **circuit de la récompense** » qui, à l'opposé, permet de valoriser fortement les associations positives, bénéfiques à la conservation, la sécurité et la reproduction de l'animal.

Comme par exemple l'attrait d'une proie à proximité, l'attirance d'une femelle, ...

Des expériences ont montré l'existence du circuit de la récompense chez le poisson rouge, le pigeon, le rat, le chat, ce qui suggère que ce circuit existe chez la plupart des vertébrés, donc qu'il existait déjà, probablement très sommairement, chez les poissons il y a 500 millions d'années.
On retrouve également un circuit similaire chez l'insecte, au niveau olfactif.

Ces deux circuits, récompense et punition, en accentuant, exagérant respectivement les valorisations ou dévalorisations, vont permettre une mémorisation forte des associations d'idées.
Ainsi, un animal sait qu'à tel endroit précis, se trouve souvent de la nourriture en abondance, ou au contraire, existe un danger.
Grâce à ces outils, les animaux peuvent désormais faire des choix d'actions plus pertinents, devenant capables de mieux s'adapter face à des perceptions apprises, positives ou négatives.

*

Le circuit de la récompense se base sur un noyau de neurones, le noyau accumbens, qui produit un neurotransmetteur, la dopamine.
La dopamine va apporter la notion de plaisir pour les idées bénéfiques, les idées « valorisées » positivement.

En raison de ce circuit, valorisation et plaisir se confondent. Nous utiliserons souvent indifféremment les termes de « valorisation » et « plaisir » dans la suite.

Le circuit de la récompense fait que nos idées sont associées à une valeur, une note, d'autant plus forte que le plaisir promis est important.
Par exemple, lorsque nous dégustons notre plat favori, lorsque nous retrouvons notre meilleur ami, lorsque nous sommes félicités, nous activons ce « circuit de la récompense », avec libération de dopamine, et c'est cela qui nous donne une sensation de plaisir.

Nous attribuons donc une « note » de valorisation, plus ou moins élevée à chaque événement, chaque principe, chaque objet, chaque idée.
Plus cette note sera positive, plus nous chercherons par la suite à reproduire cette situation ; ainsi, une idée très positive deviendra une motivation à part entière.

*

Nos « idées» sont donc systématiquement « colorées» par une valorisation ou une dévalorisation, et nous le « ressentons »

intuitivement.
Par exemple, il vous est déjà probablement arrivé de penser à une idée, puis de l'oublier un instant après.
En cherchant à la retrouver, vous avez été parfois incapable de dire de quelle idée il s'agissait, mais par contre, vous avez ressenti qu'il s'agissait d'une idée agréable !

*

L'apparition des circuits de la récompense / punition fait apparaître la notion de « motivation» telle que nous la connaissons, en terme de récompense / punition.
Tous les choix d'actions n'ont désormais plus qu'un seul objectif : augmenter la récompense et diminuer la punition.

*

Le circuit de la récompense a engendré des « effets secondaires ».
Il est en effet la cause de l'apparition d'une motivation qui n'a plus rien à voir avec la conservation, la sécurité ou la reproduction : il s'agit de la motivation « d' évasion », que nous allons décrire au chapitre qui suit.

******

Chapitre 2. Evasion et plaisirs artificiels

« Quelle est la valeur de cette vie dont les meilleurs moments nous apparaissent toujours comme des périodes d'évasion, de fuite de soi ? »

Gilles Archambault / Parlons de moi

Avec le circuit de la récompense apparaît un phénomène « parasite» très singulier, qui va entraîner l'émergence d'une nouvelle source de motivation.

LA MOTIVATION D'ÉVASION

Le circuit de la récompense s'appuie sur la production de molécules, telles que la dopamine, qui ont la propriété de déclencher un sentiment de profonde satisfaction.
Or, il existe des substances ou des événements (tels qu'une stimulation électrique du cerveau) qui sont capables d'exciter ce circuit artificiellement, l'incitant à produire de la dopamine : cela procure alors du plaisir **alors qu'il n'y a aucun apport « réel » de conservation / reproduction.**
Ainsi apparaît la « motivation d'évasion », qui consiste à exciter artificiellement notre circuit de la récompense.

Par exemple, le simple fait de fumer une cigarette, de s'injecter de la morphine, de se droguer en général (drogues dures et moins dures, tabac, alcool, ...) permet d'apporter un sentiment immédiat de plaisir.

*

Dans les années 1950, l'expérience suivante fut réalisée en laboratoire : on implanta une électrode dans le cerveau d'un rat affamé. Cette électrode permettait d'envoyer une impulsion électrique, qui stimulait le circuit de la récompense de l'animal.
Cependant, cette stimulation électrique n'était déclenchée que si le rat appuyait sur une pédale.
En fait, le rat avait le choix entre 2 leviers : l'un déclenchant la stimulation, et l'autre lui fournissant de la nourriture.
Au début, le rat va et vient, mais très vite, il appuie à répétition sur la pédale d'auto-stimulation, au mépris de se nourrir et donc de sa survie !

*

Il n'y a pas que des idées, des substances ou des auto-stimulations du cerveau qui ont la propriété d'activer le circuit de la récompense. Certaines situations naturelles le permettent.

Par exemple, on sait que le sport, l'effort physique, permettent de secréter de la dopamine et de la noradrénaline, qui sont connues pour être des hormones du bien-être et du plaisir.
Faire du sport est donc un moyen de se faire plaisir artificiellement.
Les coureurs à pied le savent bien, car ils sont « en manque » dès qu'ils ne peuvent plus courir régulièrement...

LE GAP QUI ACCENTUE LE PLAISIR

Le sentiment artificiel de plaisir peut aussi s'obtenir dans une situation particulière de « gap ».
Par exemple, lorsque nous passons d'une situation supposée désagréable ou dangereuse à une situation sécurisée, notre corps secrète de l'adrénaline (hormone du stress qui décuple aussi nos sensations), puis immédiatement après de la dopamine, hormone du plaisir.
Ce «gap», ce contraste très fort, semble induire une sensation de plaisir fort, de soulagement intense : on prend conscience, pendant un court moment, du bienfait de notre sécurité actuelle, comparativement à la situation dangereuse où l'on pensait se

trouver.

Par exemple, considérons l'enfant qui joue au « loup » avec son père : il se cache pour ne pas être dévoré par le loup. Mais son père le découvre et fait semblant un instant de le dévorer ; l'enfant passe alors d'un cri de terreur, d'anxiété, à un fou-rire joyeux.
Et il adore ce jeu, redemandant à y jouer souvent...

Cette idée du contraste « déplaisir / plaisir » qui renforce la sensation de plaisir, avait déjà été remarquée par Montaigne : il se faisait réveiller la nuit pour avoir le plaisir de se rendormir !

Toutes les « sensations fortes » (potentiellement dangereuses) ressenties en situation sécurisée, en permettant à chaque instant le paradoxe intellectuel dévalorisation (peur, déplaisir de la situation) / valorisation (assurance de sécurité) vont permettre une augmentation « artificielle » et ponctuelle du plaisir.

*

Ces valorisations artificielles sont souvent pour les êtres humains, un moyen de « s'évader » du quotidien.

On trouve par exemple ce type de valorisation dans les sports extrêmes, le saut à l'élastique, le saut en parachute, à l'escalade, etc.
Certains sportifs de l'extrême avouent être « accros » à ces sensations très particulières.

Aimer regarder un film d'horreur fait partie de ce type de sensation de peur en situation sécurisée.
Notons cependant que certaines personnes n'aiment pas les films d'horreur : la raison vient peut-être de leur empathie forte, qui fait qu'elles s'identifient trop fortement à certains personnages, et sont alors incapables de prendre le recul nécessaire pour ressentir le « gap ».

Rappelez-vous également le film « Titanic », lorsque Léonardo Di Caprio, sur le pont du bateau, s'écrie « je suis le roi du monde ! ».
Cette exclamation traduit le plaisir ressenti en raison du décalage

entre les dangers de l'inconnu à venir, de l'Océan, immense face à lui qui est seul, et la sécurité (ou plutôt l'impression de sécurité, quand on connaît le destin du Titanic...) d'être sur ce grand bateau qui paraît insubmersible, qui domine l'océan.

Plus généralement, il existe en fait de nombreuses situations quotidiennes, qui font alterner une crainte modérée de l'inconnu à la certitude de la sécurité, parce qu'elles nous placent dans des situations nouvelles, inconnues, tout en étant sécurisées.

Citons par exemple le chat qui joue avec une balle qui rebondit, se cache et bondit sur cette balle, ou encore le bébé qui expérimente des touchers nouveaux sur différents objets.

Citons également les sorties inhabituelles, les voyages dépaysants, le départ à l'aventure, les activités nouvelles (faire de la plongée, de la moto, etc.)…

De même, en relevant un défi, en prenant un risque, parfois pour « rien » : par exemple, l'enfant qui dit « je parie que je saute les cinq marches de cet escalier » .

En « réussissant », il gagne une forte valorisation : il passe d'une situation négative, de peur, parce que « risquée », à l'issue inconnue, à une situation normale ; il s'agit donc, ici encore, d'une valorisation artificielle.

il y a aussi ici, bien entendu, un sentiment de « victoire » qui est source de satisfaction : on se dit « j'ai un peur de cette situation inconnue, mais j'ai eu le courage de le faire, je suis fort ! ».

*

L'être humain a créé lui-même, pour son propre plaisir, plusieurs de ces situations « artificielles », qui permettent de passer alternativement, plusieurs fois de suite de la crainte au plaisir : nous avons parlé des films d'horreur mais c'est aussi le cas des manèges en parc d'attraction par exemple.

Ainsi, si l'on se trouve dans un manège de fête foraine, par exemple des montagnes russes : tout à la fois, on ressent de la peur et l'on sait qu'on ne risque rien ; on passe constamment d'un sentiment de dévalorisation créé artificiellement (situations inquiétantes) à un sentiment de valorisation (situation maîtrisée, sécurisée).

*

Le rire lui-même résulte d'une situation de gap « situation non sécurisée / situation sécurisée ».
En effet, le rire est issu d'une situation (éventuellement imaginaire, dans une histoire qu'on nous raconte) qui nous semble d'abord négative, inhabituelle, dérangeante, désagréable (par empathie avec les personnages de l'histoire), ou bien illogique, incompréhensible, en décalage avec notre compréhension habituelle.
Puis la « chute », la fin de l'histoire, est positive, rassurante car elle rétablit la situation normale, ou simplement la logique, la compréhension : elle donne une explication, ce qui soulage notre cerveau, qui se « décharge » en provoquant le rire et libérant une plus grande quantité de dopamine, hormone du plaisir.
Le rire est souvent accentué par notre imagination et capacité d'empathie : notre imagination nous fait visualiser la situation, qui peut être loufoque, bizarre, ce qui accentue notre perplexité initiale. Et notre empathie permet de nous mettre à la place des personnages, nous imaginons leurs états d'âme, de stress, de peur, d'étonnement, ce qui peut encore renforcer le côté négatif initial.

Par exemple, si une personne assise sur sa chaise bascule en

arrière, puis se relève sans mal, nous éclatons de rire : nous sommes passés de la surprise, de la peur (qu'elle se blesse), au soulagement.
En imagination, nous revoyons la scène loufoque, et par empathie, nous imaginons la peur et la surprise de la personne lorsqu'elle a basculé.
Tout cela accentue le gap « sentiment négatif initial / situation qui se termine bien », et donc notre rire.

Le neuroscientifique Pascal Vrticka, en association avec des chercheurs de l'université de Stanford, a publié en 2013 dans la revue Nature Reviews Neuroscience, un article dans lequel il indiquait que le rire provenait d'une situation dans laquelle le cerveau détecte une incompatibilité logique puis réinterprétait la situation.
Les auteurs indiquaient :

"l'humour semble engager un réseau central de structures corticales et sous-corticales, y compris des zones temporo-occipito-pariétales impliquées dans la détection et la résolution de l'incongruité (inadéquation entre les stimuli attendus et présentés)".

******

Chapitre 3. Les plaisirs particuliers de l'art, du jeu et de la nouveauté

« L'art ne veut pas la représentation d'une chose belle mais la belle représentation d'une chose. »

Emmanuel Kant

Nous avons décrit les effets collatéraux « artificiels » du circuit de la récompense, c'est-à-dire l'apparition de motivations non liées aux motivations fondamentales.
Nous avons ainsi mis en évidence plusieurs exemples de motivations artificielles (dites « d'évasion »), telles que :
-l'excitation par électrode qui induit la production de dopamine
-l'absorption de drogues au sens large telles que : la cocaïne, la cigarette, l'opium, etc.
-la réalisation de « sensations fortes » jouant entre danger et sécurité : jeux, manèges, films d'horreurs, ...

Il existe cependant trois motivations artificielles particulières. Elles sont relatives à un plaisir ressenti (donc à une production de dopamine), mais si elles semblent aussi, à priori, sans rapport avec les motivations fondamentales, nous allons voir que ce n'est peut-être pas le cas.

LA MOTIVATION ARTISTIQUE

Le premier cas particulier est le « plaisir esthétique » : dès la naissance, de manière instinctive, les êtres humains apprécient la beauté d'une personne ou d'un paysage, d'un tableau, d'une œuvre artistique, des couleurs, des formes, selon des critères innés (d'autres critères seront par la suite issus de l'éducation).

A l'Université d'Exeter, Alan Slater et son équipe en psychologie, ont étudié des nouveaux-nés âgés de un à sept jours. Ils ont montré à ces nourrissons des photos de visages féminins, par paire : l'un étant attrayant au sens courant du terme, l'autre non ; les deux visages avaient en outre les mêmes paramètres de contraste, taille, brillance...
De manière flagrante, les nourrissons ont regardé plus longuement les visages attrayants.
Ainsi, le sens de la beauté est déjà présent dans notre cerveau dès la naissance.
Selon Slater, cette attraction pour les beaux visages s'explique parce que «les beaux visages ont le prototype du visage humain».
En effet, on a constaté qu'un beau visage est en fait un mélange, une « moyenne », de milliers de visages humains.

Il semble donc que l'évolution ait permis aux hommes de mémoriser les traits « moyens » de l'esthétique humaine, probablement dans un but de reconnaissance et donc d'adaptation.
Ce plaisir de l'esthétisme inné que nous avons tous, que l'on pouvait croire sans rapport avec les motivations fondamentales, permettrait donc en fait à l'être humain de reconnaître la « norme » de ses semblables dès la naissance...

*

Un effet collatéral de cette adaptation innée semble être l'appréciation des formes, couleurs, harmonies d'un paysage, tableau, monument, etc...
En effet, cette appréciation n'a à priori aucun rapport avec nos motivations fondamentales.
Pourtant, il existe un rapport : les formes liées à la vie humaine sont plutôt courbes, ou dans tous les cas sont des lignes « douces ».
De même, la nature privilégie les couleurs pastel (forme du visage, couleur de la peau, couleur bleue claire du ciel, couleur jaune-orangée du soleil, couleur d'un paysage verdoyant ou fleuri, etc.).

Par exemple, dans la nature, on trouve rarement des formes avec des angles saillants, si ce n'est les crocs ou les pointes de flèches, synonymes de danger...

Pour cette raison, que ce soit pour la peinture ou la sculpture, notre cerveau ressent les formes dures telles que les droites, les angles, ou encore les ensembles de couleurs trop froides ou au contraire trop criardes, trop chaudes, comme des « agressions », des dangers potentiels.
A l'inverse, il ressent les formes douces, telles que les courbes, ou encore les combinaisons de couleurs pastels ou bien harmonieuses, permettant un équilibre couleur chaude/froide, comme des bienfaits sécurisants.

Dans une même peinture, le contraste entre les deux va créer l'effet de gap dont nous avons déjà parlé, qui permet de passer instantanément du stress à la sécurité.

*

C'est aussi un peu la même chose pour la musique.
Certaines suites de notes, douces et lentes, nous rappellent des situations sécurisées et donnent un sentiment de bien-être, d'autres, fortes ou dissonantes, rappellent des situations de danger et font ressentir de l'inquiétude.

Tous les musiciens savent que le plaisir de la musique se base sur la notion de « tension / résolution » : certaines suites de notes créent une « tension », et si on leur adjoint une autre suite de notes spécifiques, on ressent un soulagement agréable : c'est la « résolution ».
On retrouve à nouveau ici cette idée de gap, de passage d'une situation de stress à une situation de sécurité.

LA MOTIVATION DE JEU

Le jeu « basique » chez les animaux et les êtres humains peut s'expliquer par le principe de « stress/sécurité » que nous avons décrit précédemment, ou l'on alterne le plaisir et la peur ou le stress.
En effet, les petits des animaux (chatons, chiots, etc.), mais aussi, pour certains jeux, les enfants, courent, se poursuivent, se bagarrent, s'attrapent...
Ce comportement de jeu est probablement hérité de leurs aïeuls préhistoriques, les petits imitant des adultes qui chassent une proie, mais sans le risque et le danger.
Le jeu apporte donc un bienfait pour l'espèce : les petits peuvent reproduire des situations de danger, mais sans mettre leur vie en péril : c'est donc une manière d'apprendre, pour mieux satisfaire la conservation de l'espèce.
En effet, un chaton ou des enfants qui jouent au ballon, apprennent à faire des erreurs, par exemple lorsqu'ils perdent le contrôle du ballon, sans le risque d'être pénalisé.

Par ailleurs, certaines activités physiques sportives ne

constituent pas un « jeu » et procurent aussi du plaisir par la production de dopamine : la course, la natation, etc.
Cependant, ces activités, tout comme le jeu, constituent une manière de se préparer à mieux maîtriser notre environnement (courir pour attraper une proie) ou être en meilleure santé.
Elles contribuent donc également à une meilleure conservation de l'espèce.

Nous verrons plus loin que le jeu, que ce soit pour les enfants et les adultes, permet aussi de satisfaire une autre motivation, la motivation « d'identification » : par exemple un enfant qui joue au policier s'identifie à un adulte.

La motivation de nouveauté

Il apparaît que l'être humain recherche, sous réserve que sa sécurité ne soit pas compromise, ce qui est nouveau, ce dont il n'a pas ou plus l'habitude.

Ainsi en est-il des habitudes vestimentaires, de la modes, de l'architecture, la musique, la peinture, les choix de prénoms donnés aux enfants, aussi, ...
Plusieurs styles très distincts se succèdent au fil des années et des générations.
Nous aimons varier nos activités. Nous aimons découvrir des nouvelles choses, ou simplement faire une activité que nous n'avons pas pratiquée depuis longtemps.
Ce plaisir de nouveauté ne semble à priori rien apporter aux motivations fondamentales.

Pourtant, si :

D'un point de vue de l'évolution des espèces, on peut supposer que l'évolution a privilégié la recherche de nouveauté afin de permettre de progresser, d'améliorer son savoir et donc améliorer aussi son adaptation au milieu extérieur.
Pour cette raison, nous nous lassons vite d'une activité répétée trop fréquemment, et avons toujours envie de découvrir des choses nouvelles.

*

Comment expliquer cette lassitude au niveau biologique ?
Cela semble dû à la structure de notre cerveau.
Ainsi, nous avons décrit précédemment l'expérience du rat qui appuyait convulsivement sur la pédale pour stimuler sa production de dopamine.
En réalité, on constate que le taux de dopamine diminue au fur et à mesure chez le rat, et cela même si l'animal presse la pédale de plus en plus souvent.
Il semble donc que la production de dopamine soit liée aussi à la nouveauté d'un bénéfice, d'un objet gratifiant, ou à la « promesse » de ceux-ci.

Ainsi, cela expliquerait pourquoi nous nous lassons vite des objets acquis qui ont pourtant été désirés pendant de longs mois ou années.

On retrouve la recherche de nouveauté dans le plaisir de

voyager.
Faire des voyages permet de découvrir des sensations et des choses inhabituelles : personnes, paysages, cultures, émotions, ..., ce qui satisfait le « désir de nouveauté » de notre cerveau.
Mais faire des voyages procure aussi un sentiment d'aventure, c'est-à-dire un sentiment de danger (on n'est plus dans notre zone habituelle de confort) tout en sachant que tout a été prévu pour qu'on ne risque rien...
On retrouve donc encore ici le plaisir obtenu par le contraste entre les sentiments d'insécurité et de sécurité.

Chapitre 4. L'intelligence inductive

« Être, pour la créature intelligente, c'est comparer perpétuellement ce qu'on a été avec ce qu'on est. »

Victor Hugo / Choses vues

Une aptitude à comparer apparaît essentiellement chez les mammifères évolués, grâce au néocortex, et nous verrons qu'elle est à l'origine de nombreuses nouvelles motivations.
Toutes ces nouvelles motivations seront basées sur une volonté de « domination » que nous définirons plus loin.
Cependant, avant de décrire ces nouvelles motivations, nous devons auparavant expliquer l'origine, la signification et les manifestations de « l'aptitude à comparer ».

*

Le néocortex s'est fortement développé en taille chez les mammifères, il y a moins de 100 millions d'années.
Chez les primates, apparus il y a environ 80 millions d'années, il acquiert une taille importante, qui devient considérable avec l'apparition du genre Homo, voici 3 millions d'années, et plus encore avec l'apparition de l'Homo Sapiens il y a 300 000 ans.

Le néocortex représente 80% du cerveau humain.
Il intervient dans le traitement des perceptions sensorielles, des commandes motrices volontaires, de la mémoire, de la conscience, du langage, du raisonnement abstrait.
On y distingue en particulier des zones dédiées au langage et à la représentation spatiale.

Le nombre d'associations devenant appréciable chez les vertébrés, l'évolution permit l'apparition d'une aptitude à les « gérer », les classer : pour cela, il était nécessaire de savoir comparer, et donc créer des catégories.
Comparer, ce n'est pas la même chose qu'associer des idées : c'est en effet être capable de trouver des points communs entre deux perceptions distinctes.
Et si l'on est capable de voir des points communs, on a donc implicitement créé une catégorie, qui regroupe ces « caractéristiques communes ».

Par exemple, l'aptitude à comparer a permis de reconnaître un type de prédateur, par des caractéristiques communes : sa silhouette, sa manière de se déplacer, sa couleur, sa taille, les bruits qu'il émet etc.

On comprend bien que cette aptitude apporte un supplément de conservation et de sécurité.

Donnons un autre exemple : si l'on vous demande de comparer les chevaux et les chiens, vous direz tout naturellement qu'ils font partie de la « catégorie » des mammifères, parce que (en particulier), ils ont tous deux une tête, un tronc, 4 membres, des poumons et que leurs femelles portent des mamelles.

Avant l'arrivée de l'aptitude à comparer, les animaux ne savaient faire, essentiellement, que des mouvements « automatiques », et uniquement des associations d'idées simples, en nombre limité.

Par exemple, R. Kandel montre que la limace de mer fait un mouvement de rétraction automatique suite à une perception tactile.
Il montre également (voir annexe) qu'elle est capable de faire des « associations », en nombre très limité : grâce à la loi de Hebb et à la répétition, elle peut apprendre à associer une perception à un danger ou bien un bienfait.
Mais dans tous les cas, ce nombre d'associations est très limité, et il n'y a aucune nécessité de comparaison.

*

L'aptitude à comparer apparaît donc avec l'arrivée du néocortex.
Biologiquement, on pourrait la comprendre comme une « extension » de la loi de Hebb.
On rappelle que la loi de Hebb, permet d'expliquer les associations d'idées en spécifiant que des réseaux de neurones activés simultanément renforcent leurs connexions.

La comparaison peut alors se comprendre comme un renforcement des connexions entre des « sous-réseaux » communs lorsqu'ils sont activés simultanément : en effet, lorsque l'on veut comparer deux idées, on se met en mémoire deux réseaux de neurones : ces deux réseaux de neurones sont donc activés simultanément.
Si ces 2 idées comportent des points communs, leurs réseaux de neurones associés auront naturellement des « sous-réseaux »

communs.
Ces sous-réseaux communs vont alors renforcer leurs connexions entre eux, permettant l'apparition d 'une nouvelle idée correspondant à « ce qui est commun entre les 2 idées initiales » : on aura donc créé une catégorie.

Reprenons ainsi l'exemple de la comparaison entre le cheval et le chien que nous avons donné précédemment.
Ces deux réseaux activés simultanément possèdent un sous-réseau commun important : en effet les deux animaux ont quatre pattes, une tête, leurs femelles ont des mamelles, etc.
On perçoit donc une nouvelle idée qui est la catégorie générale d'animaux appelée «mammifères», constituée de quatre pattes, une tête etc.

*

Ainsi, l'aptitude à percevoir des points communs est à la base de notre faculté de catégoriser, généraliser, créer des concepts, et donc aussi faire des raisonnements abstraits.
Elle est donc un pilier essentiel de l'intelligence humaine.

Cette aptitude à comparer est aussi appelée couramment « intelligence analytique » ou « induction », pour la distinguer de l'intelligence associative, qui, elle est appelée « intelligence synthétique » ou « déduction ».
L'induction est l'intelligence qui permet de généraliser, de créer des catégories et des concepts.
Dans la pratique, les êtres humains, bien plus que les animaux, font à chaque instant de nombreux apprentissages associatifs et comparatifs.
Remarquons qu'il y a une composante « statistique » dans l'intelligence analytique : c'est l'observation répétée de certaines caractéristiques qui amène l'individu à généraliser de manière intuitive.

Donnons un exemple :
Supposons que je vois, chez un concessionnaire automobile, à la fois une grosse berline et une petite voiture de la même marque.
Je pourrais, grâce à mon aptitude d'association, associer ces deux idées : plus tard, quand je verrais l'une des deux

voitures, je penserai à l'autre.

Mais je pourrais aussi, grâce à mon aptitude de "comparaison", percevoir les points communs entre ces deux idées (les deux voitures) : je constate par exemple, que, pour cette marque, les deux voitures ont une même courbe allongée. Aussi, plus tard, quand je verrais l'une des deux voitures, je penserai à ce « point commun », cette courbe allongée qui caractérise cette marque.

Une personne qui possède une bonne intelligence de synthèse et une analyse plus faible, manquera de recul dans certaines décisions. Par exemple, elle pourra se laisser embrigader dans des actions farfelues parce qu'elles sont présentées avec de nombreux arguments, « preuves » et réponses aux contre-arguments éventuels.
Mais manquant d'analyse, elle n'aura pas intuitivement des « preuves statistiques », c'est-à-dire des idées générales qu'elle pourrait tirer de son expérience et son observation sur ce type de sujet ou sur des sujets voisins.

******

Chapitre 5. Le « Bien » et le « Mal »

« Il n'y a de bien et de mal que selon l'opinion qu'on a. »

William Shakespeare / Hamlet

L'aptitude à associer par comparaison a permis, de manière logique, l'apparition de deux catégories de base, simplistes, qui s'appliquent à toutes nos perceptions : la catégorie des valorisations positives, et celles des valorisations négatives.

La première catégorie correspond à des informations que nous considérons bénéfiques à notre conservation, notre sécurité et notre reproduction (elles nous sont agréables). La seconde correspond à des informations qui lui sont nocives (elles nous sont désagréables).

L'évolution naturelle des espèces a entraîné l'accentuation, la valorisation de ces deux catégories : ainsi, nous avons décrit précédemment comment cela fut possible, grâce à l'apparition des circuits de la punition et de la récompense.

*

Pour les animaux, le « Bien » correspond à ce qui est directement bon pour leurs motivations fondamentales (conservation, sécurité, reproduction), le « Mal » à ce qui est directement mauvais pour celles-ci.

Pour les êtres humains, c'est un peu plus complexe, parce que, grâce à nos aptitudes fortes d'association et de comparaison, nous intégrons de nombreuses règles de vie, souvent liée à l'éducation, la morale, la société, la loi, la religion, et nous avons en plus une vision de l'avenir plus élaborée.

Ces principes de morale, loi, etc. font que nous sommes capables, « à court terme », d'agir contre notre intérêt immédiat, parce qu'il y aura à priori un bénéfice plus important dans l'avenir.

Cependant le principe reste finalement le même : nous sommes motivés pour agir au mieux de nos intérêts à long terme, en évitant ce qui nous semble nuisible à notre survie ou notre bien-être présent et futur.

******

Chapitre 6. Introduction à la domination

« La soif de dominer est celle qui s'éteint la dernière dans le cœur de l'homme. »

Nicolas Machiavel

Grâce à l'aptitude à comparer, les animaux évolués ont su créer la catégorie de ce qui est « bon » pour eux.
Cela pouvait être une nourriture, un territoire, un objet valorisé : comme par exemple une gamelle ou un jouet pour un chien.

Il était donc naturel qu'ils cherchent à s'accorder l'exclusivité de cette catégorie « bon pour eux» : c'est ainsi qu'ils découvrent la motivation de « possession ».

La possession consiste à disposer à sa guise de quelque chose.
Elle peut concerner un objet, mais aussi un territoire, un événement, une personne.
La possession apporte très logiquement un surplus de conservation, sécurité et reproduction : elle permet en effet la répétition à volonté d'une valorisation agréable liée directement ou non à nos motivations fondamentales.
Par exemple, posséder une maison est une « sécurité », elle m'appartient, on ne peut normalement pas m'expulser...
Si j'aime naviguer en mer et que je possède un bateau, je pourrais répéter cela à volonté, sans contrainte.
La possession est donc devenue une motivation à part entière pour les animaux évolués et pour les êtres humains.

Chez les animaux, la possession d'un bien est une motivation forte ; elle résulte généralement directement de la force physique de l'animal : dans un troupeau de cerfs, de singes, de loups, etc., celui qui se montre le plus fort du groupe est en droit de posséder le plus gros os, la meilleure nourriture, les meilleures femelles, le meilleur territoire.
Et c'était le cas aussi chez les hommes primitifs.

*

En raison de notre aptitude forte à faire des associations, d'idées, les « idées » associées à la possession d'un objet particulier seront aussi valorisées.

Par exemple, l'argent n'apporte rien directement, mais est associé à la possession des biens matériels. Donc « posséder de l'argent » est devenue une idée valorisante aux yeux des êtres

humains.
De même, «être propriétaire » n'apporte rien directement, mais cette idée, liée à la possession, et devenue valorisante.

*

Plutôt que le terme « motivation de possession », nous utiliserons dans la suite le terme « motivation de domination », plus « large » que le terme « possession » qui s'applique seulement à un objet matériel.
En effet, nous verrons que la « domination » peut se ressentir par la possession d'un objet, mais aussi par la maîtrise partielle d'une situation ou d'une personne : compréhension, prévision, progression, anticipation, soumission, etc.
Également, parce que nous vivons en société, et côtoyons de nombreuses personnes chaque jour, le plaisir obtenu par « domination » des êtres humains a acquis une importance essentielle, bien plus que pour les animaux.
Pour cette raison, nous distinguerons la motivation de domination des objets et des événements, de celle des êtres vivants.

Cette recherche de « domination », de supériorité, se retrouve dans de nombreux aspects de nos relations humaines.

Elle est semblable à celle mise en évidence par le médecin et psychothérapeute Alfred Adler dans son livre «Le sens de la vie » :

« Le but de l'âme humaine est le triomphe, la perfection, la sécurité, la supériorité. »

******

Chapitre 7. Certitude, contrôle et propriété

« Entre l'argent et les idées, ces dernières ont rarement le dessus et bien vite on n'a plus qu'une idée : avoir plus d'argent ! »

Georges Dor

Dans ce chapitre, nous allons étudier la motivation de « domination immédiate des objets et des événements ».

Mais comment peut-on « dominer » des objets et événements, de manière immédiate ?

La caractéristique « de manière immédiate » est importante, car l'être humain, est capable d'agir, d'être motivé , pour un bénéfice futur, à venir, qu'il anticipe à l'avance, et que nous étudierons plus loin.

On notera que les motivations « immédiates » sont communes à l'animal et l'homme.

Pour dominer, maîtriser, des objets, des événements, de manière immédiate, nous avons plusieurs choix possibles :

Nous pouvons les laisser « libres » de se réaliser, c'est-à-dire ne pas interagir sur eux ; mais en les « devinant », en anticipant ce qu'ils feront ou seront, nous obtiendrons du plaisir, ou plus exactement de la « valorisation », que l'on peut qualifier de *« valorisation par certitude»*.

Nous pouvons aussi les obliger à faire certaines actions, en agissant sur eux : nous obtiendrons donc de la *«valorisation par contrôle »* de ces objets.

Si, enfin, nous « *possédons* » l'objet », nous pouvons agir physiquement sur lui à notre guise : le prendre, le modifier, le détruire, etc. C'est le propre de la « possession » matérielle d'un objet.

Nous allons distinguer ces trois cas de motivation, tous liée à un objet ou événement, dans la suite de ce chapitre.

LA MOTIVATION DE « CERTITUDE »

On prend du plaisir en « prévoyant » les choses, objets ou événements, sans interagir avec eux.
S'il s'agit d'un objet, je peux éventuellement agir initialement sur celui-ci, mais, si c'est le cas, l'objet est ensuite livré à lui-même ; il est alors soumis à des lois que je connais, et sur lesquelles je

n'interviens pas.
Ici, on domine « mentalement » l'objet ou l'événement; on ne peut ou ne veut pas modifier le cours des choses, mais on peut prévoir ce qui se passera à tel ou tel moment.
Cette faculté d'anticipation, de prévision, confortera le sentiment de sécurité.
Finalement, la motivation de certitude, c'est le plaisir de prévoir l'avenir des objets, des événements.

Par exemple, de manière basique, le fait de lancer une pierre vers la mer et de la regarder retomber ou ricocher sur l'eau, de voir le soleil se lever et se coucher chaque soir (indépendamment de la beauté esthétique), d'observer et reconnaître certaines étoiles la nuit, nous « rassure », nous donne un repère de « certitude », de sécurité et, en ce sens, c'est un plaisir simple de « certitude ».

Cette motivation existe chez l'animal; ainsi, un chat pourra s'amuser à faire tomber successivement un ensemble d'objets se trouvant sur une étagère.

De même, le scientifique, en étudiant les sciences et les lois de la nature, en vérifiant ses hypothèses en laboratoire, en constatant par exemple un phénomène météorologique, après avoir prédit en équations ce qui allait se passer, ressent de la valorisation parce qu'il comprend et anticipe les événements de la nature.

Un autre exemple : tous les scientifiques qui ont participé à la construction du LHC (un accélérateur de particules gigantesque, de plus de 26 km de circonférence) pour la recherche du boson de Higg, ont eu une immense joie lorsque celui-ci a été découvert en 2012....

*

L'être humain n'aime pas l'inconnu et l'incertitude.
Quelle que soit la question, utile ou inutile, qui lui vient à l'esprit, il se sent mal à l'aise d'être incapable d'y répondre.

La « curiosité » est une motivation qui fait partie de ce type de domination de notre environnement.

Se poser des questions, c'est vouloir comprendre, c'est au final vouloir mieux contrôler son environnement, obtenir des certitudes sur celui-ci. Cela correspond à un besoin de sécurité, de cohérence.
(Remarquons que la curiosité est aussi guidée par la motivation de découverte des choses nouvelles, de nouveauté, dont nous avions parlé précédemment).

C'est ainsi que l'écran de veille de Microsoft Windows nous montre chaque matin un paysage de rêve, en nous interrogeant (« savez-vous où est situé ce paysage ? »), pour nous inciter à cliquer et savoir à quel endroit du globe il correspond...
Un autre exemple, pour sourire un peu : si je vous demande (comme le prétend la chanson) : le roi Dagobert était-il vraiment distrait au point de mettre sa culotte à l'envers ?
Vous aurez sûrement envie de connaître la réponse, de ne pas rester dans l'incertitude ☺ ...
(réponse : non, cette chanson a été créée sous Louis XVI pour se moquer de la distraction du roi ; pour éviter la censure, elle met en scène le roi Dagobert...)
La curiosité existe aussi chez les animaux : un singe mis dans une cage opaque pourra tirer de multiples fois une manette qui lui permet de voir quelques secondes ce qui se passe dans le laboratoire des humains...

LA MOTIVATION DE CONTRÔLE IMMÉDIAT

On prend du plaisir en contrôlant un objet, un événement, en agissant sur lui.
Contrôler un objet, c'est prévoir, anticiper comment l'objet va réagir, grâce à une intervention continue, interactive, de notre part. On est en particulier dans ce cas lorsqu'on dirige des machines.

Ainsi, en pilotant une voiture, un avion, réel ou télécommandé, j'éprouve du plaisir, parce que je « maîtrise » la machine, et contrôle ses mouvements.
Remarquons que ce plaisir de contrôle d'un engin peut se mêler

au plaisir artificiel de « situation dangereuse / sécurisée » dont nous avons déjà parlé (on se fait des « sensations »)...

Autre exemple, le chat qui joue avec une balle ou une souris, la contrôlant en permanence avec sa patte : il sait globalement comment se déplace la balle ou la souris, et comment l'action de sa patte va faire changer la direction du mouvement de celle-ci, et c'est une source de plaisir pour lui.

Également, en surmontant un défi que l'on s'est donné, comme par exemple sauter du haut d'un escalier, un enfant se dit « j'y suis arrivé ! » ; il est fier d'avoir « contrôlé » son corps, ses actes, ses émotions.

*

Freud a décrit ce plaisir de contrôle en racontant comment un petit enfant s'amuse à faire disparaître et réapparaître inlassablement une bobine de bois entourée d'une ficelle (« Au-delà du principe de plaisir »,1920) :

« Je me suis finalement aperçu que c'était là un jeu et que l'enfant n'utilisait ses jouets que pour « les jeter au loin ».
Un jour je fis une observation qui confirma ma manière de voir. L'enfant avait une bobine de bois, entourée d'une ficelle. Pas une seule fois l'idée ne lui était venue de traîner cette bobine derrière lui, c'est-à-dire de jouer avec elle à la voiture ; mais tout en maintenant le fil, il lançait la bobine avec beaucoup d'adresse par-dessus le bord de son lit entouré d'un rideau, où elle disparaissait.
Il prononçait alors son invariable o-o-o-o, retirait la bobine du lit et la saluait cette fois par un joyeux « Da ! » (« Voilà ! »).
Tel était le jeu complet, comportant une disparition et une réapparition, mais dont on ne voyait généralement que le premier acte, lequel était répété inlassablement, bien qu'il fût évident que c'est le deuxième acte qui procurait à l'enfant le plus de plaisir...
On pourrait dire que l'enfant cherchait ainsi à satisfaire un penchant à la domination, lequel aurait tendu à s'affirmer indépendamment du caractère agréable ou désagréable du souvenir ».

*

Contrôler un événement, c'est le prévoir, l'anticiper au mieux, en agissant d'une certaine manière.
Or, nous vivons dans un monde où, pour chacun de nous, l'avenir est inconnu. Au mieux, nous pouvons supposer que telle

ou telle chose adviendra, mais cela reste du domaine de la statistique.
Pour se donner plus de contrôle, plus de «sécurité», l'être humain s'appuie sur des règles, des habitudes ou des principes, qui lui donnent un sentiment de certitude.

Ainsi, les « rituels », les habitudes immuables nous rassurent. Par exemple, avoir l'habitude de prendre tous les jours le petit déjeuner dans son salon, sur tel fauteuil, avec ses tartines et son journal favori est un rituel qui structure sa journée.

Notons qu'un autre avantage des rituels est qu'ils permettent de minimiser l'énergie nécessaire pour mettre en œuvre une activité qui peut nous sembler parfois contraignante.
Certaines actions peuvent parfois sembler contraignant, ce qui fait que l'on hésite, réfléchit, procrastine, on se trouve de bonnes raisons pour les reporter : « je suis fatigué », « j'ai plus urgent à faire », « je n'ai pas envie de me forcer ».
Si c'est un « rituel », c'est-à-dire que l'on ne se laisse pas le choix de réfléchir, il n'y a pas d'hésitation, pas d'énergie perdue en hésitations intellectuelles, et c'est donc beaucoup plus facile...
Par exemple, se brosser les dents ou faire sa gymnastique tous les matins peut devenir un acte automatique.

*

Également, dans de nombreuses situations quotidiennes, les êtres humains doivent prendre des décisions et faire des choix en n'ayant pas la totalité des informations nécessaires, donc sans avoir le « contrôle ».
Pour cette raison, pour décider, il s'aident de « règles de conduite », de principes de vie. Beaucoup de nos principes sont apportés par notre éducation, et les autres le sont par nos expériences personnelles, notre parcours de vie.
Ces règles nous aident à décider, nous permettent d'orienter (ou d'essayer d'orienter) les événements dans une direction souhaitée.

Ainsi, les règles et les principes de vie satisfont nos « motivations de contrôle » car en nous guidant dans nos décisions d'action, ils nous permettent faire les choix qui nous semblent les meilleurs,

donc de « contrôler » les événements.
Par exemple, si j'ai pour principe de ne jamais acheter de plats préparés en raison des additifs, cela me guide dans mes choix d'achat de nourriture.

La motivation de propriété

On prend du plaisir en contrôlant totalement un objet ou un événement, en raison de sa possession complète.
Ici, l'objet m'appartient ; personne n'est autorisé à l'utiliser sans mon autorisation ; il est éventuellement (cf précédemment) soumis à des lois que je connais mais en plus, je peux décider des actions réalisées sur lui : je domine donc l'objet totalement. Je peux le prendre, le toucher, le retourner, le lancer, le détruire à tout moment, et de la manière qui me plaît...
Et c'est moi qui déciderai du déroulement de telle ou telle situation, de l'apparition de tel événement, pour cet objet.

Cette motivation existe clairement chez l'animal : par exemple, un chien protégera son territoire, sa niche, une peluche qui lui appartient.

Quant à l'homme, la possession d'objets fait intensément partie de sa vie, et même de ses principaux objectifs de vie ...
Nous souhaitons posséder une belle maison, une belle voiture, une maison de campagne, un bateau, etc.
Dans notre société, l'argent est fortement associé à la propriété, puisque, avoir de l'argent permet d'acheter, donc de posséder des objets et des biens.

Chez les enfants, l'argent est « remplacé » par des jeux tels que ceux des marques Méccano et Lego : la possession de ces jeux permet « d'obtenir » la possession d'objets « imaginaires » (en les construisant soi-même), associés à des objets réels positifs pour l'enfant.
Par exemple, si l'enfant aime la campagne et les animaux de ses grands-parents, il pourra reconstruire une ferme avec des animaux.
La petite fille ou le petit garçon à qui l'on offre une poupée ou une voiture, seront heureux parce qu'ils associent ces objets en leur possession à des valeurs positives : des modèles tels que leur mère, leur père, un policier, un aventurier...).

******

Chapitre 8. L'usage de la force

« La sagesse est préférable à la force, parce qu'elle exécute des choses dont la force ne peut venir à bout. »

Proverbe oriental

De même que pour les objets et les événements, nous trouvons du plaisir, ou plus exactement de la « valorisation » dans nos relations avec les autres lorsque nous pouvons, au sens large, les « dominer », c'est-à-dire les influencer, même partiellement.

Nous étudierons ici, comme pour les objets, la domination « immédiate », qui est commune à l'homme et aux animaux.

Qu'est-il donc possible de faire pour dominer, maîtriser, contrôler, des autres êtres vivants, de manière immédiate ?

On peut agir de deux manières :
-soit par une domination directe, par la force, ce qui nous allons décrire dans ce chapitre
-soit par une domination indirecte, par « influence » : on espère alors influencer l'autre par notre attitude.
Nous étudions cette domination par influence dans les chapitres suivants de cette partie, et décrirons alos les motivations de considération, soumission, et appartenance.

LA MOTIVATION DE « DOMINATION PAR LA FORCE »

On obtient de la valorisation en dominant d'autres êtres vivants par la « force » au sens large : cela peut être la force physique, la peur, la dissuasion, la pression, la force psychologique, le chantage moral, la manipulation, mais aussi la force sociale (loi, tradition, etc).
En agissant ainsi sur quelqu'un, je le contrains à m'obéir, et je contrôle ainsi une grande partie de ses actions.
Cette domination procurera une valorisation que nous appellerons valorisation par « domination directe ».

On retrouve souvent cette motivation chez les animaux, les plus forts mangeant avant les autres.

On la trouve chez les enfants aussi, les plus grands martyrisant les plus petits ou les plus faibles, ou leur imposant leur volonté.

Chez les adultes, les lois sociales ont permis de modérer

cette motivation de domination par la force, mais elle n'a pas disparu, et on la retrouve dans notre histoire récente, et dans diverses circonstances sociales : esclavage, noblesse, castes en Inde, violence familiale, violence conjugale, féminicide, ...

En période de guerre, où les excès sont permis ou mal contrôlés, certains individus ne refrènent plus leur motivation de domination directe.
Ils se complaisent alors à écraser, rabaisser, martyriser, torturer, tuer pour affirmer leur puissance.
Nous avons l'exemple de l'Allemagne nazie durant la seconde guerre mondiale.

Dans le monde professionnel moderne, cette domination directe apparaît aussi, au travers du pouvoir hiérarchique : un salarié doit obéir à son supérieur, c'est la force de la loi, mais c'est déjà une domination directe.
Il existe aussi en entreprise des hiérarchies paternalistes basées sur le pouvoir des chefs et la pression morale. Heureusement, le harcèlement est désormais sanctionné par la loi.

Cette domination par la force, au niveau psychologique, se retrouve fréquemment aussi dans un groupe de personne ou même dans le couple : l'un veut dominer, contrôler, et parfois aussi rabaisser, écraser, humilier une autre personne, se valorisant ainsi à ses dépens.
Une telle attitude, malsaine, a souvent pour origine un manque de confiance en soi.

*

Dans la suite, nous allons étudier la motivation de *domination par influence*, qui consiste à vouloir « influencer » psychologiquement un individu.
Attention cependant : nous parlons ici d'une influence non consciente; il ne s'agit pas d'un calcul, d'une manipulation, il n'y a pas de pression psychologique.
Cette influence consiste à essayer de faire en sorte que l'autre personne nous trouve sympathique, à créer une affinité avec elle.
C'est une influence sur elle (et inversement d'elle sur nous), dans le but d'obtenir de la «valorisation » : parce que l'autre nous

transmettra une image valorisante de nous-même, renforçant notre estime de soi, parce qu'il nous apportera des conseils bénéfiques pour nous, parce qu'il s'intéressera à nous, et enfin parce que le lien de sympathie créé le rendra plus ouvert à un soutien ou des services éventuels à venir.
C'est donc une sorte de « contrôle » partiel des autres, et nous le faisons chaque jour sans réfléchir : nous laissons ces personnes libres de décider de leurs actions, mais nous « tentons » inconsciemment d'obtenir d'elles, par la relation créée avec elles, par notre comportement, notre apparence, nos actes..., une décision ou simplement un jugement, une image favorable à notre personne.

*

On peut en fait distinguer trois types de valorisations possibles, suivant la manière dont ces personnes nous positionnerons par rapport à elles : supérieur, inférieur, égal.

Si l'autre nous positionne « supérieur à lui » : il nous regarde avec admiration, et on obtiendra une valorisation **par «considération »**.

Si l'autre nous positionne «inférieur à lui » : on obtiendra (si l'on accepte cette soumission) une valorisation **par « soumission »**.

Si l'autre nous positionne « égal à lui » : on obtiendra une valorisation **par «appartenance»**.

Nous allons étudier plus en détail dans le chapitre suivant ces 3 types de motivations, qui existent également dans le monde animal.

******

Chapitre 9. Nous voulons être considérés

« L'estime vaut mieux que la célébrité, la considération vaut mieux que la renommée. »

Chamfort / Maximes et pensées, caractères et anecdotes

LA MOTIVATION DE CONSIDÉRATION

On prend du plaisir en apparaissant, au sens large, « **supérieur** » aux autres.
Cette motivation consiste à rechercher l'admiration des autres, ce qui contribue fortement à les influencer, parfois même à les conseiller, les guider, les diriger naturellement (ils sont alors eux-mêmes demandeurs, veulent être guidés...).

Elle peut apparaître par exemple dans la volonté de convaincre, de séduire par la parole, par sa personnalité, sa beauté, mais aussi d'éblouir en exhibant des signes extérieurs de puissance ou de richesse.

*

Il arrive que, dans certaines situations, nous apparaissions, de manière durable, « admirables » aux autres personnes, selon les critères habituellement admis socialement. Nous en tirons de la satisfaction, de la fierté.
Pour cette raison, lorsque nous sommes dotés d'une aptitude particulière, nous recherchons les situations nous permettant de la valoriser.

Cela peut être notre force physique, notre esthétique, notre charisme, notre humour, notre gentillesse, notre culture, notre

autorité, notre esprit de décision, un talent artistique, mais aussi notre statut social : président d'une association, patron d'une entreprise, etc...
Une personne charismatique, ayant de l'ascendant sur les autres, se positionnera spontanément comme un leader, quelqu'un qui guide, dirige les autres.

*

La considération ressentie aura plus de valeur s'il s'agit d'une personne que nous estimons ou admirons.
C'est pourquoi nous dirons qu'une telle considération, est une « considération forte » (elle se rapproche alors parfois de la motivation d'appartenance que nous décrirons un peu plu loin).

Pour beaucoup de personnes, la motivation de considération est satisfaite au sein de leur propre famille, de leurs proches, famille et amis :

Par l'admiration de leur épouse, de leurs enfants.

Pour les enfants, leur père et leur mère sont des « héros », qui les protègent.

Par celle de leurs proches aussi parfois : par exemple en raison d'une situation enviable parmi tous ceux de la famille ou du cercle d'amis, etc.

*

Cependant, la considération peut aussi être obtenue auprès de personnes que nous n'admirons pas, ou même dont nous ne connaissons rien. Nous la désignerons par « considération superficielle » .
C'est le cas de la considération, de l'admiration, que l'on peut obtenir par exemple en étant ministre, chef d'entreprise, directeur, chef de service...
La célébrité apporte également, bien entendu une forte considération « superficielle »,basée sur une image donnée : une star sportive ou artistique est admirée par de nombreux fans, qu'elle ne connaît pas du tout personnellement ; et de même, ceux-ci ne la connaissent que par ce que disent les médias ou par ce que la star veut bien montrer d'elle-même.

Notons qu'une telle admiration ne signifie pas forcément que ces fans se considèrent comme étant « inférieurs » à la célébrité : en effet, souvent nous acceptons de reconnaître la supériorité d'une personne sur certains points ; mais, sur de nombreux autres points, nous pouvons nous estimer supérieurs.

Nous sommes néanmoins régulièrement influencés par les célébrités que nous apprécions : sans nous en rendre compte, nous accordons de la valeur à leurs goûts, leurs objets préférés, leurs vêtements, leurs marques, leurs idées, leurs désirs; en ce sens, elles nous « dominent » partiellement parce qu'elles nous orientent dans certaines de nos actions ou décisions.

Ainsi, des stars telles Mick Jaeger des Rolling Stones, influencent toutes les classes de la société : la police est indulgente avec elles sur leurs excès de drogue, de vitesse, de comportement, leurs groupies en particulier féminines sont prêtes à tout pour un moment avec elles, les médias font leurs caprices, etc.

*

Ce « plaisir par considération » peut être obtenu sans même avoir besoin de parler aux personnes ; il peut être ressenti juste avec le regard des autres sur nous.

C'est ainsi qu'une jolie femme pourra se sentir valorisée par les regards d'admiration (non insistants..) des inconnus qu'elle croise dans la rue.

Ou encore qu'une personne se promenant dans une belle voiture décapotable pourra se montrer flattée par le regard admiratif des passant(e)s...

De même, pour le pianiste qui joue devant ses amis ou un public : certes, il joue par amour de la musique ; mais les manifestations chaleureuses, les compliments de son entourage pour son talent le rendront heureux, lui apporteront de la joie.

La considération constitue donc une valeur positive de nous-même que nous attribuent les autres. Elle est réconfortante pour l'estime de soi, et est ressentie inconsciemment lors de toute relation humaine.

Le manque de considération détruit la confiance en soi. L'être humain est avant tout un « animal social », et il est très difficile pour lui de mépriser l'opinion des autres.
C'est le cas en particulier de la calomnie ou du mépris, même si ceux-ci sont totalement infondés.

Aujourd'hui, beaucoup d'adolescents recherchent de la considération au travers des réseaux sociaux : ils sont à l'affût des « j'aime », des « like » ; parfois un simple commentaire négatif sur une de leurs photos peut devenir traumatisant pour eux.

Schopenhauer nous dit dans « Aphorisme sur la sagesse dans la vie », 1880 :

« ... une opinion dont nous connaissons cependant l'entière incompétence nous blesse; une offense nous irrite; bien que nous sachions qu'elle ne mérite que le mépris; [....]
Dans toutes ces circonstances, c'est la déraison originelle de notre être qui prévaut. [....]
peu d'hommes ont une raison assez prépondérante pour n'avoir pas à souffrir de leurs effets. »

******

Chapitre 10. Se soumettre pour supporter

« Soumission : patience dans l'inconfort, mais dans l'espoir d'une revanche qui en vaille la peine. »

Ambrose Bierce / Le dictionnaire du Diable

On peut obtenir de la valorisation en se soumettant à une autre personne ou une entité, en acceptant d'être “inférieur à elle”, en échange de sa sécurité ou d'une prise en charge par elle.
C'est une motivation de « **soumission** ».

Un chien qui recherche les caresses de son maître se trouve dans ce contexte (valorisation de soumission).
Remarquons que l'affection de l'animal apporte aussi à son maître un plaisir par considération.

Aujourd'hui, la motivation de soumission à un être humain est plus contrôlée que jadis dans les pays développés, grâce à des lois, mais elle existe encore.
Exemples :
Lois sur le harcèlement en privé et au travail, sur la protection des femmes, des enfants, développement du mouvement #MeToo, ...

Elle est cependant encore trop présente, même dans nos pays modernes, en particulier au sein de certains foyers.

Par exemple, une femme pourra adopter, par peur de son conjoint ou peur de se retrouver seule et sans revenu, un comportement de soumission.
Même chose pour un enfant qui craint la violence d'un père ou d'une mère.

*

Lorsque la soumission est motivée essentiellement par la crainte, c'est toujours dans un désir de survie.
En échange de sa soumission, la personne espère pouvoir influencer favorablement l'autre à son égard, pour préserver sa sécurité et/ou ses conditions de vie.

Les animaux entre eux ont fortement ces critères de soumission.
Ainsi, dans la nature, le chef de meute est respecté, ses congénères se soumettent à lui et lui obéissent. Ils le suivent toujours : s'il s'arrête, ils s'arrêtent ; s'il avance, ils avancent.
De même, en présence d'un chien dominant, un chien

non dominant se mettra sur le dos en signe de soumission.

Plus simplement un chien se soumet à son maître, qu'il craint et considère comme son supérieur.

La soumission au travail par la crainte de son chef, de perdre son emploi, est plus contrôlée aujourd'hui, mais elle existe très certainement.

Le syndrome de Stockholm est une bonne illustration de la motivation de soumission par la crainte.

Ce syndrome s'observe chez des personnes ayant été kidnappées ou prises en otage ; au contact de leurs geôliers, elles développent de la sympathie et de l'empathie à leur égard.

Cela est analysé comme un réflexe de survie. En effet, en échange de cette soumission, les victimes espèrent inconsciemment pouvoir influencer leur agresseur, bénéficier de sa clémence, de sa protection...

*

Cependant la soumission existe de manière plus subtile, en se basant sur l'admiration plus que sur la crainte, qui demeure néanmoins souvent en arrière-plan.

En effet, on peut accepter de se reconnaître comme inférieur à d'autres simplement parce qu'on admire des valeurs, qualités, pouvoir, talent, etc., qui nous semblent exceptionnelles, surnaturelles, « que l'on n'aura jamais ».

Cela peut être une force de caractère, un charisme, un titre prestigieux : ce sont les dieux, rois, maîtres, gourous, mentors, généraux, chefs ....

Nous acceptons, sans être contraints (ou presque), la soumission, nous respectons leurs lois, mais nous demandons en échange au « maître » de nous guider, de nous protéger, de nous prendre en charge.

*

Cette soumission avec admiration et souhait de « prise en charge » se fait couramment par rapport à une entité abstraite telle qu'un Dieu.

La religion (pratiquée avec foi) est une soumission parce qu'on reconnaît clairement et sans conteste qu'il existe une entité

supérieure à nous. On accepte alors de se soumettre corps et âme. Il y a bien sûr une forte admiration dans cette motivation mais il y a aussi de la crainte et une demande, un espoir : on espère, en échange de notre soumission, la protection, la prise en charge de notre personne et de notre famille.
Cette soumission peut parfois se reporter partiellement sur les personnes qui représentent cette entité religieuse : les prêtres, sorciers, oracles, etc.

Cette soumission avec admiration et crainte existe aussi, mais de manière malsaine, dans les sectes où le gourou a généralement tout pouvoir, parfois y compris de vie et de mort, sur ses adeptes. Les personnes acceptent ce statut, parce que seules, elles se sentent désemparées, et que ce « Maître » leur apporte une certitude qu'elles n'avaient jamais eu auparavant.

Je pense en particulier aux sectes de Charles Manson ou bien de Jim Jones aux Etats-Unis, qui ont défrayé la chronique en leur temps. En particulier, Jim Jones poussa les membres de sa secte à un suicide collectif le 18 Novembre 1978, ce qui entraîna la mort de plus de 900 personnes.

*

La soumission, qu'elle soit par crainte ou par admiration, permet de se « libérer » de nos doutes existentiels, et parfois même, d'un certain nombre de prises de décision.
C'est l'entité à laquelle on se soumet qui fixe les « lois » du bien et du mal, et l'on accepte d'y obéir totalement, ce qui nous apporte certitude et sérénité.
En ce sens, et en particulier, avoir la foi est une chance parce qu'elle permet d'être guidé et de supporter plus facilement les tourments de la vie.

Dit d'une autre manière, ce qu'un homme gagne par cette soumission, c'est une sorte de valorisation par certitude, une domination particulière des événements grâce à l'entité qui nous protège.

Ainsi, il est clair que la motivation de soumission n'est pas dénuée d'intérêt. L'avenir ne fait plus peur; il n'y a plus d'hésitation (ou moins) pour agir, plus de doute ni d'incertitude sur les conséquences de ses actes, quels qu'ils soient ou sur le sens à donner à sa vie.

*

Plus encore, la personne soumise peut rechercher aussi à « influencer » son maître : en effet, par son dévouement, sa fidélité, son « mentor » pourra finir par tenir à elle, par lui témoigner de l'intérêt, de l'affection, des compliments, des faveurs particulières.
Ce type de soumission existe dans le monde du travail, entre un supérieur et un employé dévoué, capable de sacrifier sa vie personnelle pour satisfaire les demandes de son supérieur qu'il admire.

*

La motivation de prise en charge se retrouve également fréquemment dans certaines relations mère-fille (la personne "soumise" étant souvent la fille, mais pas systématiquement).

Dans ce type de relation mère-fille, la relation forte qui liait initialement la mère à son enfant, grâce à l'instinct maternel, s'est muée petit à petit en une relation fusionnelle de mentor.

Un mentor auquel on dit tout, qu'on appelle tous les jours, qui nous conseille et dont on recherche systématiquement la validation avant d'agir.
Il s'agit bien d'une motivation de soumission (partielle, bien entendu) : on se décharge de la responsabilité de décider sur l'autre, et l'on recherche l'approbation de cet autre dans tout ce qu'on fait ou doit faire.

La psychanalyste et sexologue Catherine Blanc, nous décrit cette relation particulière dans son ouvrage "la sexualité des femmes n'est pas celle des magazines" (Pocket, Evolution).
Elle montre comment celles-ci se sentent coupables si elles s'éloignent l'une de l'autre; nul ne peut interférer dans leur relation; la fille a peur de perdre l'amour maternel, et a besoin de son soutien perpétuel.
De son côté, la mère ressent cette influence, et ne veut pas se

priver de son principal pilier.
Enfin, la fille, en ne parvenant pas à couper le cordon, ne prend jamais sa liberté. Elle reste la petite fille, qui s'appuie en permanence sur sa mère.
L'expérience montre également que cela a des conséquences sur la sexualité de ces femmes-filles, qui inconsciemment, s'interdisent de vivre leur sexualité et d'aimer comme des femmes adultes.

******

Chapitre 11. L'appartenance, ou besoin des autres

« Vous ne pouvez pas construire une société uniquement sur des intérêts, vous avez besoin d'un sentiment d'appartenance. »

Valery Giscard D'Estaing

La motivation d'appartenance est une recherche de plaisir qui consiste à être reconnu par une personne ou un groupe comme son « égal ».
L'appartenance est à mon avis la motivation la plus importante pour l'équilibre des êtres humains.
L'autre me parle et me regarde comme son égal, donc comme une personne qui lui ressemble sur certains points, qui a des similitudes avec lui.
L'appartenance est toujours liée à des valeurs partagées, ce qui lui donne une personnalité, une identité.

J'obtiendrai de la valorisation parce que je me sens "accepté", épaulé désormais, par le groupe, sous réserve que j'adopte les valeurs de celui-ci, qui peuvent être : camaraderie, entraide, honnêteté, franchise, code vestimentaire particulier, tatouage, etc. C'est un pacte de confiance réciproque.

L'appartenance apporte donc un supplément de sécurité pour moi : je « contrôle » mieux mon environnement, puisque j'appartiens à un groupe qui me soutient, et que j'accepte de soutenir.

La notion d'appartenance est moins exigeante que celle de considération, et donc, est en ce sens moins difficile à acquérir.
En effet, pour être considéré, il fallait avoir une particularité qui doit être admirable; ici, il ne faut rien : il suffit d'appartenir au "clan" et de croire en ses valeurs pour être reconnu.

*

La recommandation professionnelle tient de ce même sentiment d'appartenance : si un ami, ou une relation professionnelle me recommande une personne pour un recrutement de poste, je serai beaucoup plus enclin à la recevoir et l'écouter, peut-être parce que j'estime l'avis de mon ami ou de ma relation, mais aussi surtout, parce que nous « appartenons » à un groupe commun, celui des amis, ou celui des relations professionnelles, et qu'il y a une entente implicite d'entraide dans ces groupes (plus tard, je pourrais, moi aussi, être amené à leur faire une demande).
Ainsi, indirectement, mon ami ou ma relation auront influencé

mon comportement.

*

L'appartenance, sans motivation sexuelle, peut être limitée à deux personnes : c'est **l'amitié**.
L'amitié entre deux êtres nécessite que chacun puisse admirer l'autre sur certains aspects, et également qu'il y ait des valeurs communes et une confiance qui soudent les deux amis.
En ce sens, en amitié, aucun des deux amis ne prend le dessus sur l'autre.

L'amitié contient un pacte tacite d'appartenance : parce que tu es mon ami, je t'aiderai si tu en as besoin. Et inversement.
Si Paul est mon ami, j'ai du plaisir à être avec lui, parce qu'il me valorise : je sais qu'il m'estime, donc qu'il accorde de l'importance à mes idées, à mes désirs, à mes soucis ; en outre, je peux compter sur lui, je peux lui demander certains services.
Et l'inverse est vrai également. Il s'agit d'un contrat tacite « gagnant-gagnant ».

Nous devrions constamment prendre le temps de nous entourer de personnes qui partagent des valeurs communes avec nous, et qui accordent de la valeur à nos aptitudes, afin de pouvoir gagner considération, sentiment d'appartenance, et par voie de conséquence, confiance en soi.
Nous ne le faisons pas toujours, parce que nous manquons de courage, que nous sommes pris par les événements, l'environnement social, familial, les obligations professionnelles, etc. Nous prenons alors comme « amis » les personnes que le destin nous fait rencontrer, même si nous ne sentons pas toujours valorisés par eux.

Cependant, en fréquentant des personnes qui n'ont pas les mêmes valeurs que soi, on ne peut pas satisfaire sa motivation d'appartenance : de manière inconsciente, on ne se sent pas « compris », on se sent « différent », et cela peut finir par porter atteinte à l'estime de soi.

*

L'amour entre deux êtres est aussi un cas particulier important d'appartenance.

Certes, il existe des motivations sexuelles, mais, tout comme l'amitié, ce sont les valeurs communes, la confiance et l'échange de valorisation mutuelle qui rendent le couple soudé.

En amour, chaque partenaire est valorisé par l'intérêt et l'importance que lui porte l'autre, mais ici, le pacte tacite est extrêmement fort :
Je peux compter sur toi et tu peux compter sur moi ; nous formons désormais une équipe jour et nuit, et nous restons solidaires pour cette équipe, quoi qu'il arrive.

*

L'amour parents-enfants, entre un enfant et sa mère ou son père, est habituellement encore plus puissant : d'abord, un enfant accorde naturellement une confiance totale et durable à ses parents ; il sait qu'il « compte » pour eux, que ceux-ci ne sont pas indifférents à ce qu'il fait ou désire.
Les parents, même s'ils n'approuvent pas toujours ce que fait leur enfant, seront toujours solidaires avec lui, envers et contre tout, jusqu'à donner leur propre vie : c'est un « pacte de sang", il s'agit de "leur" enfant.
Inversement, l'enfant apporte de l'amour à ses parents ; il ne peut se passer de ses parents, il est malheureux lorsque ceux-ci

sont loin de lui trop longtemps.

*

Lorsqu'elle se rapporte à un **groupe d'individus**, l''appartenance est une notion de « clan », de « club privé ». On ressent le privilège d'être accepté dans un groupe spécifique.
Bien souvent, le groupe possède d'ailleurs des rituels et des codes de reconnaissance. Cela peut être un rituel religieux, un rituel d'une confrérie, d'une franc-maçonnerie...

Les codes pouvant être : des vêtements spécifiques, un logo, un écusson, une robe, un blouson, etc.

Quelques exemples de « groupe » : le clan familial au sens large (avec les parents, frères et sœurs, oncles et tantes…), une communauté religieuse, une association, une bande d'amis, un club, une équipe sportive, un ensemble de collaborateurs au travail qui ont un projet commun, etc.
Le groupe, chez les animaux, est la meute, la horde, le troupeau : les animaux se sentent en sécurité avec les leurs, ils ont leurs habitudes, leurs « amis », leurs rituels (manger à tel endroit ensemble, jeux, hiérarchies, etc.).

Citons encore : la jet set, les clubs de golfeurs, les réseaux d'anciens des universités, les supporters sportifs, les fans d'une star, qui se retrouvent dans des événements, vont à tous les matchs ou à tous les concerts, achètent les mêmes vêtements dédiés à leur star...

On peut aussi ressentir ce sentiment d'appartenance grâce à la tenue vestimentaire, par exemple en s'habillant selon certains grands couturiers.
On fait alors partie du groupe des « personnes branchées », celles qui suivent la mode de tel ou tel couturier...

*

Une particularité de l'appartenance au groupe est qu'il n'est pas nécessaire d'apprécier tous les membres, ou d'avoir des affinités avec tous, pour être intégré dans le groupe.

Ici, les personnes du groupe créent un « pacte » gagnant-gagnant entre elles. Il peut y avoir des dissensions internes, mais tous seront unis face à l'adversité.

En effet, les privilèges qui me sont accordés par les autres membres du groupe, le sont même s'ils n'ont pas d'estime particulière pour moi en tant qu'homme.
Cette valorisation par « appartenance » permet à chaque membre du groupe de donner et de recevoir tour à tour, d'être en permanence reconnu et valorisé : tout le monde y gagne.
Les rencontres, les actions communes, les réunions, les salutations, les invitations, la solidarité, l 'entraide, permettent de ressentir que l'on est bien un maillon du « groupe ».

En faisant partie du groupe, je peux donc anticiper, influencer, certaines actions en ma faveur, et c'est donc bien une domination.
J'ai gagné une certaine sécurité, un soutien face aux monde extérieur, les membres m'accordent « certains droits », des privilèges qu'ils n'accordent pas autres, simplement du fait que je « fais partie du groupe ».

En ce sens, ce moyen pour se valoriser est finalement l'un des plus puissants, parmi les plus agréables, même s'il est souvent injuste : en effet, le groupe n'hésitera pas à favoriser un de ses membres par rapport à une personne extérieure, en étant partial et subjectif...

*

Un groupe d'appartenance se crée souvent de manière implicite, spontanée, de manière fortuite, chaque fois que des personnes se regroupent dans un projet, un objectif commun.

Par exemple, des soldats en mission, des stagiaires dans une entreprise, des salariés en déplacement, ensemble pour un séminaire, un groupe de vacances, une réunion d'intérêt (comme par exemple les réunions « Tupperware » ou "Thermomix")...
Les personnes y trouvent pratiquement toujours une valorisation grâce à un sentiment d'appartenance et de projet commun, qui leur laisse généralement de bons souvenirs.

En particulier, on retrouve la création de groupe d'appartenance spontané **dans les passions de foule** : tous ont un but commun, qui les rapproche, font partie de la même « équipe », et cela les rend plus heureux, leur donne un sentiment d'euphorie, de solidarité, de puissance.

La révolution française a donné lieu à de nombreuses passions de foule (tous unis vers un même idéal).
De même : des groupies lors du concert d'une star, les publics électrisés par les discours d'un orateur, etc.

Plus récemment, de simples manifestations, telles que celles des gilets jaunes que nous avons connues en France en 2018-2019, sont du même ordre : les personnes sont certes portées par des motivations fondamentales (avoir des conditions de vie meilleures).
Mais elles sont aussi portées fortement par la motivation d'appartenance au « groupe », c'est-à-dire l'ensemble des manifestants : elles sont heureuses de faire partie d'une sorte de « famille » ; tous mangent ensemble, discutent, s'écoutent, manifestent ensemble...

Début Mai 2020, Olivier Ertzscheid, chercheur en sciences de l'information à l'Université de Nantes, fait également cette remarque au sujet du nombre très important de groupes Facebook (une audience dépassant le million) autour du professeur Didier Raoult, présenté comme un héros de la lutte contre le coronavirus :
"Ce genre de message, neutre en terme d'information, n'a pour vocation que de produire un sentiment d'appartenance. Cela participe d'une sur-sollicitation pulsionnelle sur laquelle l'ingénierie de Facebook est construite, et qui nous installe dans une reconnaissance sociale."

*

Souvent aussi, l'appartenance à un groupe apportera également des avantages supplémentaires vis-à-vis de personnes extérieures au groupe, « non admises » : en effet, en voyant la reconnaissance des autres pour moi, les personnes extérieures au groupe m'accorderont leur considération.
Par exemple, si un homme est dans une soirée, en train de

parler à une jeune femme, et que trois amis de son club d'aviron viennent le saluer chaleureusement, son interlocutrice manifestera ensuite plus d'intérêt à son égard...
Ainsi, vis-à-vis des personnes extérieures, la cohésion du groupe est une valorisation supplémentaire : le groupe a des privilèges qu'ils n'ont pas, et, en ce sens, faire partie du groupe donne un sentiment de supériorité, donc une autre source de valorisation.

*

Dans la vie de tous les jours, chacun de nous fait presque toujours partie d'un groupe, souvent de plusieurs : familial, amical, social, religieux, sportif, professionnel...

Cependant, la société actuelle, en favorisant le matérialisme et l'individualisme à partir de l'âge adulte, a tendance à nous restreindre le temps à consacrer aux groupes.
Ceux qui, entraînés dans le tourbillon de leur vie sociale, n'ont plus que des objectifs personnels de valorisation, et négligent d'appartenir à un groupe, auront souvent plus de stress, de solitude, et une compétition individuelle plus dure et épuisante, parce que sans soutien.

Dans le monde professionnel, certaines entreprises ont compris l'intérêt de créer un « groupe fort », en valorisant la création d'une culture d'entreprise : cette culture d'entreprise donne aux salariés le sentiment de faire partie d'une équipe soudée, unie et privilégiée autour d'un certain nombre de mêmes valeurs, d'un projet commun et motivant, elle les valorise et les solidarise, les rendant à la fois plus heureux et plus motivés.

Ainsi, Google a instauré une table de « 10 commandements » au sein de son entreprise.
Tous ces commandements renforcent le sentiment d'appartenance, au sein de l'entreprise, en mettant en avant des valeurs communes, ainsi qu'un sentiment d'élitisme.
Par exemple, le 1er commandement est *« Nous ne voulons travailler qu'avec les meilleurs »*.

******

Illustration. Une étude de Harvard préconise l'amour

«Pour avancer et s'accomplir dans la vie, on a besoin de croire, d'être compris, de sentir que quelqu'un a confiance en nous. »

Reine Malouin / Profonds destins

Robert Waldinger est psychiatre et professeur à la Harvard Merdical School aux Etats-Unis.
Il a repris la direction d'une étude très longue (3 autres directeurs l'ont précédé), initiée par Harvard depuis 1938, soit il y a plus de 75 ans, sur le développement adulte.
Cette étude avait pour objectif de suivre 724 hommes année après année tout au long de leur vie, afin de connaître leur santé, leur vie de famille, leur vie professionnelle, leurs satisfactions.

Pour cela, au moins tous les 2 ans, un questionnaire est envoyé aux personnes suivies, et des interviews sont également réalisées avec celles-ci, mais aussi avec leur famille.
Leurs dossiers médicaux sont étudiés, et, depuis une dizaine d'années, plusieurs de leurs épouses ont été intégrées à l'étude.
L'objectif de l'étude était à l'origine de déterminer s'il existait une corrélation entre le milieu social et la réussite future.
En 2016, sur les 724 personnes initiales de l'étude, seules 60 sont toujours en vie, et elles sont très âgées.
L'étude a cependant été poursuivie sur les enfants (environ 2000 personnes) de l'échantillon initial.
Les 724 hommes choisis en 1938 avaient été divisés en 2 groupes ; le premier était constitué de jeunes étudiants en deuxième année à Harvard. Le deuxième groupe était constitué de garçons d'un quartier pauvre de Boston, sélectionnés dans des familles en difficulté financière.
Ils sont devenus ouvriers, avocats, maçons, docteurs, l'un d'eux Président des États-Unis.

*

Les résultats de l'étude montrent que ce ne sont pas les études, la nature du travail, la richesse ou la célébrité qui rendent heureux.
Les personnes qui sont le plus heureuses et en meilleure santé sont celles qui sont restées connectées, en ayant de bonnes relations, à leur famille, leurs amis, leur communauté.
A l'opposé, les personnes les moins heureuses sont celles qui sont le plus solitaires ; en outre, leur santé et leur capacité cognitive déclinent plus tôt que les autres.

*

Robert Waldinger fait remarquer que la qualité de la relation avec les autres est essentielle : on peut être en couple, être entouré

d'amis ou de sa famille, mais si ces relations sont mauvaises, cela reviendra à être seul.
En particulier, il signale qu'un mariage conflictuel, sans beaucoup d'affection ou de chaleur est néfaste pour la santé...
Il remarque également que les couples en harmonie, même s'ils se disputent parfois, ont moins de problèmes de santé et de mémoire que les autres parce qu'ils s'écoutent, se comprennent, qu'ils savent pouvoir compter l'un sur l'autre.

Les personnes les plus heureuses ont continuellement fait l'effort d'entretenir la qualité de leurs relations et de rechercher activement de nouveaux amis.

Il remarque que les relations avec les autres sont souvent compliquées ; il y a des querelles familiales, des ressentiments, et cela nécessite un effort considérable de passer outre.
Il faut donc **un travail de tous les jours**, tout au long de la vie, pour maintenir le lien avec les autres.
Néanmoins, cet effort relationnel est bénéfique pour notre bonheur et notre santé, car il permet souvent de supprimer l'amertume, la rancune, et les querelles intra-familiales qui peuvent parfois s'étendre sur des dizaines d'années...

*

En conclusion, pour Robert Waldinger, les jeunes adultes ne doivent pas rechercher en priorité la célébrité et la richesse pour réussir leur vie.
Ils doivent miser sur leur famille, leurs amis, leur communauté.

Robert Waldinger précise :
« Une belle vie est construite avec de belles relations ».

et citant Mark Twain :
« On n'a pas le temps, si brève est la vie, pour les chamailleries, les excuses, l'animosité, les appels à rendre des comptes.
On n'a que le temps pour aimer et pas un instant de plus, pour ainsi dire, que pour ça. ».

*

En termes de motivations, les résultats de Robert Waldinger montrent que les motivations de considération et d'appartenance sont essentielles pour la nature humaine.
Elles se situeraient donc, en terme d'importance, juste après les motivations fondamentales.
La considération et l'appartenance se trouvent pour beaucoup dans la famille, l'amour, les amis.
Au final, ce que dit l'étude de Harvard, c'est que l'on peut vivre sans argent et gloire, mais pas sans appartenance.

******

Partie 3. Les motivations de l'intelligence accomplie : l'homme

Chapitre 1. Apparition d'une aptitude à prévoir

« Un bon politicien est celui qui est capable de prédire l'avenir et qui, par la suite, est également capable d'expliquer pourquoi les choses ne se sont pas passées comme il l'avait prédit. »

Winston Churchill

Voici probablement environ 2 millions d'années, chez les mammifères évolués tels que l'homme et le singe, mais aussi chez certains oiseaux, le cerveau évolue et acquiert des **capacités d'anticipation et de planification**.
Les nouveaux organes du cerveau impliqués dans ces tâches sont essentiellement le cortex préfrontal (il se situe côté front) et en particulier une partie du cortex préfrontal, appelée cortex cingulaire antérieur (noté « CCA »).

*

Le réseau de neurones constituant le cortex préfrontal possède la particularité de faciliter le stockage, l'empilage et la numérotation de nombreux résultats intermédiaires, en vue d'un résultat final valorisant.
C'est une « mémoire de travail », à court terme, qui stocke les résultats de traitements intermédiaires, un peu comme la mémoire vive d'un ordinateur.
La mémoire de travail est très utile dans les traitements complexes : dans un premier temps, on va pouvoir stocker plusieurs résultats provisoires.
Puis, dans un second temps, on va réaliser un traitement intelligent sur ces différents résultats intermédiaires, afin de faire apparaître un résultat final, une décision, liée à la « meilleure » récompense.
Cette mémoire de travail va ainsi apporter la capacité à organiser, planifier, anticiper.

Par exemple, supposons que, pour gagner une récompense, je doive dire « rouge » chaque fois qu'on me montre une carte rouge (parmi d'autres cartes de couleur), sauf une fois sur trois, où je dois dire « vert » (toujours quand on me montre une carte rouge) : cela implique de stocker un résultat intermédiaire (la position de la dernière carte rouge), de le comparer en permanence à chaque carte montrée, et de remettre à zéro ce résultat intermédiaire toutes les 3 cartes.

La mémoire de travail est aussi celle qui nous permet de retenir un numéro de téléphone à 10 chiffres pendant quelques secondes, le temps de l'écrire par exemple...

*

De manière cohérente avec ce que nous venons de voir, on constate qu'une lésion pré-frontale perturbe l'attention ainsi que la mémoire de travail.
Le professeur Damasio, professeur et chercheur en neurologie, a suivi un patient nommé Eliot pendant plusieurs années.
Eliot est un homme qui avait trente ans lorsqu'il fut atteint d'une tumeur cérébrale. Ayant été opéré avec succès, il semble, en apparence, parfaitement remis : son QI est élevé, il obtient de bons scores à tous les tests d'intelligence et psychologiques, il est capable de parler de n'importe quel sujet avec vous, il a de l'humour.
Et pourtant, il se fait désormais licencier par tous ses employeurs...
Eliot est en effet devenu incapable de planifier, d'exécuter des tâches en plusieurs étapes : commençant à organiser des dossiers, il peut s'arrêter sur l'un d'eux, et y passer la journée, au détriment du reste de son travail…
Il a une incapacité à s'organiser, à planifier, à suivre un but principal sans le perdre de vue, à éprouver des regrets, à tirer des leçons de l'expérience sans refaire toujours les mêmes erreurs.

*

Cette aptitude à planifier et organiser va permettre, et cela était impossible jusque là, de refuser une valorisation immédiate, ou d'accepter une dévalorisation immédiate, afin d'obtenir une valorisation future plus forte.

Ainsi, certains oiseaux parmi les plus intelligents, comme le corbeau, jetteront une noix d'une certaine hauteur pour qu'elle se casse, afin de pouvoir en manger le contenu.
Cette aptitude implique bien la mise en œuvre d'une mémoire spécifique « de travail », permettant d'associer un numéro d'ordre à différentes actions conduisant à une valorisation plus forte.
Le corbeau doit en effet anticiper la réalisation des actions suivantes : prendre la noix dans son bec, voler à une certaine hauteur, lâcher la noix, puis descendre pour, enfin, en manger le contenu.

*

En outre, le développement du cortex préfrontal a permis de pouvoir ressentir un plaisir « par anticipation » : le plaisir ressenti ne provient pas d'un « gain » immédiat, comme pour la majorité des animaux, mais de l'idée que l'on en aura un plus tard.

*

Il résulte de cette nouvelle aptitude de planification que la prise de décision chez l'homme devient complexe : il faut prendre une décision en tenant compte à la fois des perceptions extérieures, de nos informations passées, mais aussi de nos prévisions à venir.

« Prévoir consiste à projeter dans l'avenir ce qu'on a perçu dans le passé. »
Henri Bergson

Dans la suite, de la même manière que pour les motivations immédiates, nous distinguerons, pour les motivations anticipées, celles qui s'appliquent à des objets ou événements, et celles qui s'appliquent à des êtres humains.

******

Chapitre 2. La planification et la progression

« Il faut toujours faire ce que l'on ne croit pas pouvoir faire. »

Baruch Spinoza

Que puis-je faire pour dominer, maîtriser, des objets, des événements, « dans l'avenir » ?

Je peux :

- étudier et planifier des actions qui me permettront de mieux contrôler dans le temps ces objets ou événements.

  - m'entraîner, travailler chaque jour à contrôler un peu plus ces objets ou événements, et ainsi « progresser » dans ce contrôle.
  Ce travail de progression peut être de deux types :
  > un travail sur *mes aptitudes* : mieux parler, mieux jouer de la musique, mieux maîtriser telle connaissance, tel sport, etc.
  > un travail sur *mes objectifs* (hors aptitudes) : faire des heures supplémentaires pour obtenir telle promotion, construire mon garage, créer une association de cuisine, etc.

Remarquons que ces deux progressions sont parfois liées ; par exemple, pour atteindre un objectif de progression sociale, il faut souvent (mais pas toujours) « se former » donc améliorer ses aptitudes.

Nous détaillons ci-dessous ces trois cas de motivation anticipée.

LA MOTIVATION DE PLANIFICATION (OU CONTRÔLE FUTUR)

On prend du plaisir en anticipant le contrôle d'un objet, d'un événement, sans le posséder.
Contrôler un objet, c'est prévoir, anticiper comment l'objet va réagir, après telles ou telles actions de notre part.
Ici, on ne recherche pas encore à « progresser » vers une amélioration d'une aptitude ou d'un objectif.

Dans cette phase, on cherche à prévoir, à « mettre sur le

papier » les différentes étapes qui permettront le futur contrôle de l'objet ou de l'événement.

C'est la planification.
Elle n'est possible que parce que l'expérience a permis de savoir que, en respectant un processus connu, la probabilité de réussite sera forte.

Par exemple, planifier une campagne publicitaire, c'est prévoir une suite d'actions, parce que l'expérience nous a appris qu'elles permettront un résultat avec une bonne probabilité de réussite.
Pour telle campagne, on sait qu'il faudra : un spot radio suivie d'une promotion, puis d'un passage TV, etc.

De même, la construction d'un avion nécessite de préparer un « projet planifié », c'est-à-dire la prévision et la mise en place d'une suite d'événements successifs (fabrication des pièces, assemblages, tests, etc.) qui conduiront au final à l'envol de l'avion.

Un général, indépendamment de la recherche des honneurs, de la gloire, ou de la richesse, prendra du plaisir à établir une stratégie d'attaque, sous réserve que son expérience fasse qu'il sait que celle-ci a de bonnes chances de réussir.

C'est la même chose pour un chef d'entreprise, qui met en place une stratégie marketing ou commerciale qui réussit, ou encore pour un responsable humanitaire, dont les actions ont permis de sauver des vies.

Ou enfin pour un chef de projet qui a planifié les ressources, les délais, le suivi pour la construction d'un logiciel ou d'un bateau à telle date.

LA MOTIVATION DE PROGRESSION PAR APTITUDE

On prend du plaisir en anticipant la progression d'une aptitude personnelle.
Notre travail rend celle-ci un peu plus solide chaque jour, nous apporte un « contrôle » plus fort dans cette aptitude spécifique.
Nous augmentons notre compétence dans un domaine particulier.

Cette aptitude peut se manifester au travers de la maîtrise progressive d'un objet (par exemple un piano, une voiture de course...) ou d'une situation, d'un événement : ici, je domine l'objet ou l'événement, mais de mieux en mieux.
Je sais que, par mon travail, j'améliorerai ma domination sur lui.
Le plaisir est donc alors lié à la sensation de progression, à l'anticipation du résultat final où la domination de l'objet sera encore plus forte.
Je me dis : « en continuant à progresser comme cela, je deviendrai un expert dans ce domaine ».

Précédemment, nous avions décrit la motivation de contrôle, pour laquelle la valorisation venait d'un sentiment de contrôle immédiat des choses ou des événements.
La motivation de progression par aptitude consiste en une « valorisation par anticipation » du plaisir de contrôle : nous imaginons le plaisir que nous aurons lorsque nous aurons acquis le meilleur contrôle...

*

La progression par aptitude est un projet qui implique une progression de soi, c'est-à-dire le développement d'un « talent » particulier.

Par exemple, en s'entraînant des heures sur ses partitions de piano, le pianiste se réjouit de sa maîtrise future des sons.
De même pour le tennisman, le boxeur, le golfeur, le footballeur, le lanceur de javelot, le coureur, plus généralement tout sportif qui s'entraîne ardemment, pour devenir encore meilleur (ou bien devenir plus svelte, si la progression souhaitée est esthétique).
De la même manière, en lisant volontairement un livre pratique, par exemple une méthode d'anglais, je me valorise par anticipation de la maîtrise de cette langue que j'acquerrai plus tard de cette langue.

*

Voici encore quelques autres exemples de motivation par progression d'aptitude :

faire un puzzle, faire des mots croisés, construire des maquettes de bateaux, un kit électronique, faire des fouilles archéologiques, résoudre des problèmes de mathématiques, faire de la recherche scientifique, de l'informatique, passer le permis voiture, moto ou bateau ....

Débattre sur un thème qui nous est cher satisfait cette motivation de progression par aptitude : le débat permet à chacun, à l'écoute de l'avis des autres, de progresser sur la connaissance de ce thème.
(le débat apporte aussi une valorisation par considération, parce que les autres écoutent nos idées personnelles, et une valorisation par certitude, parce qu'il répond à des interrogations éventuelles).

*

En général, la progression donne, chaque jour, des résultats intermédiaires par rapport à l'objectif final, qui sont visibles, ce qui nous encourage à continuer dans nos efforts.

Le plaisir de la progression dans “l’étude” (et en particulier dans la connaissance de soi, ou plus généralement d'une science, d'un domaine technique) est souvent cité comme supérieur à la plupart des autres par des philosophes comme Spinoza ou Schopenhauer.

Enfin, insistons sur le fait que le plaisir par progression est aussi un plaisir qui peut durer longtemps, de quelques semaines à plusieurs années : si on ne le remplace pas, il ne s’éteint que s’il existe un résultat final clair et définitif, et qu’on l’atteint, ce qui n’est pas toujours le cas.

*

La motivation de progression par aptitude constitue toujours un projet provisoire dans le temps, mais un « projet d'aptitude » : il contribuera à nous rendre « meilleur ».
Le projet peut être quelconque, il est souvent découvert par hasard : par exemple, on fait du violon, parce qu'un jour, enfant, on a assisté à un concerto qui nous a bouleversé.

*

Remarquons enfin qu'un projet de progression par aptitude n'a pas forcément une progression dynamique.
Certaines personnes peuvent avoir un projet durant de nombreuses années, mais sans s'investir suffisamment.
Certes, elles travaillent de temps en temps sur leur projet, mais faute de travail suffisant, le projet stagne, ou avance avec une progression très lente durant des années : elles se sentent alors frustrées, insatisfaites, malheureuses...

Par exemple, si je joue du piano régulièrement, mais que je me contente de répéter les mêmes morceaux, sans en apprendre de nouveaux, le sentiment de progression sera faible.

LA MOTIVATION DE PROGRESSION DE SES OBJECTIFS

Ici, on ne cherche pas à développer ses aptitudes, mais à atteindre un (ou des) objectif(s).
De même que pour la progression par aptitude, cette motivation constitue un projet provisoire de quelques semaines à plusieurs années, qui se construit jour après jour, par des actions quotidiennes allant dans le sens de l'objectif désiré.

Cette motivation est un « projet d'objectif» : on recherche un résultat.
L'objectif n'est pas d'améliorer des aptitudes personnelles, un talent spécifique, il est d'obtenir un résultat donné, indépendant des aptitudes.

Ici encore, on obtient chaque jour un peu plus du plaisir, parce que l'on progresse vers son but.

*

Citons Schopenhauer :
".... sa plus grande satisfaction [à l'homme] consiste à faire, à confectionner quelque chose, panier ou livre; mais ce qui donne du bonheur immédiat, c'est de voir jour par jour croître son œuvre sous ses mains et de la voir arriver à sa perfection. Une œuvre d'art, un écrit ou même un simple ouvrage manuel produisent tous cet effet..."
Schopenhauer, « Aphorisme sur la sagesse dans la vie », 1880.

*

Par exemple, en économisant sou par sou pour m'acheter une belle voiture, je me réjouis à l'avance du prestige social que, un jour, ce véhicule m'accordera aux yeux des autres.

Trouver et construire l'amour de sa vie est un objectif, un projet fréquent chez les hommes et femmes.

Notons que, parfois, la frontière entre un projet d'aptitude et un projet d'objectif est floue. Par exemple, écrire un livre, construire de ses mains un château de sable, une boîte aux lettres, monter un meuble, réparer un objet, ... sont des projets par objectif.

Mais ils sont aussi des projets par aptitude personnelle, car ces actions peuvent mettre à jour un « talent » particulier.

De même, le chercheur en sciences fondamentales peut ressentir à la fois un plaisir de progression par aptitude, parce qu'il en sait plus chaque jour sur son domaine, mais aussi un plaisir de progression par objectif, parce qu'il est enthousiasmé à l'idée de faire peut-être de nouvelles découvertes (et s'il y parvient, cela aura un impact sur son estime de soi).

*

Un projet de progression peut être aussi vu comme une façon de donner provisoirement un sens à nos journées, un objectif positif, un résultat à atteindre; on se lève quotidiennement avec joie, parce qu'on veut faire avancer ce projet, même si le projet en lui-même n'a aucun sens.

Par exemple, j'ai gardé le souvenir du jour où, à l'âge de 6 ans, ma mère m'avait offert mon premier sac de billes.
Je m'entraînais à viser et j'étais impatient de retourner à l'école pour jouer et les utiliser. C'était un petit projet, mais il était important pour moi.
En arrivant à l'école, un garçon de mon âge me proposa de « tirer » un objet qu'il proposait.
Le principe de ce jeu alors très en vogue était le suivant : je devais toucher l'objet avec une bille. Tant que je le ratai, il gardait les billes jouées ; et dès que je touchai l'objet, je le gagnai.
Je me souviens que, durant toute la durée du jeu, je désirais ardemment gagner cet objet...
Puis quand je l'eus gagné (il s'agissait d'une espèce de ressort métallique), après avoir perdu une bonne partie de mes billes, je l'ai tourné dans tous les sens, pour m'apercevoir qu'il ne servait à rien, et je l'ai jeté par terre...

*

La motivation de **progression sociale** est un projet d'objectif très répandu dans nos sociétés modernes : on travaille dur chaque jour parce qu'on a pour objectif de progresser dans l'échelle sociale, d'avoir plus d'argent, plus de pouvoir hiérarchique.

De nombreuses personnes possèdent des objectifs de progression sociale fortement liés à l'image sociale qu'ils donnent aux autres.
Pour eux, l'apparence vestimentaire, les invitations sociales des élites, les décorations officielles, la participation à des dîners mondains, etc., constituent des objectifs. Ce sont des projets de résultats, non liés à leurs aptitudes intrinsèques.

Aller faire du shopping, acheter un vêtement, une paire de chaussures neuves, sont aussi des projets d'objectif : Ils constituent une manière d'obtenir une progression d'apparence, de notre beauté, de notre standing dans l'échelle des personnes que l'on fréquente, de l'image de réussite que l'on donnera aux yeux de celles-ci.

Bien avant de porter ces vêtements neufs, nous ressentons du plaisir en anticipant l'impact nouveau que ceux-ci nous apporteront...

*

Nous avons précédemment raconté l'histoire du casseur de cailloux de Charles Peguy, pour montrer comment un travail pénible pouvait être source de joie grâce aux associations d'idées positives.
Mais, à côté de l'association positive faite sur ce travail, cet exemple illustre bien également la motivation de progression par objectif : le casseur de cailloux ressentait de la joie en voyant chaque jour sa cathédrale devenir un peu plus réelle...

*

Enfin je voudrais vous raconter l'histoire de Ferdinand Cheval.
Ferdinand Cheval était facteur et vivait dans les années 1880, faisant chaque jour plus de 30 kilomètres à pied en pleine campagne pour distribuer le courrier.
Il raconte que, en Avril 1879, il butte sur une pierre dont il trouve la forme « bizarre ».
Cela lui donne alors l'idée, de bâtir dans son potager un « palais », issu de son imagination, avec les pierres qu'il

ramassera lors de ses tournées.
Il va consacrer 33 années de sa vie à ce projet, construisant un petit « palais », inclassable en architecture, peuplé de colonnade bizarre, de représentations en pierre d'animaux, pieuvre, éléphant, pélican, oiseaux...
Son palais sera achevé en 1912, et peut encore se visiter aujourd'hui (il est situé à Hauterives).
Notons ici que ce projet, qui était initialement pour le facteur Cheval un simple projet d'expression artistique (motivation d'évasion), est devenu un projet d'objectif à long terme, puis plus tard, en lui permettant d'exprimer et faire reconnaître son talent artistique, un projet d'aptitude.
Mais il est aussi devenu un « projet de vie », car c'était pour lui une œuvre d'art à transmettre aux futures générations. Le palais du facteur Cheval a d'ailleurs été classé comme monument historique en 1969.

******

Chapitre 3. L'égoïsme et l'empathie

« Aimer, c'est se réjouir du bonheur d'autrui, c'est faire du bonheur d'un autre le sien propre »

Gottfried Wilhelm Leibniz

Deux traits particuliers opposés existent chez les êtres vivants évolués : l'égoïsme et l'empathie.
L'égoïsme est la première tendance apportée par l'évolution, mais l'apparition de l'empathie va permettre l'émergence de nouvelles motivations, liées à la compréhension des autres, que nous décrirons dans le chapitre suivant.

L'ÉGOÏSME

L'évolution a axé les motivations des êtres vivants sur leur intérêt propre. Elle les a incité à ne valoriser que ce qui leur apporte un intérêt dans la satisfaction de leurs motivations fondamentales.
Ce qui compte, c'est leur bien-être, la satisfaction de leurs besoins et désirs.
Les motivations dictées par la vie sont donc à priori totalement « égoïstes ».

Si vous avez deux chiens, comme c'est le cas pour moi, dont l'un est plus gros que l'autre, vous pourrez souvent constater que le plus gros, dès qu'il a fini sa gamelle, s'il a encore faim, va aller manger celle de l'autre, sans aucun état d'âme...
Nuançons ce propos et notons que ce n'est pas systématique, comme nous allons le voir plus loin, en raison de l'empathie, qui semble aussi exister chez les animaux.

*

Chez les êtres complexes que sont les hommes, capables de faire de très nombreuses associations et valorisations, et d'avoir une « conscience d'eux-mêmes » forte, apparaît également de manière marquée la notion « d'ego ».

L'ego correspond à l'image que l'on a de soi-même, à la valeur que l'on se donne, que l'on estime mériter. C'est cet ego qui nous amène à rechercher la gloire, la richesse, les honneurs, ou encore la flatterie, de manière excessive.
Cet ego peut nous motiver à agir, mais il peut aussi être contre-productif.

Par exemple, une blessure de l'ego, telle qu'une vexation, peut nous pousser à agir contre un intérêt objectif, par « fierté ».
Dans le monde du travail, l'ego d'une personne peut l'aider à gravir les échelons, mais il peut aussi nuire au développement de l'entreprise, par exemple en raison de luttes de pouvoir internes.

*

Notons que cet « égoïsme » de la vie disparaît en ce qui concerne la progéniture. En effet, la motivation de perpétuation, fondamentale et prioritaire, incite à prendre soin de ses petits, de leur conservation et de leur sécurité, avec le même soin, sinon plus, que pour soi-même.

Par exemple, une poule défendra ses poussins avec férocité et au péril de sa vie.

Chez les êtres évolués, comme les mammifères dont les humains, cette motivation de « perpétuation » s'étend aussi souvent à la famille, et parfois aux amis proches.

*

L'EMPATHIE

Certes, l'évolution pousse les êtres humains à l'égoïsme. Mais heureusement, la nature a créé aussi « l'empathie », qui apporte de l'altruisme.

L'empathie est liée à l'apparition du cortex préfrontal.
Elle permet de se mettre à la place de l'autre, comme un « miroir », de partager, ressentir sa joie ou sa tristesse, avoir de la pitié, de la compassion, de la reconnaissance, de l'affection, de la générosité, de l'altruisme (par exemple plonger pour sauver quelqu'un de la noyade), etc....
C'est aussi ce type « d'identification » qu'on ressent lorsqu'on perçoit les sentiments de peine, joie des personnages en regardant un film.

L'empathie est en particulier à l'origine de la motivation d'identification (que nous verrons plus loin), qui fait que l'on peut s'identifier à des personnes ou des concepts, marques, idées...

Giacomo Rizzolatti, Professeur à l'Université de Parme, en Italie, a mis en évidence une zone de « neurones miroirs » chez le singe ; ces neurones sont activés quand l'animal exécute un geste, mais aussi quand il observe ce geste effectué par un autre.
Les êtres humains possèdent ces neurones miroirs. Lorsque nous observons une autre personne réaliser une action, les aires du cerveau qui sont activées sont « pratiquement » les mêmes que les aires qui seraient activées si nous réalisions nous-même l'action.

Également, Giovanni Buccino de l'université de Parme a montré en 2001 que si nous observons une personne exécuter un mouvement de la main, la zone du cerveau qui contrôle les muscles de notre main est activée.
Et de même en regardant une personne exécuter un mouvement quelconque, et en particulier un mouvement de la bouche.
Cela pourrait être aussi à l'origine de la tendance à l'imitation qu'ont les humains ainsi que de nombreux animaux : si quelqu'un rit, nous avons tendance à rire, s'il pleure, nous avons les larmes aux yeux... Et si un oiseau s'envole, toute la troupe des oiseaux s'envole.

Plus généralement, les chercheurs ont constaté que ce sont les mêmes réseaux neuronaux qui sont impliqués dans la conscience de soi et dans l'attribution d'états mentaux à autrui.
Cela expliquerait pourquoi nous pouvons « comprendre » une personne.
Nous activons les mêmes zones cérébrales qu'elle, nous ressentons ce qu'elle ressent...
Nous pouvons donc nous mettre à sa place !...

Les animaux évolués sont également doués d'empathie : éléphants, singes, chiens, chats, ...
Ainsi, Emmanuelle Pouydebat raconte dans son ouvrage « L'Intelligence animale », comment, en 1996, une femelle gorille du Zoo de Brookfield à Chicago a ramené à l'entrée de l'enclos

un petit garçon de 3 ans qui avait fait une chute de 6 mètres dans l'enceinte des primates.

*

Cette faculté d'empathie peut faire aussi de nous des hommes et des femmes « bons », nous poussant à aider les autres.

Pourquoi l'évolution aurait-elle fait apparaître ces neurones miroirs ?

D'un point de vue de l'évolution, cette aptitude d'empathie est utile, car elle permet à un individu de mieux comprendre ce que ressent un autre individu, donc de mieux anticiper les actions à venir de celui-ci.

En outre, l'évolution a probablement favorisé l'entraide chez les humains, parce que l'homme est avant tout un animal social ; il a besoin des autres pour survivre et se développer : un homme seul et nu dans la jungle est fragile, vulnérable, mal adapté.

Pour ces raisons, nous sommes heureux quand nous aidons les autres, quand nous appartenons à un groupe, quand nous offrons quelque chose ou un service.
En effet, lorsqu'on reçoit un cadeau, le circuit de la récompense s'active, produisant de la dopamine, hormone du plaisir.
Mais lorsqu'on offre un cadeau, grâce à notre empathie, le circuit de la récompense s'active aussi, et l'on ressent également du plaisir, non moins intense que celui qui reçoit.

*

J'aimerais raconter l'histoire de Lucien Castagnède, affectueusement surnommé « papa Lulu » par son entourage.

A l'âge de vingt ans, il fut victime d'un accident de voiture qui le rendit tétraplégique.
En 1989, âgé alors d'environ 50 ans, il fonda l'association Handicap sans Frontières, dont le but est d'aider des pays en voie de développement (il s'intéressa en particulier à la Côte d'Ivoire) : rénovation d'écoles, forages pour l'accès à une eau

potable, construction de pensionnat pour enfant handicapés, etc.
Nous pouvons comprendre les motivations de Lucien : son handicap (Julien se déplaçait en chaise roulante), mais aussi son empathie naturelle, ont permis à Julien de comprendre et ressentir fortement les sentiments des personnes en difficulté de vie.Se mettant à la place d'autrui, il éprouvait leurs ennuis, leurs frustrations, leurs peines et tourments spécifiques.
Notons également, qu'en s'impliquant dans son association humanitaire, en se mettant au service des autres, Lucien répondait certes à cette empathie, mais il y gagnait aussi la reconnaissance des personnes, ainsi qu'une motivation de sens, c'est-à-dire un objectif fort pour sa propre vie.

******

Chapitre 4. La connaissance des autres

« Le pouvoir est l'aphrodisiaque suprême. »

Henry Kissinger

Grâce à notre cortex préfrontal et à notre empathie, nous pouvons avoir du plaisir par anticipation sur nos relations avec autrui, en anticipant un gain à venir (par exemple une réaction prévisible, qui va en notre faveur), alors que dans l'instant présent il n'y a aucune valorisation concrète.

Qu'est-il donc possible de faire pour dominer, maîtriser, des autres êtres humains, de manière anticipée pour l'avenir, sans gain immédiat visible ?

De manière similaire à ce que nous avons vu pour les objets, nous allons retrouver des motivations liées à la recherche de certitude (chez les autres ou chez soi-même), de contrôle, de progression. Nous allons ainsi étudier : la prévision, l'identification, la soif de pouvoir, la confiance en soi, la recherche de sens.

LA MOTIVATION DE PRÉVISION

On prend du plaisir à essayer de prévoir, anticiper, comment réagit une (ou plusieurs) personne(s), ou ce qu'elle fera ou bien aurait fait dans telle ou telle situation. Le gain à venir est ici d'anticiper « un meilleur contrôle » de cette personne.

Cette motivation de prévision des personnes est fréquente.
Elle peut donner lieu chez certains au plaisir de la manipulation d'autrui.

Cependant, le plus souvent elle donne lieu à des conversations, des débats, entre amis (ou parfois dans des émissions médias), pour comprendre, cerner la personnalité d'un proche, d'une personne célèbre donnée, d'un homme politique, ...

Des personnes, expertes ou non, vont donner leur avis, en essayant d'apporter de nouveaux éclairages sur cette personne, essayant de prédire ce qu'elle pense et ce qu'elle fera (ou ce qu'elle pensait et aurait fait) dans une situation donnée.

Cela peut être aussi un débat télévisé où des historiens,

par exemple des spécialistes de Napoléon, expliquent dans quel état d'esprit celui-ci était à tel ou tel moment de sa vie, et font des hypothèses « probables » sur le grand homme.

Le débat, les échanges, permettent ainsi à chacun d'eux (ainsi qu'aux téléspectateurs) de conforter leur connaissance, leurs certitudes, leur « contrôle » de Napoléon.

Remarquons néanmoins, que, comme c'est souvent le cas dans la vie, plusieurs motivations peuvent se cumuler. Ainsi, dans l'exemple ci-dessus, nos historiens seront également flattés de leur passage à la télévision en tant que personnes référentes avec leurs confrères (motivations de considération et motivation d'appartenance).

La motivation de prévision se retrouve aussi, plus simplement, dans certaines conversations téléphoniques entre ami(e)s, durant lesquelles deux personnes font des prévisions, des hypothèses, des interprétations sur le comportement passé et à venir d'une tierce personne, en se basant sur des événements passés.

Enfin, elle est réelle pour de nombreux métiers, comme par exemple les services marketing des entreprises, ou encore les agences de communication ou de publicité, où l'on cherche à anticiper les comportements des personnes.

LA PROGRESSION DANS LA DOMINATION DES AUTRES OU MOTIVATION DE POUVOIR

Certaines personnes ont un besoin de dominer les autres.
Elles veulent diriger, commander, elles ont d'ailleurs souvent une autorité naturelle, qui fait que l'on a tendance à leur obéir sans rechigner.
La motivation de domination directe, que nous avons étudié précédemment, est dirigée par cette tendance. Par exemple, un chef de service, supervisant une ou deux personnes dans une entreprise, pourra se satisfaire de cette « domination directe ».

Mais d'autres veulent plus.
Ambitieuses, elles ne cherchent pas, ou pas seulement, à diriger quelques personnes.

Ce qui leur importe, c'est d'avoir, chaque jour, des actions de contrôle, de direction de personnes, de plus en plus importantes.

Elles voudraient être reconnues comme des leaders incontestés, des personnalités dirigeantes, faire partie des plus puissants managers, au sommet de la hiérarchie.
Une autorité, limitée et sans progression, ne les satisfait pas. Elles souhaitent sans cesse accroître leur autorité, leur pouvoir sur les autres : c'est ce qu'on appelle la « soif » de pouvoir, l'ambition.
Tout comme la motivation de progression par aptitude ou par objectif que nous avons décrit précédemment, la motivation de progression de pouvoir est aussi un « projet » (mais un projet relatif aux hommes cette fois), provisoire mais que l'on souhaite faire durer le plus longtemps possible.

*

Cette progression se retrouve par exemple au sein d'une entreprise ou en politique, car ces structures apportent la possibilité de diriger des équipes de plus en plus importantes, d'obtenir des honneurs et un pouvoir hiérarchique de plus en plus important.

Les hommes politiques recherchent et saisissent les opportunités pour représenter les autres, être conseiller de leur ville, puis député, puis ministre, etc...
Beaucoup de politiciens qui ont réussi ont du mal à décrocher, même arrivés à l'âge de la retraite. Pour eux, le pouvoir et les honneurs associés sont gages d'existence, de vie.

Notons que cette motivation de pouvoir se mêle généralement, de manière inconsciente, à la motivation de sens de vie : pour eux la politique est alors aussi leur sens de vie, parce qu'ils pensent sincèrement que leurs actions et leurs décisions pourront améliorer la vie des autres.

*

Enfin, remarquons que la motivation de pouvoir peut s'appliquer sur une seule personne.

Par exemple, un pervers narcissique a une soif de pouvoir

inextinguible. Il prendra chaque jour un peu plus le pouvoir psychologique sur une autre personne, la rendant dépendante, soumise, si possible admirative de lui-même, et l'isolant, la critiquant ou la culpabilisant lorsqu'elle ira à l'encontre de ses désirs.

La motivation d'«identification»

On prend du plaisir en se flattant de ressembler à une personne, ou bien un « modèle de personne » que l'on estime, que l'on admire.

Si nous appliquons cette estime sur une personne réelle, nous considérons que nous comprenons parfaitement celle-ci, parce que nous sommes « comme elle », au moins partiellement, sur certaines valeurs.
Notre aptitude à l'empathie (voir précédemment) nous donne la « certitude » de connaître cette personne, de lui ressembler, et donc de savoir ce qu'elle ressent, ce qu'elle pense.
En ce sens, nous pouvons l'anticiper, prévoir son comportement dans de nombreuses situations.
Puisque ce « modèle » ou cette vraie personne, nous semble admirable et que nous nous apparentons à elle sur des points essentiels, nous croyons alors, au fond de nous, que nous possédons les mêmes qualités admirables.
Nous sommes persuadés, inconsciemment, que, si notre modèle avait un jour l'occasion de nous connaître vraiment, il nous reconnaîtrait comme une âme sœur, ou tout au moins un meilleur ami.
En outre, cette identification nous permet aussi de nous différencier des autres, de montrer que nous sommes une personne « exceptionnelle », non commune.

*

Cette motivation d'identification est particulière car il peut n'y avoir aucune intervention d'influence sur la personne admirée.
Il s'agit donc bien d'une motivation de « certitude », la certitude de connaître parfaitement une personne et de lui ressembler.

Remarquons que, au final, cette certitude va permettre de consolider une certaine image que nous souhaitons avoir de nous-même. En ce sens, on peut dire que c'est une motivation « d'auto-suggestion » : le gain espéré à venir est en effet d'abord suggestif ; en renforçant notre ressemblance à ce modèle admiré, nous renforçons notre conviction que nous sommes « quelqu'un de bien ».

*

Lorsqu'une personne connue meurt, je pense par exemple à la disparition d'une star comme Claude François, Michael Jackson ou Johnny Halliday, beaucoup de personnes, bien qu'elles ne soient pas des « fans », pourront être affectées, ressentir de la tristesse.
Pourtant, cette tristesse n'est pas ici (pour ces « non-fans ») la conséquence d'une identification. Elle est plutôt due à l'aptitude d'empathie des êtres humains, dont nous avons parlé précédemment.
Car cette mort nous fait penser à nous-mêmes : elle donne l'impression qu'une partie de notre vie, de notre « époque », d'événements que nous avons vécus, disparaît avec ses témoins, et nous fait penser à notre propre mort ou à celle de membres de notre famille.

*

Le plaisir ressenti en regardant un film correspond souvent à une motivation d'identification : en particulier une identification aux valeurs, aux personnes.
Par exemple, si je possède un cheval, je serai sensible aux films racontant les histoires d'éleveurs de chevaux, parce que je m'identifierai.
Autre exemple : la série espagnole à succès « Casa de papel » mettait en avant plusieurs motivations fortes appréciées des spectateurs : des valeurs de « liberté », de contestation au système, de volonté de vivre pleinement sa vie (identification à un modèle « libre »), des valeurs d'amitié, d'amour, de liens forts dans l'équipe, avec des « codes » d'appartenance tels que le chant révolutionnaire italien « Bella Cao », et enfin des personnages aux personnalités marquées : avec le « professeur » , on s'identifie à une personne dont on apprécie

l'intelligence, l'anticipation, la gentillesse, la philosophie de vie, avec Tokyo, on s'identifie à une personne à la fois sensible, entière, franche.
On retrouve également dans cette série des motivations de certitude forte : par exemple, comment vont-ils sortir de la banque, alors qu'ils sont encerclés depuis plusieurs semaines... ?

*

Beaucoup, pour afficher clairement leur ressemblance avec leur modèle, vont imiter celui-ci dans son style de vie, sa tenue vestimentaire, ses actions, etc.

Par exemple, les réseaux sociaux permettent à un influenceur d'avoir des milliers de « followers », qui écoutent et suivent ses conseils, essayant de lui ressembler par certains aspects ...
Ainsi, Caroline Receveur, après s'être fait connaître dans des émissions de télé-réalité, devient influenceuse, et crée avec succès sa propre marque de thé détoxifiant « Wander tea » puis fait du placement de produit pour des marques telles que Loréal, Braun, Morgan.

Pour « valider » cette ressemblance à un modèle, le regard des autres est souvent nécessaire.
L'identification prendra toute sa valeur si elle est « visible » aux yeux de tous, car les personnes extérieures vont, inconsciemment, associer notre ressemblance et les qualités de notre modèle.
En ce sens, la motivation d'identification est une motivation de considération indirecte : nous n'affichons pas directement des éléments admirables (tels qu'un talent de pianiste, d'aviateur, d'explorateur, un titre de ministre, etc.) ; nous affichons une ressemblance à un « modèle » qui posséderait ces qualités.

Les agences de publicité, au travers des marques de luxe, de voiture, de vêtement, de bijoux, l'ont bien compris.
Elles jouent beaucoup sur ces « modèles valorisants de personnes » auxquelles les personnes peuvent s'identifier.
Il peut par exemple s'agir de s'identifier à un aviateur courageux en portant le blouson de telle marque, à une femme riche et désirable grâce à tel parfum, à un aventurier casse-cou et

séduisant avec telle voiture, etc.

Notons que la volonté d'identification est ici partielle : par exemple on va montrer que l'on a la même marque de montre que telle personnalité politique, le même blouson que tel acteur; mais l'identification s'arrêtera là.

*

Mais parfois, l'identification peut être beaucoup plus importante : par exemple, certaines personnes vont consacrer leur existence à Johnny Hallyday ou Claude François, vont s'habiller tous les jours comme eux, adopter leurs goûts et habitudes (vêtements, motos, voitures, etc.), collectionner les objets parlant d'eux, etc.
Cela leur apporte aussi une certaine considération de la part d'autrui : elles obtiennent un regard bienveillant ou amusé des personnes qu'elles rencontrent, qui comprennent qu'elles ont une passion assumée, et qui les respectent pour cela.
Il arrive même qu'elles participent à des associations ou des réunions de fans, fassent des spectacles.

Elles obtiennent alors, en sus, du plaisir de considération et

d'appartenance grâce à l'ensemble des personnes qui gravitent dans ce monde particulier (amis, fans, spectateurs, organisateurs, etc.).
Enfin, encore une fois, cette attitude excessive d'identification peut donner un « sens » à l'existence de ces personnes qui, parfois, souffrent d'un manque de repères et de reconnaissance des autres.
(Nous allons reparler un peu plus loin de la « motivation de sens »).

*

Les **enfants s'identifient** beaucoup aux adultes en utilisant le jeu.
Une petite fille ou un petit garçon qui jouent en imagination à la maîtresse avec des poupées, à la voiture avec une poursuite de policiers et bandits, à la guerre avec des petits soldats, créent des scénarios en imagination.
Ils reproduisent des scènes qu'ils ont vues, et ils s'identifient à leurs personnages (ou à certains d'entre eux) ; cette identification est alors une manière de construire leur future personnalité d'adulte.

*

Un cas particulier de la motivation d'identification est **l'identification à un modèle marginal**, parfois désapprouvé socialement.

La personne marginale y trouve d'abord, encore une fois, le sentiment valorisant d'être une personne différente des autres : quelqu'un qui est « hors-normes », qui se « démarque » du commun des mortels, qui a des idées, une philosophie de vie qui lui est propre.
En ce sens elle est « exceptionnelle ».

En outre, bien souvent, elle fait partie d'un groupe aux mêmes valeurs qu'elle, dans lequel elle trouve de l'amitié et de l'entraide, soit des valorisations de reconnaissance et d'appartenance...

C'est par exemple le cas des « punks » aux cheveux bleus et aux joues percées d'un anneau, des « bad boys » rebelles aux normes, tatoués et habillés de noir, des motards aux blousons cloutés, d'un original qui se promène toujours avec un chapeau de cow-boy et des bottes, etc.

Enfin, le regard étonné et réprobateur des personnes croisées est une source de valorisation (considération).
Ce regard prouve que l'on est « à part », que l'on a un autre système de valeurs que les autres.
Attirer l'attention des autres, même négativement, est une manière de montrer que l'on existe.

Tous les parents savent qu'un enfant peut faire « le monstre », désobéir, ne pas respecter les interdits, uniquement pour attirer leur attention...

******

Chapitre 5. Estime de soi et sens de vie

« La première et la plus belle victoire de l'homme est la conquête de soi-même. »

Platon

La domination de soi

Un jeune homme, Alcibiade, dit un jour à Socrate qu'il s'occupait de trouver un bon travail, de devenir quelqu'un de respectable et d'acquérir du pouvoir.
Socrate lui répondit : *« D'accord, tout cela est compréhensible, mais est-ce que tu te soucies de toi ?"*

Socrate voulait dire par là qu'il est important de ne pas faire seulement ce que la société valorise : l'argent, le pouvoir, la respectabilité.
Il faut en priorité améliorer la réflexion, la connaissance et la maîtrise de soi-même, car c'est cela qui apportera la meilleure satisfaction, le meilleur équilibre de vie.

Une motivation importante pour plus de certitude dans notre vie est donc, bien entendu, de « se dominer soi-même ».
Se dominer soi-même, c'est se connaître, s'estimer, savoir se contrôler, être confiant dans ses capacités, physiquement et mentalement.
On a alors la « certitude » de connaître, maîtriser ses points forts, faibles, ses qualités, ses défauts.
On distinguera deux types de domination sur soi-même : la domination de ses aptitudes et la domination de ses objectifs.

La domination de ses aptitudes propres : Estime de soi et confiance en soi

Ici, on recherche une certitude sur ses aptitudes.
Nous savons intuitivement que se dominer, contrôler son corps, son esprit, connaître ses aptitudes apporte la confiance en soi.
Sans cette confiance en soi, nous doutons en permanence de nos possibilités, nous sommes faibles, anxieux, toujours inquiets ou stressés face aux épreuves quotidiennes que nous affrontons.

Nous recherchons donc tous cette sagesse, cette connaissance de nous-même, qui nous permettrait de ne plus « douter ». Cette motivation particulière est la « domination de soi ».

Ce contrôle, cette maîtrise de soi nécessitent un travail important d'introspection et d'apprentissage.

Nous avions déjà parlé des techniques de relaxation (yoga etc.) pour faciliter l'association d'idées positives relatives à son corps. En ce sens, ces techniques facilitent aussi la confiance en soi.

Cependant, la domination de soi parfaite, c'est à la fois la connaissance complète de ses aptitudes, physiques et morales, et la confiance en ses aptitudes.

Plusieurs activités permettent d'améliorer le contrôle et la connaissance de soi, la confiance en soi-même, en son corps, en ses aptitudes. Citons pêle-mêle : le bouddhisme, la méditation, la philosophie, le développement personnel, l'étude de la PNL, les tests MBTI, les bilans auprès de psychiatres, psychanalystes, thérapeutes, les sports de combats (parce que savoir se défendre permet d'être confiant face à l'extérieur, à des éventuelles agressions), ou même les sports en général (parce que l'on apprend à maîtriser son corps), etc.,.

Au niveau professionnel, la certitude de maîtriser une compétence, une technicité acquise, apporte une forte confiance intérieure. Cela apporte aussi une reconnaissance des autres.

Dans notre société actuelle, nous passons beaucoup de temps au travail. Aussi, le sentiment d'avoir une compétence professionnelle forte, utile, efficace, reconnue est précieux.
Ce sentiment d'utilité sociale peut alors donner un sens à sa vie.

*

On remarquera que la motivation d'estime de soi est une motivation particulière, dans le sens où la satisfaction des autres motivations, et tout particulièrement celles liées aux personnes (considération, appartenance, etc.), influent directement sur elle.
Par exemple, si je reçois beaucoup de marques de considération et/ou d'appartenance (d'une personne ou d'un groupe que j'admire), cela augmentera fortement mon estime de moi-même.

*

Se dominer soi-même, c'est aussi **adopter des règles, des principes forts** que nous respectons, qui nous guident dans nos choix et nos décisions.
Nous avons tous des principes de vie, acquis par l'éducation, l'expérience, la réflexion.
Avoir confiance en soi implique de ne pas remettre en cause à tout propos ces principes.
Car y déroger, c'est une manière de ne plus se contrôler; c'est ne plus avoir de certitude, être dans le flou sur nos décisions, c'est même parfois être en désaccord avec notre conscience.

Cependant, une bonne confiance en soi doit aussi permettre, devant des arguments solides, de modifier ou faire évoluer ses principes acquis, afin, précisément, que la confiance en nos principes soit méritée et donc difficilement remise en cause.

La société inculque à la majorité des hommes de nombreux principes moraux communs et « reconnus » qui les « guident ». Il s'agit par exemple du sens du devoir, de la morale, du respect d'autrui, du respect de l'autorité, de la justice, des règles sociales,...

La domination de ses objectifs propres de vie – la réalisation de soi - la recherche de sens

Ici, on veut « dominer » ses objectifs de vie, on recherche une certitude sur sa raison de vivre, c'est-à-dire sur le sens de son existence, ce que l'on veut accomplir durant notre passage sur terre.
Par son intelligence, l'être humain, contrairement aux animaux, a conscience qu'il a une vie, qu'elle est finie, qu'un jour il devra mourir, et il peut se retrouver démuni devant la question du sens de sa vie, de son existence sur terre.
Son existence est-elle utile ? Doit-elle se limiter à se nourrir, à obtenir des biens matériels, des plaisirs primaires, des honneurs ?

Avoir une « direction » de vie est essentiel pour de nombreux êtres humains, sous peine de perdre en sérénité; c'est le sentiment de contrôler sa vie, d'être acteur de sa vie.
C'est encore ce qu'on appelle souvent la « réalisation de soi », le « sentiment d'autonomie », ou encore l'« auto-détermination ».

*

Plusieurs personnes ont souvent pour premier projet de vie la réussite sociale, comme par exemple : obtenir une richesse matérielle, avoir une fonction importante, être célèbre.
Ayant atteint cet objectif initial, il peut arriver qu'un jour, elles trouvent leur vie futile et égoïste, peu satisfaisante, sans « sens ».

Elles pourront alors brusquement décider de tout arrêter et de se consacrer à une idée, un projet, en bref un nouveau « sens de vie » : une association humanitaire, le développement d'une connaissance technique, la philosophie, etc..

Par exemple, Bill Gates, après avoir fait fortune en créant sa société Microsoft, décida en 2007 de se consacrer totalement à sa fondation humanitaire, « Bill et Melinda Gates », dont l'objectif est d'améliorer les soins de santé, et de réduire la pauvreté dans les pays en développement. Bill Gates y a consacré 95% de sa fortune.

*

En choisissant de manière claire une « direction », une raison de vivre qui paraît valorisante, nous obtenons une « certitude » pour le sens de notre vie et cela nous rend plus heureux.

Donner un sens fort à sa vie permet également de supporter plus facilement les malheurs qui jalonnent l'existence, en les intégrant dans un objectif plus haut.
Cet état d'esprit se retrouve dans le bouddhisme, qui essaye d'apprendre aux hommes à relativiser la vie elle-même, afin d'être plus « sages » et plus heureux.

*

Au final, un « sens de vie » peut être considéré comme un projet, mais c'est un « projet de vie », un projet qui dure normalement toute la vie.

Nous avons parlé précédemment de la motivation de progression par aptitude ou objectif ; tout comme un sens de vie, une progression est un projet.
La différence est qu'une progression est un projet provisoire, et est plutôt une opportunité de vie : on découvre une idée, on se donne un projet et on s'y consacre quelques mois, quelques années, puis on passe à autre chose. Il s'agit donc d'une période de temps limitée, et qui n'apporte pas la même implication personnelle qu'un projet de vie.
A l'opposé, un sens de vie résulte d'une conviction personnelle profonde et essentielle, et dure normalement toute la vie à partir du moment où il a été choisi.

*

La société encourage la solidarité humaine, la vertu, la morale, la famille, le travail . Il s'ensuit que des sens de vie fréquents dans nos sociétés sont :

-**d'avoir une vie exemplaire au sens religieux ou mora**l du terme,
-de **prendre soin de sa famille** et en particulier de sa descendance,

-d'**aider les autres** êtres humains en difficulté, de manière altruiste,
-de « **se réaliser** », **se sentir « utile »**, compétent, reconnu dans son métier, avoir une fonction importante,
-participer au développement de la **culture** humaine
-de faire des **choses exceptionnelles** pour l'humanité

Remarquons que pour tous ces cas cités, la motivation peut être vue, au sens large, comme une nouvelle démarche de l'évolution naturelle pour nous pousser à la conservation de l'espèce et / ou de nous-mêmes : conservation de l'âme (la religion), conservation de nos gènes (la descendance), conservation et développement du genre humain (aider, être utile à la société humaine), conservation de la mémoire collective (participer à la culture), conservation de l'image de soi grâce à la postérité (choses exceptionnelles).

Il est possible de ne pas avoir choisi de sens de vie clairement défini, tout comme il est possible d'en avoir plusieurs.
On peut par exemple à la fois être guidé par la volonté d'avoir une famille unie et par celle d'aider les personnes handicapées.

*

La religion est souvent un « sens de vie » important pour de nombreuses personnes, en donnant également des directives de vie qui rythment l'existence : être un bon chrétien, un bon juif, un bon musulman, ..., aller aux offices religieux, respecter les fêtes, les interdits, les obligations etc...

*

La moralité l'est également : la bonté, le respect des autres, la bienveillance sont des valeurs pouvant constituer un sens de vie.

*

Nous avions dit précédemment que l'amour, la famille, satisfont notre motivation d'appartenance. Mais l'amour, la famille, les enfants, sont souvent encore bien plus pour de nombreuses personnes : ce sont en effet souvent des sens de vie majeurs dans nos sociétés.

Être harmonieux en couple ou en famille, et maintenir

cette harmonie en permanence peut être tout-à-fait objectif de vie. On entend ainsi régulièrement parler d'histoire de couples heureux ensemble de nombreuses années, et où la mort de l'un des conjoints enlève tout sens de vie à l'autre.
Également, l'actualité, nous apporte de nombreux exemples de personnes désespérées, en arrivant à des actes extrêmes, parce que leur conjoint les a quitté, que leur famille s'est disloquée.

Les enfants constituent bien entendu une valeur forte de sens de vie : ce sont nos « gènes », ils sont nous-mêmes, et nous souhaitons tout le bien pour eux, nous voulons pour eux tout ce que nous n'avons pu avoir pour nous-mêmes. L'enfant est investi comme étant celui qui nous permet d'espérer survivre à notre propre mort.
Pour beaucoup de mères, il est difficile d'imaginer une vie sans leurs enfants, et une séparation, même brève, est douloureuse.
Quant à la maladie ou la perte d'enfant, elle est terrible et toujours traumatisante.

*

Aider les autres peut se faire par exemple en devenant un homme politique influent et actif, qui promulguera des lois aidant ses semblables. Cela pourra se faire aussi au travers d'associations humanitaires, de la création de fondations, de la propositions de lois, etc. : on aidera les personnes âgées, les personnes handicapées, les sans emplois, les sans-abris, etc.
Nous avons ainsi cité précédemment l'exemple de Lucien Castagnède, fondateur de l'association Handicap sans Frontières, qui a consacré une partie de sa vie pour aider les populations pauvres de Côte d'Ivoire. .

*

Être compétent, efficace, reconnu dans son domaine professionnel (technique, scientifique, politique, etc. ...) permet aussi donner un sens de vie.
On parle alors plus de « réalisation de soi », parce que c'est un sens de vie qui ne s'affiche pas clairement : les personnes n'ont pas un « objectif » clair de vie, elles veulent juste « se réaliser », avoir un épanouissement personnel. Elles ont conscience que leur métier, leur compétence reconnue, est fortement lié à cet épanouissement, leur apporte une reconnaissance des autres,

une utilité forte.
Même si elles ne sont qu'un rouage, une pièce dans le puzzle de la société humaine, elles sentent qu'il s'agit d'un rouage indispensable, important, reconnu, et qu'il contribue à la progression de l'humanité.
Un sens de vie pourra, de même, être d'apporter sa contribution à la recherche scientifique, à des solutions techniques nouvelles, ou encore, par exemple, de participer, en tant que sportif ou organisateur, aux prochains jeux paralympiques : le faire, c'est à la fois apporter sa compétence et donner de l'espoir et du bonheur aux jeunes et aux personnes handicapées.

*

Participer au développement de la culture humaine est un sens de vie, qui contribue à la fois au développement du bien-être de l'humanité et à sa postérité : cela pourra se faire au travers de métiers artistiques (musique, littérature, cinéma, théâtre, sculpture, etc.) et de métiers qui sont liés à ces domaines (régisseur, conservateur de musée, ethnologue, ingénieur du son, etc.).
Par exemple, écrire un livre peut être un sens de vie si l'on estime avoir la mission de transmettre un message à nos semblables.

*

Enfin, vouloir faire des choses exceptionnelles, laisser une trace à la postérité peut être un sens de vie. Nous pouvons encore une fois reprendre l'exemple du casseur de cailloux de Charles Péguy qui construit une cathédrale, et du facteur Cheval, qui construit un palais (qu'il considère comme une œuvre d'art qu'il transmet à la postérité), que nous avions décrit précédemment. Dans les deux cas, il y a clairement une motivation de sens de vie.

******

Illustration. Retrouvons Abraham Maslow

« Ce que l'on peut être, on doit l'être. Ce besoin, s'appelle la réalisation de soi....
...Si vous projetez délibérément d'être moins que ce que vous êtes capable d'être, alors vous serez profondément malheureux pour le reste de votre vie. »

Abraham Maslow

Dans la partie 1, nous avions décrit les deux besoins de base de la pyramide de Maslow, en indiquant qu'il s'agissait des motivations fondamentales, que Maslow appelle les « besoins physiologiques » et les « besoins de sécurité ».

Cependant cette pyramide indique trois autres besoins que nous allons détailler ici.

Voici ci-dessous le rappel de sa « pyramide », dans laquelle est établi un ordre de priorité des besoins, et où nous avons mis en gras les 3 besoins supérieurs (les 2 besoins inférieurs correspondent aux motivations fondamentales, vues au début du livre) :

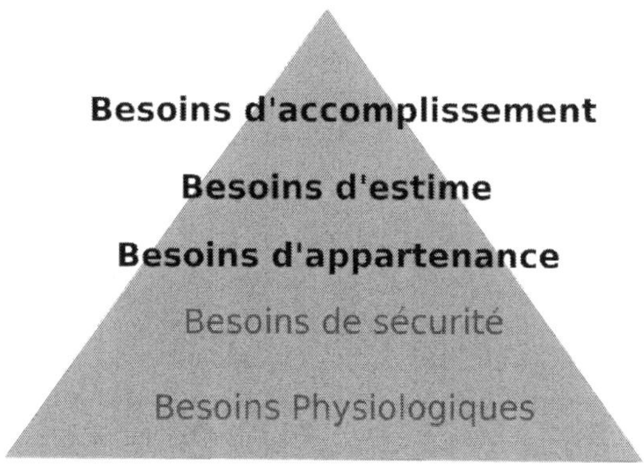

Besoin d'accomplissement de soi

↑

Besoins d' « estime » (considération, appréciation, gloire...)

↑

Besoins d'appartenance et d'amour
(affection des autres)

↑

Besoins de sécurité
(environnement stable et prévisible, sans anxiété ni crise)

↑

Besoins physiologiques
(respiration, faim, soif, sexualité, sommeil, élimination)

Pour Maslow, le choix, suivant les individus, des différentes façons de satisfaire ses grands groupes de besoins dépend de la culture, de l'éducation, des opportunités de la vie.

Ainsi, l'un satisfera son besoin de considération en ayant du pouvoir au travail, l'autre en étant reconnu comme un bon chasseur, un bon sportif ou un bon blogueur.

*

Nous constatons, en regardant cette pyramide, que :
-le besoin « d'appartenance et d'amour » correspond à la **motivation d'appartenance**.

-le besoin « d'estime » de la pyramide correspond à la **motivation de considération** et **d'estime de soi.**

-enfin, le besoin « d'accomplissement de soi » de la pyramide correspond à la **motivation de sens** de vie.

*

Selon Maslow, les besoins supérieurs apparaissent lorsque ceux du niveau inférieur sont satisfaits.
Par exemple, parce que les besoins physiologiques ont plus d'importance que les besoins de sécurité, une personne affamée mettra en arrière-plan tous ses autres besoins et sera capable de mettre sa vie en danger pour se nourrir.

Maslow considérait qu'il suffisait qu'un besoin soit satisfait à 25% pour que le besoin du niveau supérieur commence à émerger. Cependant, ce pourcentage peut être beaucoup plus faible dans la réalité.

La satisfaction de tous ces besoins est essentielle pour l'équilibre de l'homme, et le manque à long terme d'un ou plusieurs besoins devient alors pathologique, même si certaines personnes résistent mieux que d'autres au manque de certains types de besoins.

Par exemple, certains ne souffrent pas trop d'un manque de considération, mais par contre supportent mal le manque d'appartenance (besoin d'amitié ou d'amour).

Le modèle de Maslow est souvent utilisé en économie : ainsi, la pyramide permet de positionner un nouveau produit, de l'adapter, en allouant les budgets en priorité aux messages sur les besoins vitaux, avant les besoins secondaires de la cible marketing.

*

Aujourd'hui, on considère que la hiérarchisation de Maslow doit être nuancée, parce que l'on a observé que son ordre n'est pas systématique.
En effet, même s'il est évident que les besoins vitaux (respirer, manger, boire, ...) sont primordiaux, il peut arriver que certains souhaitent satisfaire un besoin inférieur avant le besoin immédiatement supérieur.

Par exemple, certains sont prêts à tout pour réussir leur vie professionnelle, par besoin de considération, et cela aux dépens de leur vie privée, affective et amicale (appartenance).

Également, parfois, en particulier chez les jeunes personnes, le besoin de sécurité est ponctuellement négligé ou minimisé au profit du besoin de considération.
Par exemple, un adolescent pourra prendre des risques importants en montant sur une paroi rocheuse, au risque de se rompre le cou, pour épater ses amis.

Enfin, le besoin d'appartenance apparaît aussi comme bien souvent essentiel, en parallèle avec les besoins de sécurité et de considération.

Ainsi des bébés en manque d'affection pourront dépérir et mourir ; ou encore, une personne se sentant exclue pourra être amenée à se suicider.

*

Enfin, signalons encore qu'Abraham Maslow a rajouté plus tard un niveau supplémentaire au sommet de sa pyramide : « le dépassement de soi-même », qui aurait donc dû venir s'ajouter au-dessus du niveau « l'accomplissement de soi ».
Néanmoins, ce nouveau niveau « dépassement de soi-même » n'est pas reconnu par les psychologues, et n'a pas été intégré dans la pyramide classique de Maslow.

D'après Maslow, la motivation « d'accomplissement de soi » est sous-tendue par la volonté d'utiliser son potentiel, pour son propre bénéfice, sans visée altruiste.

La motivation « de dépassement de soi-même », quant à elle, intégrerait une volonté de réaliser des actions sans recherche d'un bénéfice personnel, comme rendre service aux autres. Les personnes atteignant ce niveau seraient des individus qui ont déjà atteint le niveau de réalisation de soi, et veulent s'engager dans des causes qui les dépassent.

Nous avions effectivement fait remarquer précédemment que des personnes qui avaient comme sens de vie un projet de réussite sociale, et qui l'ont atteint, se choisissaient de nouveaux sens de vie. Nous avions cité ainsi l'exemple de Bill Gates, qui, après avoir fait fortune, s'est consacré à des projets humanitaires. Néanmoins, cela n'est pas systématique et par ailleurs, il existe des personnes qui, sans fortune personnelle, sont très tôt altruistes et consacrent leur vie aux autres.

******

Chapitre 6. Synthèse : les motivations prioritaires

En suivant le chemin qui s'appelle plus tard, nous arrivons sur la place qui s'appelle jamais.

Sénèque

Dans les chapitres précédents, nous avons mis en évidence de nombreuses motivations, et il est légitime de se demander quelles sont celles qui sont vraiment incontournables, auxquelles nous ne devons pas renoncer.

Très précisément, nous avons mis en évidence 24 motivations : cela fait, pour reprendre l'analogie avec les doigts de la main, deux mains de 12 doigts, soit un très grand nombre de doigts....
Il convient donc que chacun détermine quels sont les « doigts » qu'il préfère utiliser !

Listons ci-dessous les motivations que nous avons décrites précédemment, en les regroupant en 5 grands groupes :

1er groupe : des motivations archaïques

- La motivation de conservation
- La motivation de sécurité
- La motivation sexuelle
- La motivation de perpétuation

2ème groupe : des motivations associatives

Les motivations associatives peuvent être nombreuses et variées. Par exemple, on a montré qu'on pouvait associer la nourriture, la salivation et le son d'une cloche, ou encore la mer et le soleil.

3ème groupe : des motivations d'évasion

- La motivation artificielle
- La motivation artistique
- La motivation de jeu
- La motivation de nouveauté

4ème groupe : des motivations de domination immédiates

- La motivation de certitude
- La motivation de contrôle immédiat

- La motivation de propriété
- La motivation de domination directe
- La motivation de considération
- La motivation de prise en charge
- La motivation d'appartenance

5ème groupe : des motivations de domination anticipées

- La motivation de planification
- La motivation de progression par aptitude
- La motivation de progression par objectif
- La motivation de prévision d'autrui
- La motivation de progression de pouvoir
- La motivation d'identification
- La motivation d'estime de soi
- La motivation de sens

*

De manière logique, une personne agit préférentiellement pour satisfaire ses motivations préférées.
Elle sera donc attirée par des métiers ou, en tous cas, des activités (professionnelles ou de loisir), qui permettent de satisfaire plus particulièrement celles-ci.

Lorsque ces préférences sont très marquées, cela débouche sur des métiers très spécifiques, par exemple :

Motivation	**Métiers**
conservation	Cuisinier, restaurateur, médecin, ...
sécurité	Policier, soldat, ..
Reproduction, sexualité	Gynécologue, sexologue, agent matrimonial, auteur de livres d'amour, acteur pornographique,,...
perpétuation	Assistante maternelle,

	institutrice, professeur, pédiatre, ...
évasion	Artiste, peintre, musicien, ..
association	Artiste, poète, publicitaire, communiquant, détective, archéologue, ...
certitude	Fonctionnaire, comptable, ...
contrôle immédiat	Coureur automobile, navigateur, réparateur, ...
propriété	Investisseur, homme d'affaire, marchand de biens, ...
domination directe	Officier militaire, chef hiérarchique, politicien, ...
considération	Artiste, politicien, diplomate, homme d'affaires, dirigeant, ...
prise en charge	Domestique, religieux, maître d'hôtel, soldat, activiste politique, ...
appartenance	Militaire, prêtre, politicien, fonctionnaire, franc-maçon, blogueur, ...
planification (contrôle futur)	Général, stratège, chef d'entreprise, ministre, ...
progression par aptitude	Sportif, musicien, écrivain, technicien, expert, informaticien, ...
progression par objectif	Constructeur, chercheur, entrepreneur, archéologue, inventeur, ...
prévision d'autrui	Publicitaire, marketeur, DRH, magistrat, ...
Progression de pouvoir	Politicien, diplomate, entrepreneur, ...

identification	Comédien, ...
estime de soi	Psychiatre, psychanalyste, coach bien-être, coach yoga, ...
sens	Activiste humanitaire, politique, familial, médecin, ...

Il est important de noter que le travail doit être le plus possible un temps de plaisir, et non pas une contrainte.
En effet, nous y consacrons plus de temps que pour nos loisirs.
Plein de motivations peuvent être satisfaites dans le travail !

COMMENT CHOISIR SES MOTIVATIONS LES PLUS IMPORTANTES ?

Chaque personne possède ses propres motivations préférées. Cependant, tout comme certains doigts sont généralement plus utilisés que les autres, certaines motivations sont très recherchées chez les êtres humains, et souvent essentielles à notre équilibre.
L'expérience montre que ces motivations capitales sont (dans nos sociétés d'aujourd'hui) :

-5 motivations fondamentales : motivations de conservation, de sécurité, de perpétuation, de sexualité, associative.
Exemple : aisance matérielle, sexualité satisfaite, habitude à l'association positive.

-4 motivations d'évasion : motivations artificielle, artistique, de jeu, de nouveauté
Exemple : musique, peinture

-3 motivations de domination immédiate : motivations de propriété (biens), de considération, d'appartenance
Exemple : amis, relations sociales, enfants, famille, travail

-4 motivations de domination anticipée : motivation de progression par aptitude, de progression par objectif, d'estime

de soi, de sens
Exemple : sentiment de compétence, d'utilité, d'aide...

*

La motivation d'estime de soi possède un statut particulier.
En effet, toutes les autres motivations contribuent à satisfaire la motivation d'estime de soi, chacune permettant de le faire partiellement.
Cependant, on peut aussi satisfaire cette motivation par un travail direct : la réflexion sur soi, le développement personnel, la relaxation, la méditation, la philosophie, etc.

La raison de cela est que ce qui guide, motive un être humain tout au long de sa vie est de ressentir de la « valorisation ». Or, avoir une estime de soi, précisément, c'est par définition, avoir une image positive de soi, c'est-à-dire ressentir de la valorisation en pensant à soi, à ce que l'on est et ce que l'on accomplit.

*

Ces motivations que nous venons de lister ne sont pas systématiques, et peuvent être plus ou moins essentielles suivant les personnes.
Ainsi, si vous souhaitez déterminer vos motivations propres, vous devez les lister, et, pour chacune d'elles, vous demander quel est leur niveau d'importance pour vous, et si votre vie actuelle vous permet de les satisfaire et comment.

*

Également il convient de noter que deux ou plusieurs motivations importantes pour nous peuvent rentrer en conflit. Il en résulte que de nombreuses personnes font parfois le choix de sacrifier l'une pour satisfaire l'autre.
Par exemple, une femme passionnée de théâtre (motivation d'évasion, motivation de considération, ...) pourra renoncer à sa carrière pour s'occuper de sa famille (motivation d'appartenance).
Nous reparlerons plus loin de ces conflits de motivations.

UN ROI EST-IL FORCÉMENT HEUREUX ?

Si une motivation importante manque, la personne, même puissante, pourra être triste, ou en tous cas, insatisfaite.
Prenons l'exemple d'un roi ou d'un prince : par sa position, il bénéficie de beaucoup de privilèges, et satisfait un grand nombre des motivations que nous avons détaillées, dont les motivations fondamentales, l'évasion (par la musique, le théâtre, les bals, les arts, etc.), la considération et éventuellement l'appartenance.
Remarquons néanmoins qu'il est à priori difficile pour un roi de satisfaire une motivation d'appartenance ; en effet, compte tenu de sa position unique au-dessus des autres, il ne sera jamais vu comme un égal, sauf éventuellement (et non systématiquement) par une épouse, une maîtresse, éventuellement un ami d'enfance.
En outre :
Si sa nature biologique et intellectuelle est telle qu'il est dépressif, qu'il a tendance à faire beaucoup plus d'associations négatives que positives, il sera plutôt pessimiste, soucieux, anxieux.
S'il manque de confiance en lui-même, il doutera des décisions à prendre, et ne sera pas serein.
S'il n'a pas de goût pour diriger un pays, conquérir ou défendre des territoires, il est possible qu'il se sente frustré de devoir passer trop de temps à gérer les problèmes de son royaume, alors qu'il préférerait se consacrer à un projet de progression sur objectif qui le motive.

Par exemple, Louis XVI avait délégué la gestion du pays à ses ministres ; il détestait gouverner, et préférait la menuiserie...
Par contre, Louis XIV, en grandissant, avait rapidement souhaité reprendre le pouvoir qui était alors aux mains de ses ministres. Également, il avait de nombreuses activités culturelles (théâtres etc.), en particulier il pratiquait beaucoup la danse.

*

Notons que le handicap physique n'empêche pas de satisfaire les motivations de base pour la « sérénité » que nous venons de lister.

L'australien Nick Vujicik et né avec un lourd handicap : il n'a ni bras ni jambes... Pourtant, après avoir, dans sa jeunesse, envisagé de se suicider, il réussit malgré tout à trouver le bonheur, essentiellement en donnant un sens fort à sa vie : il est impliqué dans sa communauté religieuse, et également, il réalise des conférences sur le handicap. Nick Vujicik est aujourd'hui marié, il a des enfants, fait du surf, utilise un ordinateur, joue de la batterie, répond au téléphone...

Oscar Pistorius (sans jambes), réussit de même (jusqu'à sa condamnation...) à satisfaire plusieurs des motivations listées ci-dessus, malgré son handicap, en particulier en trouvant un sens fort à sa vie : devenir un champion sportif.

ÊTRE HEUREUX SANS LES AUTRES

En réalité, en raison de notre aptitude à comparer, nos motivations dépendent aussi beaucoup de notre environnement.

Considérons par exemple un homme, que nous appellerons Crô, qui se retrouve un jour le seul être humain sur son territoire. Crô étant seul, il ne pourra satisfaire aucune des motivations liées à d'autres êtres humains.
Il ne pourra évidemment pas se juger d'après le regard des autres.
Crô peut-il être heureux ?

Dans notre société, nous réajustons constamment notre valeur (vers le haut ou le bas) en fonction de l'image que nous renvoie nos semblables, ou en nous référant à des valeurs « sociales » ; par exemple : il faut être honnête, avoir un travail, une famille, des amis.

Concernant le cas de Crô, nous devons alors considérer deux cas :

Premier cas :

Crô a connu le monde civilisé, et c'est par accident, par exemple suite à un naufrage, qu'il se retrouve seul.
Dans ce premier cas, il est probable qu'il souffrira de l'absence des êtres aimés, de l'absence de communication avec les autres, et qu'il sera malheureux.
Le film « seul au monde » avec Tom Hanks est une bonne illustration de ce cas.

Deuxième cas :

Crô n'a pas connu la civilisation.
Aussi loin qu'il se souvienne, il a toujours été seul. Il ne pourra donc établir ses motivations, ses « valeurs sociales » que par rapport à lui-même.

Cette échelle présente le net avantage d'être très stable : Si personne ne vous faisait aucun reproche et si vous n'aviez jamais l'idée de vous comparer aux autres, vous ne remettriez jamais en doute votre valeur.
Il est donc probable que cet être solitaire aura à la base une valeur de lui-même très stable, c'est-à-dire une solidité

psychologique forte.
Par ailleurs, il aura l'opportunité de satisfaire plusieurs de ses autres motivations, ce qui lui apportera du plaisir.
Par exemple : se réjouir du butin de sa chasse, se délecter de la viande d'un animal, s'enthousiasmer dans la construction d'un arc, d'une cabane, dans la réalisation d'un dessin, se complaire dans des réflexions philosophiques ou des croyances religieuses.

Avançons encore que si Crô découvre des autres êtres vivants, alors évidemment la source de valorisation par le regard des autres réapparaît, mais de manière positive, sans regret, sans un souvenir ancien qui le hante.
Par exemple, s'il s'est fait l'ami d'un petit chien qui l'accompagne, la première nouvelle source de plaisir de Crô sera de voir l'affection, (au travers de jeux, caresses, aboiements...) de son compagnon à son égard, mais aussi la complicité qui se crée entre eux. Crô découvre donc les motivations de considération et d'appartenance, qu'il pourra encore entretenir, en allant chasser pour trouver la nourriture préférée du petit chien, afin de lui faire plaisir, de renforcer leur lien affectif ....

******

Chapitre 7. Quelques exemples concrets

« Avoir des objectifs est non seulement nécessaire pour nous motiver, mais c'est essentiel pour que nous restions en vie. »

Robert H. Schuller

Dans la vie quotidienne, une seule action peut être motivée par plusieurs motivations entremêlées. Par exemple, faire de la moto satisfait des motivations artificielles (sensations de vitesse, équilibre, ...), d'appartenance (à un groupe de motards), de considération (de la part des personnes qui regardent ma belle machine)....

De même, pratiquer la chasse satisfait des motivations artificielles (beauté de la nature, ressentir les sensations fortes d'évasion de tuer, guetter, se cacher, ...), l'appartenance (à un groupe d'amis chasseurs), de considération (on se sent bien supérieur à ces animaux que l'on peut décider de tuer...).

Dans ce chapitre, nous parlerons souvent en terme de plaisir plutôt que de « valorisation », pour mieux comprendre le ressenti des bébés, des personnes qui jouent, font la guerre, etc.

LES BÉBÉS ET LA DÉCOUVERTE DES MOTIVATIONS

Dès la naissance, le bébé est guidé par sa recherche de plaisir, et il expérimente progressivement les différentes motivations, en commençant par les motivations fondamentales.

Le nouveau-né vient à peine de naître, mais il possède déjà des motivations de conservation et de sécurité : plaisir de manger, d'être au chaud, d'être caressé, ... (le plaisir sexuel apparaît vers 8 à 10 mois; le bébé aime alors toucher son sexe).

Tous les autres plaisirs apparaissent ensuite progressivement avec le temps, par le hasard d'une sensation ressentie, et également au fur et à mesure du développement du cerveau.

Ainsi, lorsque le nourrisson apprend à distinguer sa mère de lui-même, il s'aperçoit rapidement qu'il est important pour elle, et il a du plaisir à voir celle-ci le bercer, le choyer, s'occuper de lui, être à l'écoute de son moindre cri ou sourire : c'est le plaisir par considération.

*

Puis un jour, il comprend, ce qui le sécurise, qu'il « appartient » à un groupe de personnes qui l'estiment, même si elles ne s'occupent pas de lui comme le fait sa mère : sa mère, son père, ses frères et sœurs, qu'il voit à des heures précises, suivant des rituels précis (repas, coucher, jeux..), dans une ambiance

spécifique, bruits, voix, mouvements.
En-dehors de ce « groupe », lorsqu'il voit des personnes qu'il ne connaît pas ou connaît peu, il est effrayé ou inquiet : il vient de découvrir le plaisir par appartenance.
Également, il s'amuse maintenant de voir une balle rebondir, à chaque fois qu'il la lance : c'est le plaisir par certitude.

*

L'enfant grandit, il découvre du plaisir à colorier progressivement un dessin, en admire les couleurs. C'est un plaisir par évasion.
Il s'amuse à construire une tour avec des cubes : c'est la découverte du plaisir par progression.
Un peu plus grand, il aimera jouer au dur, en martyrisant son petit frère : c'est la découverte du plaisir par domination directe.
Ses petits camarades possèdent tous un ours en peluche, lui non. Cela le rend triste, car il se sent différent des autres garçons de son âge; c'est pourquoi il pleure pour que sa mère lui achète un ours, à lui aussi : c'est l'objectif de plaisir par identification (être à la « mode »)...

LE JEU : UN LARGE PANEL DE MOTIVATIONS

Le jeu (au sens général, donc en incluant le sport) permet de satisfaire une bonne partie des motivations humaines.

On trouve ainsi dans le jeu :

- le plaisir de faire des associations positives, comme dans le jeu de Pictionnary où l'on doit faire deviner un mot à son équipe, uniquement par des dessins ou des mimes ...
- le plaisir d'évasion : parce que de nombreux jeux font alterner le stress et le plaisir (par exemple on gagne un moment puis on perd peu après...)
- le plaisir de certitude : parce que chaque jeu possède des règles avec des conséquences prévisibles : par exemple le jeu des petits chevaux
- le plaisir de contrôle : beaucoup de jeux nécessitent des aptitudes de contrôle d'une balle : le tennis, le football, ...
- le plaisir de possession : certains jeux permettent de

ressentir la « propriété » : par exemple le Monopoly.

- le plaisir de considération : la plupart des jeux impliquent une compétition avec certains qui gagnent, d'autres qui perdent...: donc si je gagne, je suis le « plus fort » aux yeux des autres...
- le plaisir d'appartenance : pour les jeux où l'on peut jouer par équipe...
- le plaisir de planification : de nombreux jeux vidéos, tels que Warcraft, Age of Empires, ..., demandent une planification, une stratégie importante.
- le plaisir de progression par aptitude : plusieurs jeux, dont les jeux sportifs, demandent une habilité particulière, intellectuelle ou physique : le football, le tennis, le scrabble, etc.,
- le plaisir de progression par objectif : le jeu est un projet, avec un objectif, le but de ce projet étant de gagner.
- le plaisir d'anticipation : dans certains jeux, il faut un talent psychologique, pour deviner comment va jouer l'adversaire, comme par exemple au poker...
- le plaisir d'identification : certains jeux nécessitent de s'identifier à une personne ; par exemple au Monopoly, on s'identifie à un homme d'affaires, dans le jeu « Docteur Maboul », on s'identifie à un médecin, dans le jeu Cluedo on s'identifie à un détective, etc.
- le plaisir de la confiance en soi : quand il nous arrive de gagner, cela nous valorise, nous redonne confiance en nos aptitudes.
- le plaisir de pouvoir : certains jeux nous donnent, le temps de la partie, une progression de notre pouvoir sur les autres : on peut les ruiner, les aider, devenir de plus en plus riche... exemple : au Monopoly...

*

D'une manière générale, les jeux par équipes constituent un excellent moyen de conforter le sentiment d'appartenance.

L'existence d'une « équipe » permet en effet une fusion des personnes. On n'œuvre plus pour sa valorisation personnelle, mais pour la valorisation de son équipe ; il y a un objectif commun, « gagner », qui unit les membres de la même équipe, ce qui crée un esprit de solidarité permettant à chacun de se sentir au même niveau de valorisation.
Il s'agit donc bien d'une valorisation par appartenance.

En outre, chaque membre de l'équipe perdante ne se sent pas, ou très peu, dévalorisé, parce qu'il sait que ce n'est qu'un jeu, il n'y a pas d'enjeu, et perdre n'est pas grave. Également, la dévalorisation est d'autant moindre qu'il n'est pas le seul à avoir perdu. Plus encore, si l'on prend l'un des perdants spécifiquement, il arrive souvent qu'il se trouve parmi les autres perdants de son équipe, « untel », qui est une personne qu'il estime beaucoup : donc finalement, perdre ensemble les rapproche, les met à égalité, donc le valorise...

LA GUERRE : CE N'EST PAS QUE POUR ACQUÉRIR DES POSSESSIONS

Les guerres résultent généralement d'une volonté de domination matérielle et humaine par l'un des belligérants : écraser un ennemi, acquérir des terres, des biens, des personnes, des richesses, imposer ses idées, ses valeurs propres, telles que ses coutumes et sa religion (motivations de conservation, de propriété, de domination directe, de progression de pouvoir, de contrôle de ses valeurs).

Mais la guerre combine aussi plusieurs autres motivations, qui étaient d'ailleurs prédominantes au Moyen-Age ou bien au temps des chevaliers; en effet, pour les chefs de guerre, faire la guerre, c'est aussi :

- S'enthousiasmer d'un même patriotisme avec ses camarades de combat (motivation d' appartenance),
- endosser une image de guerrier, de vainqueur, de gloire, être acclamé par les civils, les femmes (motivation de considération, motivation sexuelle),
- bâtir des plans et stratégie (motivation de planification)
- augmenter sa valeur sociale et ses titres (motivation de progression par objectif)
- partir à l'aventure (motivation de nouveauté)
- défendre sa vie et sa patrie, défendre ou répandre sa foi pour les chevaliers, ...(motivation de sens de vie)

LE RACISME : LA PEUR DE L'AUTRE ET UN DÉSIR DE SUPÉRIORITÉ

Le racisme, c'est d'abord la peur de l'autre : peur de sa différence, de ce qu'il représente d'inconnu, dangereux, nuisible : on craint sa différence physique, sa différence de culture, l'insécurité, le vol, l'escroquerie, le déséquilibre social, les profiteurs du système...

Donc la motivation prédominante du raciste est le besoin de sécurité, mais ce n'est pas que cela ; être raciste c'est aussi :

- se sentir supérieur par rapport à d'autres personnes (motivation de considération),
- dans les siècles passés surtout : soumettre, diriger, commander, persécuter des personnes (motivation de domination directe)
- se retrouver unis avec d'autres personnes partageant les mêmes idées et la même lutte (motivation d'appartenance),
- bâtir des plans pour expulser ou martyriser ces autres personnes (motivation de planification et progression)
- annihiler son sentiment d'incertitude en ayant une réponse, très simple, à la cause de tous les maux de l'humanité (motivation de certitude).
- défendre sa vie, sa patrie, l'humanité contre une ethnie nuisible (motivation de sens de vie)

LES NOUVELLES RELATIONS : NOUS LES JUGEONS SUIVANT LES MOTIVATIONS QU'ELLES NOUS APPORTENT

Lorsque nous rencontrons quelqu'un, nous portons intuitivement un jugement de valeur sur sa personne.
En réalité, nous le jaugeons d'abord en fonction de son aptitude à satisfaire certaines de nos motivations.

Il peut s'agir :
-de la considération qu'il nous manifeste (motivation de considération)

-des nouvelles idées, connaissances, points de vue, valeurs, analyses, qu'il nous apporte (motivation de progression)

- des valeurs, principes, qualités humaines ou sociales, que nous possédons et partageons avec lui.
Pourquoi découvrir chez lui des valeurs partagées est-il un plaisir pour nous ?
Parce que nous nous sentons compris, reconnu et conforté dans

nos idées, valeurs, réussites éventuelles, ce qui renforce notre sentiment de contrôle de notre environnement, notre estime de nous-même, notre confiance en nous (motivation de contrôle, d'estime de soi et également d'appartenance – compréhension de l'autre).

-des qualités, aptitudes humaines ou sociales, que nous n'avons pas, qu'il possède (ou semble posséder), et auxquelles nous accordons une importance, une considération particulière. Nous sommes à la fois flattés de l'attention que nous porte cette personne qui possède des atouts que nous n'avons pas (motivation de considération), et curieux de la connaître (motivation de progression).

Par exemple, s'il s'agit d'une personne ayant « réussi » dans un domaine qui nous est cher, nous voulons apprendre d'elle, comprendre ce qui la rend différente, la connaître, découvrir ses idées, ses « secrets ».
Le temps, les sourires, l'attention, l'intérêt apparent qu'elle nous accordera, par exemple en discutant aimablement avec nous, sera en outre pour nous une « preuve » que nous possédons nous aussi une certaine valeur, ce qui confortera notre estime de nous-même (motivation d'estime de soi).

Dans le même ordre d'idée, nous avions déjà signalé que lorsque nous observons qu'une personne est entourée de nombreux amis, qu'elle est très sollicitée, nous pensons qu'elle est admirée, donc qu'elle a de la « valeur », et nous nous intéresserons à elle, nous souhaitons lui parler pour découvrir qui elle est, et également nous espérons qu'elle s'intéressera à nous en retour.

*

Ces valeurs que nous jaugeons et recherchons chez les autres sont très souvent des valeurs reconnues largement :
Des valeurs humaines : être aimable, ambitieux, attentionné, ouvert, cultivé, généreux, serviable, poli, éduqué, intelligent, cultivé, charismatique, serviable, passionné, honnête, simple, diplômé, indépendant, travailleur, plein d'humour, ...
Des valeurs sociales : être beau, sportif, riche, médecin, dirigeant, officier, célèbre, etc.

Notons que chacun de nous possède ses valeurs

préférées, en fonction de ses gènes, de son vécu, de son éducation, et de ses traumatismes : par exemple, certains accordent une importance première à la culture, d'autres à l'apparence physique, d'autres à l'intelligence, d'autres à la réussite sociale, d'autres à la réussite financière, etc.

******

Chapitre 8. Le management dans l'entreprise

« L'entreprise ne peut exiger la loyauté de ses salariés : elle doit la mériter. »

Charles Handy

LES 4 STYLES DE MANAGEMENT

De nos jours, on considère qu'il existe 4 styles de management en entreprise :

Le management directif
Il accorde peu d'importance à l'avis des collaborateurs. La direction prend les décisions et donne les instructions. Il existe un ressenti fort d'une frontière entre la direction et les équipes exécutantes. L'employé est contrôlé fréquemment, il n'y a pas de “confiance” à priori. La communication dans l'entreprise est formalisée : réunions, rendez-vous périodiques de point, ...

Le management persuasif
Ici, les managers argumentent, exposent leurs idées, écoutent les objections, tentent de convaincre leurs équipes du bien-fondé de leurs décisions. Cependant, la hiérarchie est toujours forte, la distance entre la direction et les exécutants est toujours présente.

Le management participatif
L'écoute des collaborateurs est forte, les entretiens individuels sont plus fréquents dans l'entreprise. La direction est également sensibilisée à un soutien, un accompagnement des équipes.
Le ressenti de la hiérarchie est moindre, il y a un échange plus spontané entre les collaborateurs et leur hiérarchie, les personnes sont autonomes. Le tutoiement est souvent la règle.

Le management délégatif
La responsabilisation des employés est ici très marquée. La direction fait à priori confiance à ses collaborateurs, qui peuvent organiser leur travail comme ils l'entendent. Ce qui compte au final, c'est le résultat.
L'initiative est également favorisée. Le télétravail, les horaires décalés ne posent aucun problème. La relation entre la direction et les collaborateurs se fait d'égal à égal; elle n'est pas forcément fréquente, puisque l'on fait confiance, mais elle est saine, pragmatique, directe.

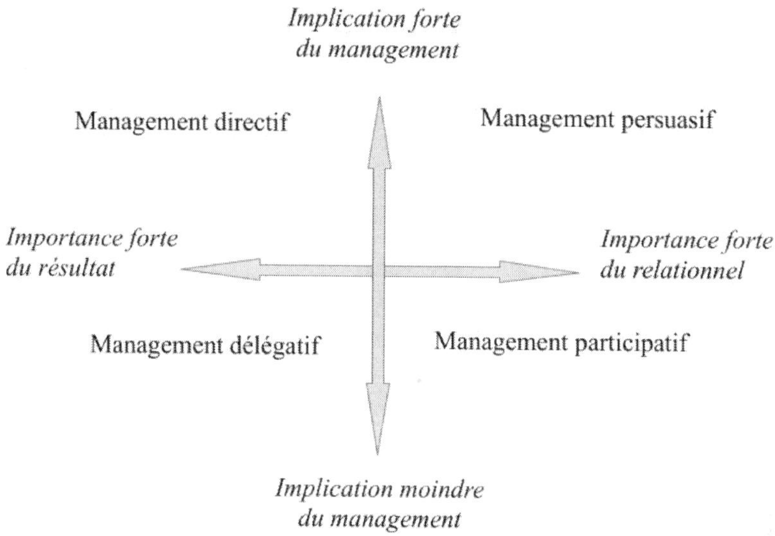

LE MANAGEMENT DES START-UPS

Plusieurs start-up ont mis en exergue l'intérêt du management délégatif, qui responsabilise les collaborateurs. Elles le font souvent en mettant en avant une culture d'entreprise solide et fière, basée sur des règles communes et sur la dimension prioritaire du résultat.

Par exemple, nous avions indiqué précédemment que Google a instauré une table de « 10 commandements » au sein de son entreprise.

Si nous analysons ces commandements, nous constatons qu'ils mettent en avant des valeurs communes, un sentiment d'élitisme, de responsabilité, de résultats, et qu'ils s'attachent tous à satisfaire des motivations humaines, essentiellement de considération et d'appartenance :

« 1/ Nous ne voulons travailler qu'avec les meilleurs » :
Satisfaction des motivations de considération et d'appartenance (élitisme).

« 2/ L'innovation technologique est notre sang » :
Satisfaction de la motivation de considération (cela signifie : « vous êtes innovant en technologie ») et de la motivation d'appartenance (« vous avez le sang des gens de Google »).

« 3/ Travailler chez Google c'est sympa » :
Satisfaction de la motivation d'évasion (Google apporte un design moderne et cosy, des salles de jeux, des bonbons offerts, une ambiance détendue et décalée, ...).

« 4/ Soit activement impliqué : tu es Google » :
Satisfaction des motivations de considération et d'appartenance.

« 5/ Ne considérez pas le succès comme acquis » :
Responsabilisation et satisfaction de la motivation de contrôle des événements (valeurs morales, principes).

« 6/ Faites ce qui est juste pas ce qui est mal » :
Satisfaction des motivations associatives, de contrôle et de sens de vie (valeurs morales positives, principes).

« 7/ Gagnez vos clients et utilisateurs loyalement et avec respect chaque jour » :
Satisfaction des motivations associatives, de contrôle et de sens de vie (valeurs morales positives, principes).

« 8/ La croissance et la rentabilité à long terme sont clés pour notre succès » :
Responsabilisation et satisfaction des motivations de conservation, sécurité et propriété (argent).

« 9/ Google s'intéresse et soutient les communautés où nous travaillons et vivons » :
Satisfaction des motivations associatives positives et de sens de vie (aider les autres).

« 10/ Nous aspirons à améliorer et à changer le monde » :
Satisfaction des motivations associatives positives et de sens de vie (aider les autres).

*

Il est important de noter que les réponses aux motivations sont propres à chaque entreprise mais aussi à chaque candidat.
Les réponses de Google, plutôt basées sur l'élitisme, sont propres à Google, et ne correspondent pas à certaines personnes ni à certaines entreprises.

Il existe ainsi des tables de valeurs chez Apple, Amazon, Facebook, LinkedIn, Microsoft, Uber, ...

Dans le chapitre suivant, nous allons étudier plus en détail les différentes manières pour l'entreprise de répondre aux motivations personnelles de ses salariés.

******

Chapitre 9. L'entreprise & la motivation

« La grandeur d'un métier est avant tout d'unir les hommes »

Antoine de Saint-Exupéry

Certains dirigeants accordent, lors du recrutement, beaucoup d'importance à l'aspect des compétences, et peu à celle de la personnalité et des motivations de leurs salariés.
Et ils constatent alors que :
-Les collaborateurs de leur entreprise manquent de motivation ou l'ambiance de travail est médiocre;
-Les candidats s'intègrent mal, ne se retrouvent pas dans les valeurs et les codes de l'entreprise ;
-Le turn-over est important, obligeant à recruter sans cesse.

Or, les temps ont changé, et, pour attirer et garder les meilleurs, l'entreprise de demain devra aller bien plus loin dans la compréhension et la satisfaction des attentes de ses salariés.

L'ARGENT

Certes, les salariés souhaitent avoir un bon salaire.
Mais, comme tous les êtres humains, ils ont d'autres motivations.
La satisfaction ou non de ces attentes pourra avoir une influence importante sur leur productivité ou même sur leur volonté de rester dans l'entreprise.
En conclusion, travailler ce n'est pas seulement gagner de l'argent.

*

L'argent est certes une motivation qui répond à des besoins fondamentaux de subsistance (motivations de conservation, sécurité et propriété). Mais la plupart des entreprises proposent des rémunérations sensiblement égales.
Un bon candidat a donc généralement toujours le choix entre plusieurs entreprises, et la différence va se faire alors sur la satisfaction des autres motivations humaines. En outre, des motivations déçues auront des conséquences sur la productivité dans l'entreprise.
Pour répondre au mieux à ces motivations, l'entreprise devra bien entendu d'abord vérifier l'adéquation de la personnalité d'un candidat, de ses valeurs, avec les valeurs de l'entreprise.
Elle devra également adapter sa structure pour répondre au mieux aux valeurs qu'elle défend.

Des entreprises comme Apple, Google, Facebook ont bien compris l'importance de voir "plus loin" que l'activité professionnelle, et de répondre à des motivations importantes pour leurs collaborateurs en élaborant une culture d'entreprise forte. Le temps, l'énergie et l'argent que l'entreprise perdra à mettre en place une structure adaptée sera largement amorti par un turn-over moindre dans l'entreprise, des recrutements facilités (avec en outre plus de candidatures spontanées), une productivité améliorée, et une ambiance plus agréable au travail.

LA CULTURE D'ENTREPRISE

La culture d'entreprise, c'est la marque employeur, qui attire ou non les candidats. Elle est constituée d'un ensemble d'items, de valeurs, de règles et de rites, qui caractérisent l'entreprise, lui donnent un imaginaire positif et répondent au mieux aux motivations des collaborateurs.

Toute entreprise a été créée initialement par un dirigeant, qui a choisi ses collaborateurs avec des valeurs en accord avec lui-même, qui ont eux-mêmes par la suite choisi des collaborateurs qui respectent ces mêmes valeurs.
Ces valeurs peuvent être par exemple pour l'une : la sécurité, la ponctualité, l'honnêteté.
Tandis que pour une autre ce sera : le sens du défi, l'humour, la combativité, l'originalité.

Les mots-clés de la culture d'entreprise sont : valeurs, histoires, légendes (par exemple du père fondateur), mythes, rituels, images, sons, objets, icônes, chartes, règles, codes vestimentaires, tabous, interdits, philosophie, façon de travailler...
Ces valeurs vont d'une part attirer des candidats dont la personnalité correspond à celles-ci, et d'autres part seront partagées par tous les collaborateurs de l'entreprise, qui devront être fiers de les porter.
Chacun doit se retrouver dans ces valeurs partagés, qui vont souder plus fortement les équipes vers des objectifs communs.
C'est une identité collective que l'on s'approprie. Les salariés

s'identifient et sont fiers de participer et de faire partie de cette histoire.
Au final, une culture d'entreprise doit donner « envie » de venir travailler, en répondant aux diverses motivations humaines des salariés.

*

En particulier, l'histoire, la légende, les "héros" contribuent à façonner des mythes. Ainsi en est-il de dirigeants tels que Bill Gates, Steve Jobs, Elon Musk, Edouard et André Michelin, ...
Certaines entreprises cultivent le mythe en créant des musées dédiés.
Ainsi, Michelin a créé son musée du pneu (« l'Aventure Michelin »), Haribo a créé le « musée du bonbon Haribo », Perrier a créé le « musée Perrier », qui attire 80000 visiteurs par an, Cointreau propose le « musée Cointreau » et attire 50000 personnes annuelles.
A prague, on trouve le musée Apple. Aux Etats-Unis, la Gibson Factory à Memphis attire de nombreux visiteurs; l'entreprise Tabasco a créé en Louisiane la TABASCO Brand Factory Tour & Museum, qui permet de visiter l'histoire des fondateurs du Tabasco et de découvrir comment le tabasco est fabriqué.

Les valeurs des salariés

Les employés sont des êtres humains, et ont bien évidemment chacun des motivations préférées parmi toutes les motivations que nous avons étudiées dans les chapitres précédents.
Même si cela n'a rien à voir avec le travail proprement dit, si l'entreprise parvient à répondre partiellement à plusieurs des motivations importantes de ses salariés, ceux-ci seront reconnaissants, plus heureux, donc plus stables et productifs.

Chaque être humain dispose, pour répondre à ses motivations, en fonction de son parcours et de sa personnalité, d'un ensemble de "valeurs" : ce sont des principes qu'il s'est fait sien, et qui le guident dans les multiples décisions qu'il doit prendre chaque jour. Par exemple, ces valeurs peuvent être : "en entreprise, ce qui compte c'est l'efficacité, donc le vêtement n'a

aucune importance et l'on peut venir en short et sandales", ou bien, au contraire "le vêtement est une marque de respect, donc les personnes en entreprise doivent être en costume - cravate".
Si des employés ou des candidats ne sont pas du tout en adéquation avec les valeurs ressenties de l'entreprise, ils ne se sentiront pas à leur place, et soit ils partiront s'ils le peuvent, soit leur comportement nuira à l'ambiance générale de l'entreprise.
Dans tous les cas, cela aura un impact sur la productivité générale.

Dans la suite, nous allons décrire en détail les différentes motivations humaines auxquelles l'entreprise peut répondre.
Remarquons que nous donnons l'ensemble des motivations, avec quelques exemples, mais la "force" des motivations, qui dépend des aspirations de chaque salarié n'est pas étudiée ici.
Par exemple, un salarié peut accorder beaucoup d'importance à son salaire, alors qu'un autre accordera plus d'intérêt pour ses perspectives d'évolution et de formation.
Cette force des motivations est en particulier étudiée dans la théorie des attentes de Victor Vroom (cf annexe du livre).

L'ENTREPRISE & LES MOTIVATIONS FONDAMENTALES

Rappelons que les motivations fondamentales sont les motivations de conservation, sécurité, sexualité, perpétuation et les motivations associatives.
La motivation de « conservation » est essentielle en entreprise. C'est celle qui nous pousse à agir pour vivre au sens propre, c'est-à-dire pour nous nourrir, dormir, nous réchauffer, etc.
Dans l'entreprise, elle sera satisfaite avec une rémunération dans la norme, si possible légèrement au-dessus, afin d'éviter tout ressentiment.
L'entreprise pourra aussi proposer d'autres services matériels, offerts occasionnellement ou financièrement intéressants : par exemple, des petits déjeuners, viennoiserie, friandises, des repas, des destinations de vacances, des places de cinéma, de concert, etc.

L' ENTREPRISE & LA MOTIVATION ASSOCIATIVE

La motivation associative positive consiste à ressentir du plaisir grâce à des associations d'idées positives.
Par exemple, quand je pense à la mer, je pense plutôt à mes vacances, au soleil, au sable fin.
L'entreprise pourra, grâce à une stratégie efficace de culture d'entreprise, associer des valeurs fortes à son identité. Par exemple, elle pourra associer son image à l'élitisme (« vous êtes les meilleurs »), à l'intelligence, à l'amélioration du monde, à la générosité, à des valeurs de personnalité désirables (honnêteté, dynamisme, intelligence, ... etc).

Elle pourra aussi adapter son cadre de travail avec ses valeurs. Si elle a des valeurs de modernité, d'originalité, l'environnement de travail pourra proposer une salle de détente, une cafétéria, avec des couleurs attrayantes, des meubles design, éventuellement des jeux vidéos. Cela contribuera à donner de l'entreprise une image attractive, positive, et les salariés seront plus heureux d'être dans les bureaux.
Ainsi, chez Google ou Facebook, les espaces de vies sont originaux, ludiques, colorés, presque loufoques, les confiseries et petits déjeuners gratuits...
La direction de Google elle-même estime que cela a un impact positif; sur le site Carrières de Google :
"....Nos bureaux sont devenus célèbres pour leur design original, drôle, voire loufoque selon certains. Comme pour la plupart des décisions que nous prenons, nos données indiquent clairement que ces espaces ont un impact positif sur la productivité, la collaboration et l'inspiration...."

Cependant, à la base, un environnement professionnel doit d'abord être constitué d'outils performants, apportant une garantie positive pour la qualité du travail à venir. Un environnement efficace comportera des machines et des personnes compétentes et pointus, à la pointe de la technologie.
Cela renforcera pour les salariés à la fois la motivation d'association positive (l'entreprise est moderne), la motivation d'estime de soi (on fait partie d'une entreprise performante), et enfin la motivation de sécurité dans le sens où l'on se dit que l'on fait partie d'une entreprise compétitive (qui ne fera pas faillite

prochainement...).

L' ENTREPRISE & LA MOTIVATION D'ÉVASION

La motivation d'évasion est basée sur l'excitation provoquée par les neurotransmetteurs dopamine (hormone de plaisir); elle apporte une partie de rêve qui permet de nous "évader" provisoirement. Nous avons vu précédemment que l'évasion se retrouve dans la nouveauté, les sensations fortes (cinéma, manèges, etc.), mais aussi dans les voyages, le sport, la musique, la peinture, l'art en général, ...

La nouveauté consiste à ressentir des sensations nouvelles, et si possible être surpris, émerveillé. Cela permettra en sus de faire des associations positives durables.

L'entreprise pourra intégrer une composante ludique, sportive ou artistique dans ses valeurs. Elle pourra organiser des expositions d'artistes, des séances de films, des sorties dans des parcs d'attraction, des matchs sportifs entre collègues, des concerts pour les musiciens de l'entreprise, des voyages offerts, des sorties de ski, mais également des surprises, anniversaires, un nouveau contrat, un événements inattendu...

La nouveauté pourra aussi se retrouver, tout au moins au début (pour les nouveaux arrivants), dans le fonctionnement et les rites de l'entreprise. Les start-up ont attiré des jeunes en recherche de "nouveauté" parce qu'elles étaient surprenantes, en rupture avec les valeurs traditionnelles. Ainsi, chez Facebook, à une époque où les codes vestimentaires dans l'entreprise étaient encore assez stricts, on travaillait pieds-nus, en short, en tong, on dormait là-bas, on jouait au baby-foot....

L' ENTREPRISE & LA MOTIVATION DE CONTRÔLE

Par les valeurs qu'elle véhicule, l'entreprise peut renforcer la motivation de contrôle des événements de ses salariés, dans la mesure, évidemment, où ceux-ci partagent ces valeurs.

En effet, en évoluant dans un environnement dont les valeurs leur correspondent, les salariés renforcement le sentiment de maîtrise de leur vie : cela les rend plus assurés car les convainc en leur for intérieur que les principes qu'ils possèdent (on rappelle que les principes sont des « guides » lors des prises de décision) sont les bons. Cette certitude leur enlève donc les doutes qu'ils pourraient avoir en fréquentant des personnes ayant des valeurs différentes...

L' ENTREPRISE & LA MOTIVATION DE PROPRIÉTÉ

L'être humain aime posséder (motivation de propriété), cela le rassure, satisfait son sentiment primaire de sécurité.
C'est pourquoi l'entreprise peut proposer à ses meilleurs collaborateurs des parts de l'entreprise, stocks-options, actions etc. Devenus propriétaires d'une partie de l'entreprise, ces collaborateurs seront en outre plus fidèles et impliqués.

L'entreprise peut aussi offrir ou mettre à disposition totale des cadeaux de valeurs : voiture de fonction, logement, garage, carte VIP d'accès à des manifestations, ordinateur, smartphone, ...

L' ENTREPRISE & LA MOTIVATION DE PRISE EN CHARGE

Cette motivation consiste à souhaiter une « prise en charge », à être aidé, guidé, à pouvoir se défaire en toute confiance de certaines petites contraintes quotidiennes qui nous empoisonnent.

Dans l'entreprise, cela peut se concrétiser par un coaching, un parrainage, mais aussi par une cafétéria ouverte du matin au soir, par un service de blanchisserie, de conciergerie, de soins médicaux, de massage, par un CE actif (voyages, sorties, ...), etc.
Ainsi, dans les bureaux de Google, tout semble être fait pour faciliter la vie des employés : espaces de travail aérés, tables de ping-pong, jus de fruits, confiserie, chocolats, ...
Mais on trouve aussi une conciergerie avec des services de banque, de Poste, de médecine, du logement, des vacances, ...

L' ENTREPRISE & LA MOTIVATION DE PLANIFICATION

Planifier des actions par soi-même est gratifiant, dans la mesure où les chances de réussite de ces actions sont fortes.
Pour cette raison, il faut si possible guider la personne qui planifie, en la faisant profiter des fruits de l'expérience capitalisée par l'entreprise.

Ces planifications peuvent être par exemple, la mise en place d'une suite d'actions ou d'événements dans le cadre d'une campagne publicitaire, marketing, ou d'un projet informatique.

Dans une entreprise trop directive, les collaborateurs n'ont pas la possibilité de planifier leurs actions. C'est pourquoi l'entreprise aura intérêt à leur laisser une marge de manœuvre ainsi qu'une responsabilisation sur leur façon d'organiser leur travail et leurs objectifs, en les encourageant à planifier et fixer eux-mêmes leurs objectifs et délais de travail, tout en pouvant faire appel à des « experts » s'ils ont besoin de conseils.

L' ENTREPRISE & LA MOTIVATION D'APPARTENANCE

Cette motivation figure parmi les plus importante chez les êtres humains. L'appartenance est toujours liée à l'acceptation dans un groupe, un « club » privé et à des valeurs du « clan », qui lui donnent une identité. Tous les membres du clan se sentent unis par un partage de valeurs et ont le sentiment d'appartenir à une élite. On se sent "accepté" et compris par son groupe, en phase parfaite avec celui-ci. On n'a rien à faire, juste à partager les valeurs du groupe, qui peuvent être : camaraderie, entraide, honnêteté, franchise, code vestimentaire particulier, tatouage, etc.

La culture d'entreprise, bien mise en œuvre, peut parfaitement satisfaire ce besoin. Ainsi les employés de Google ont le sentiment de faire partie d'une élite qui a des caractéristiques et des valeurs très fortes.
Également, les rituels renforcent le sentiment d'appartenance. Par exemple, un rituel simple pourra être est d'avoir une tenue décontractée le vendredi, ou de partager un petit déjeuner ensemble le lundi matin, ou d'offrir des gâteaux à chaque

anniversaire, etc...

Les valeurs d'une entreprise lui sont propres. Aussi, si un candidat possède les compétences requises, mais pas les valeurs de l'entreprise, la société ne pourra pas répondre correctement à la motivation d'appartenance de celui-ci, ce qui, à plus ou moins long terme, finira par le déstabiliser.

L'ENTREPRISE & LA MOTIVATION D'ESTIME DE SOI

Nous savons intuitivement que connaître et contrôler son corps ou son esprit apporte la confiance en soi, qui permet elle-même la sérénité dans notre vie et dans les épreuves quotidiennes que nous affrontons. Cette motivation particulière est la « domination de soi ». Cette maîtrise de soi nécessite un travail important d'introspection et d'apprentissage.

L'entreprise peut aider ses collaborateurs à mieux se connaître, par exemple en leur offrant des évaluations de tests de personnalité tels que MBTI, Big Five, Dale Carnegie ou autre, et en les aidant à interpréter les résultats. Elle peut également réaliser des formations ou des ateliers, par exemple de yoga, massage, méditation, philosophie, développement personnel, PNL, etc.

L'ENTREPRISE & LA MOTIVATION DE CONSIDÉRATION

Nous avons tous besoin de considération. Nous aimons rechercher l'admiration des autres, et sentir dans le regard de l'autre que nous avons de la valeur.

Dans l'entreprise, cela pourra se manifester par un accueil chaleureux des nouveaux arrivants afin qu'ils se sentent intégrés (« onboarding »), par des félicitations sur la qualité du travail, par du respect, par des reproches nuancés et non dirigés sur la personne, par des points réguliers, par une écoute des problèmes, par un environnement de travail agréable, etc.

Même en entreprise, les êtres humains veulent se sentir influents, valorisés, respectés, écoutés, choyés.

Par exemple, prendre le temps de petits déjeuners réguliers d'équipe, de partager des repas, c'est aussi une manière de montrer aux employés qu'ils sont importants, et que donc l'entreprise les considère et prend soin d'eux.
La charte de l'entreprise (cf la charte de Google par exemple) pourra elle-même aussi exprimer cette considération, cette valorisation des salariés.

Un environnement de travail soigné contribue également à montrer de la « considération » aux collaborateurs : de grands espaces, une salle de détente, de sport, de jeux (table de ping-pong, jeux vidéos, etc.), des repas offerts, des félicitations, etc.
Chez Facebook, l'entreprise offre tous les jours, le petit déjeuner, le déjeuner et le dîner.

Une communication ouverte, transparente, saine, est un gage de respect, de considération pour les collaborateurs : cela leur montre que leur entreprise ne leur cache rien, qu'elle les informe quand l'entreprise va bien et quand elle ne va pas bien. Certaines entreprises ont même une transparence totale sur les salaires de chacun...
La communication dans l'entreprise est donc un indice de la considération qu'accorde celle-ci à ses équipes. Beaucoup d'entreprises ont encore jusqu'à présent une communication faible, même si elles font des efforts en mettant en place des newsletters internes ou un intranet d 'entreprise.
Pour aller plus loin, l'entreprise pourra même demander régulièrement l'avis des équipes : consultations, sondage, tableau d'idées, boîte à idées, ...
Les start-up sont apparues souvent novatrices en cela que la communication y est généralement très ouverte : tout le monde se tutoie, les salariés sont informés en temps réel, ils sont consultés, sondés, fréquemment pour des décisions de stratégie pour l'avenir de l'entreprise.

Enfin, la confiance préalable dans les salariés est un gage de considération : l'entreprise fait confiance à ses collaborateurs, ne contrôle pas tout ce qu'ils font en permanence, ne les surveille pas sans arrêt (caméra, pointage, logiciels espions, ...). Certaines ne contrôlent même pas les notes de frais. En allant plus loin, on obtient alors un management délégatif, basé totalement sur la confiance : Il n'y a plus de pointage, plus d'horaire à respecter, chaque salarié est libre de

venir travailler à ses horaires, son rythme, faire du télétravail, prendre des vacances, tant qu'il atteint ses objectifs...
Par exemple, chez Netflix la direction fait confiance à priori : les salariés peuvent s'octroyer autant de vacances qu'ils le veulent s'ils atteignent leurs objectifs. Ainsi, la charte de Netflix est intitulée «La culture Netflix : liberté et responsabilité ». Cette charte est d'ailleurs devenue une référence dans plusieurs start-up françaises.

L' ENTREPRISE & LA MOTIVATION DE PROGRESSION PAR APTITUDE

Chacun de nous souhaite développer ses aptitudes avec le temps, qu'il s'agisse d'aptitudes physique, intellectuelle, musicales, logicielle, technique, etc. Chaque personne souhaite se sentir « progresser ».

Pour cette raison, l'entreprise aura intérêt à mettre en place une organisation qui fasse attention que chaque salarié bénéficie régulièrement de cette progression : par des formations techniques bien sûr, mais aussi des formations de développement personnel, des possibilités de formation privées en ligne sans forcément un rapport avec le travail (sport, musique, peinture, etc.), des possibilités de coaching, etc.

L' ENTREPRISE & LA MOTIVATION DE PROGRESSION PAR OBJECTIF

Cette motivation est similaire à la progression par aptitude, dans le sens où elle constitue aussi un projet, mais elle s'applique ici sur des objectifs et non des aptitudes.
Elle constitue un projet provisoire de quelques semaines à plusieurs années, qui se construit jour après jour, par des actions quotidiennes allant dans le sens de l'objectif désiré. Par exemple, en économisant sou par sou pour m'acheter une belle voiture, je me réjouis à l'avance du prestige social que, un jour, ce véhicule m'accordera aux yeux des autres.

Au niveau de l'entreprise, il sera donc intéressant de bien percevoir les objectifs de vie et professionnels de chaque salarié, pour leur proposer des postes, des missions, des défis, des projets en phase avec les aspirations de ceux-ci. Par exemple, un technicien qui aime voyager, échanger, ne sera pas heureux dans un poste purement technique et statique.
On pourra encore proposer des défis su objectif, des concours qui permettent aux meilleurs commerciaux de satisfaire leurs envies de compétition et de gagner des voyages.
Cette connaissance des personnes pourra se faire au travers de questionnaires, d'entretiens individuels, de réunions où les collaborateurs expriment honnêtement leurs motivations, etc.

L' ENTREPRISE & LA MOTIVATION DE SENS

L'entreprise a aussi la possibilité de satisfaire, si elle s'y prend bien, une autre motivation souvent essentielle pour beaucoup d'êtres humains : la motivation de sens, qui permet de montrer à chacun qu'il a un rôle à jouer sur terre, qu'il est utile aux autres êtres humains. Les « sens de vie » choisis par l'entreprise devront évidemment renforcer ceux de ses salariés.

Par exemple, nous avions déjà signalé précédemment qu'une motivation de sens se retrouvait dans 3 des commandements de Google :
"L'innovation technologique est notre sang"
"Google s'intéresse et soutien les communautés où nous travaillons et vivons"
"Nous aspirons à améliorer et à changer le monde".

L' ENTREPRISE & LA MOTIVATION DE POUVOIR

Certaines personnes sont heureuses en travaillant seule, par exemple en devenant des experts techniques, et n'aiment pas diriger ou contrôler les autres. D'autres, au contraire, aiment diriger, commander; elles ont d'ailleurs souvent une autorité naturelle, qui fait que l'on a tendance à leur obéir sans rechigner. Elles cherchent à avoir, chaque jour, des actions de contrôle, de direction des hommes, c'est un besoin important pour elles. Elles veulent être reconnues comme des leaders.

Il est important pour l'entreprise de détecter et repérer ce potentiel de commandement des personnes, à la fois pour elle, parce qu'une entreprise a besoin de leaders, mais aussi pour satisfaire son collaborateur en soif de diriger.

******

Partie 4. Les épines de la vie

Chapitre 1. Introduction

« Sous le doux miel se cachent de cruels poisons. »

Ovide

Si l'homme n'était pas à la fois le jouet de lui-même, de son environnement, et de sa nature biologique, ne risquant rien pour sa vie, sa conservation et sa sécurité, on aurait pu dire que la totalité de ses motivations est axée sur la recherche d'une suite ininterrompue de "plaisirs", au sens défini dans les chapitres précédents (conservation, sécurité, évasion, reconnaissance, etc.), et cela aurait suffit à faire son bonheur.
Cependant, les choses ne sont pas ainsi : nous existons dans un monde complexe, sommes nous-mêmes biologiques, donc sujets à la maladie et la mort; nous sommes en permanence soumis à des influences extérieures, parfois amicales mais aussi parfois hostiles.

Ces influences, que nous ne contrôlons pas, « cherchent » régulièrement à nous retirer des plaisirs acquis, ce qui peut être source de « démotivation ».
Leur impact, parfois violent, peut nous ôter, provisoirement ou définitivement, toute envie de goûter aux plaisirs de la vie.

Cela peut être par exemple : un accident, une catastrophe naturelle, la maladie, la misère, l'emprisonnement, la torture, la perte de biens matériels, un procès, un contrôle fiscal, le décès de proche, un divorce, un conflit familial, une perte d'emploi, une diffamation, etc.

*

Insistons sur le fait que ces influences négatives, ces « déplaisirs » plus ou moins forts ne sont pas tous « externes » à nous, dus à des événements extérieurs.
Il s'agit aussi souvent de causes internes à nous-mêmes.

Citons par exemple la maladie, le stress, l'anxiété, la dépression ...
Mais c'est aussi le cas de la jalousie, de l'envie, des obsessions, des focalisations, qui sont aussi des causes internes, psychologiques, issues de notre faculté innée à nous comparer aux autres. Nous reviendrons sur ces différents points un peu plus loin.

*

Ces causes externes et internes constituent des "poisons" parce qu'elles entraînent une " perte de contrôle" provisoire, et qu'elles peuvent asphyxier nos motivations.
En effet, lorsqu'ils ne sont pas trop intenses (« petits » poisons) les poisons nuisent à notre motivation de contrôle, car ils constituent le grain de sable qui grippe l'organisation des événements qui nous avions prévus (par exemple une chute, un pneu crevé, etc.).
Mais les poisons intenses ou trop nombreux peuvent faire qu'une personne perde, en général provisoirement, toute volonté, toute envie, devienne une « balle de ping-pong », un jouet des événements : submergée, elle ne cherche plus à contrôler son environnement, à satisfaire ses motivations, quelles qu'elles soient. Elle se contente seulement de répondre tant bien que mal aux diverses sollicitations extérieures, essayant au mieux de modérer l'influence néfaste sur elle de ces poisons.

Lorsque le « poison » prend une place trop importante, il arrive que la personne ne lutte plus durant plusieurs années. C'est la dépression : on ne cherche plus à satisfaire aucune motivation ;

survivre, supporter ce poison tant bien que mal devient un objectif et une activité essentiels.

*

De nombreux philosophes, au travers des âges, ont mis en évidence l'existence de ces « poisons » de la vie, estimant même souvent que la suppression de ceux-ci suffisait au bonheur.

Plusieurs d'entre eux considèrent même que minimiser nos besoins matériels et nos attentes, en particulier vis-à-vis des autres êtres humains, est une composante importante du bonheur.

Ainsi, voici 2300 ans environ, Aristote disait :

"Le sage poursuit l'absence de douleur et non le plaisir."
Aristote, Morale à Nicomaque (VII, 12)

ou encore
«Le bonheur est à ceux qui se suffisent à eux-mêmes. »
Aristote, Morale à Eud. (VII, 2)

*

A la même époque, Le philosophe Diogène vivait dans la rue, dans une grande jarre. Il estimait que l'on était plus heureux si l'on ne possédait rien, sans rien attendre des autres, profitant de la nature.

Ainsi, à Alexandre le Grand qui vient le voir et lui demande s'il désire quelque chose, Diogène répond qu'il souhaite seulement qu'il se pousse un peu car il lui cache le soleil …

*

Plus proche de nous, le philosophe Schopenhauer nous dit que, pour avoir une vie heureuse, éliminer nos poisons et plus important que rechercher des plaisirs.

*"L'homme le plus heureux est donc **celui qui parcourt sa vie sans douleurs** trop grandes, soit au moral soit au physique, et non pas celui qui a eu pour sa part les joies les plus vives ou les jouissances les plus*

fortes.
Vouloir mesurer sur celles-ci le bonheur d'une existence, c'est recourir à une fausse échelle.
Car les plaisirs sont et restent négatifs; croire qu'ils rendent heureux est une illusion que l'envie entretient et par laquelle elle se punit elle-même.

Les douleurs au contraire sont senties positivement, c'est leur absence qui est l'échelle du bonheur de la vie.
Si, à un état libre de douleur vient s'ajouter encore l'absence de l'ennui, alors on atteint le bonheur sur terre dans ce qu'il a d'essentiel, car le reste n'est plus que chimère.
Il suit de là qu'il ne faut jamais acheter de plaisirs au prix de douleurs, ni même de leur menace seule, vu que ce serait payer du négatif et du chimérique avec du positif et du réel.
En revanche, il y a bénéfice à sacrifier des plaisirs pour éviter des douleurs."

Schopenhauer / Aphorisme sur la sagesse dans la vie, 1880.

*

Schopenhauer affirme même qu'il faut limiter la recherche de plaisirs et d'honneurs pour être heureux, car ils sont souvent sources de déception, et ils disparaissent rapidement.
Ainsi, d'après lui, il ne faut pas vivre pour les richesses et la gloire ; cela conduit à une lutte sans fin, source de souffrance.

"Il est donc prudent d'abaisser à une échelle très modeste ses prétentions aux plaisirs, aux richesses, au rang, aux honneurs, etc., car ce sont elles qui nous attirent les plus grandes infortunes; c'est cette lutte pour le bonheur, pour la splendeur et les jouissances.
Mais une telle conduite est déjà sage et avisée par là seul qu'il est très facile d'être extrêmement malheureux et qu'il est, non pas difficile, mais tout à fait impossible, d'être très heureux ».

Schopenhauer / Aphorisme sur la sagesse dans la vie, 1880

******

Chapitre 2. Les bêtes noires des hommes

« L'histoire est la science du malheur des hommes. »

Raymond Queneau / Une histoire modèle

Les malheurs ont toujours fait partie de l'histoire des hommes. Parfois, nous avons de longues périodes de bonheur paisible, et avons l'impression que cela va durer toujours.

Cependant, il survient malheureusement toujours dans une vie, des malheurs violents, importants, intenses, traumatisants : cela peut être un décès, une maladie grave, un accident, une peur effroyable, une rupture amoureuse, un licenciement, la misère, la violence, une affection psychologique, telle que la dépression, la schizophrénie, la bipolarité, la cyclothymie,...etc.

Nous ne sommes pas tous égaux devant les épreuves : suivant l'endroit où nous vivons, les facteurs sociétaux (pays développé ou non, politique, État, ville, lois logement, sécurité, violence, accès à la santé, à l'éducation, libertés individuelles...) peuvent être plus ou moins favorables.

En outre, dans une même société, les événements et/ou le contexte font que certains bénéficient de facteurs économiques et sociaux (niveau de vie, éducation, emploi, parents, enfants, amis ...) meilleurs que d'autres.

Enfin, même au-delà de cela, dans des contextes strictement identiques, deux personnes différentes ne seront pas affectées de la même manière. Certains d'entre nous sont plus résistants que d'autres.

Au final, ces poisons violents engendrent souvent des traumatismes. Les traumatismes sont redoutables, pouvant engendrer une peur irrépressible et définitive devant une idée, une situation, un toucher, un objet, un animal, et jusqu'à la perte du goût de vivre et de toute motivation.

Dans ces poisons intenses, nous distinguerons les poisons directs, les poisons insidieux, les poisons cliniques.

Les poisons intenses directs

Par définition, ces poisons proviennent soit des événements naturels, soit des autres humains. Ce sont des événements forts, c'est-à-dire des réels malheurs de la vie, qui entraînent une perte considérable d'une ou plusieurs valorisations qui étaient acquises. Il peut s'agir :

de pertes matérielles élevées : argent, biens, maison, emploi, ...

d'épreuves humaines fortes (essentiellement pour nous ou nos proches) : séparations, divorces, maladies, décès, malheurs familiaux divers (conflits forts, misère, ...), humiliations, persécutions, violences, événements choquants (accident, attentat, etc), ...

*

De tels poisons engendrent l'abattement, la dépression, la haine, la rancœur, le pessimisme, le stress, le doute sur les valeurs auxquelles nous croyions auparavant ...

Il en résulte souvent à plus ou moins long terme des changements dans nos convictions et nos principes de vie, pour tenter de « compenser » ces malheurs.

Cela peut être : la remise en cause de ses motivations de vie, la volonté de jouir immédiatement de la vie, la volonté de s'isoler, de se venger ou de nuire à une personne que l'on estime fautive, ou bien même à la société entière.

Par exemple, on pourra remettre en cause des principes, tels que : « il faut être raisonnable dans ses plaisirs », « il faut travailler » , ou encore « l'homme est bon » en raison d'une expérience traumatisante vécue. Il pourra ainsi en résulter que l'on fuira la fréquentation des autres, que l'on ne recherchera plus ni leur compagnie, ni leur approbation.

LES POISONS INTENSES INSIDIEUX

Un souci ponctuel est un poison modéré; il est généralement dû à une pression provisoire de l'environnement : relations tendues, exigences élevées au travail, etc.. Un peu de stress, par exemple, est courant et nous pousse normalement à agir.
Cependant, si le nombre de soucis se multiplie, si cela dure, si cela se répète chaque jour, le stress va commencer par provoquer fatigue, tristesse ou parfois changements d'humeur, maux de tête, difficultés de concentration, baisse de la libido, insomnie, idées sinistres, accablement... et finir par devenir traumatisant et conduire à la dépression.
Un seul de ces événements négatifs, non répété, est pénible,

mais n'est généralement pas traumatisant. C'est la répétition, la durée, la quantité, qui en fait un poison intense, finissant par rendre la charge mentale insupportable.

Cela peut être par exemple, simultanément ou de manière continue : Une pression psychologique répétée, des demandes durables et fortes au travail, un dénigrement qui dure, du harcèlement, une série importante de soucis, des enfants difficiles que l'on élève seul(e), un handicap, une situation financière précaire, un travail quotidien qui ne nous plaît pas et qu'on ne supporte plus, un manque de temps permanent, ...

Il y a abattement, perte de courage, perte de motivation, de l'envie d'agir, de la volonté, de l'esprit de décision ; c'est une fragilisation psychologique, on se sent démuni, on ne sait plus quoi faire, on ne trouve aucune aide extérieure. Cela commence par du stress et conduit petit à petit à la perte de confiance en soi, à la dépression, à la dévalorisation, au traumatisme. Une visite chez un médecin permettra d'avoir des anti-dépresseurs, mais cela permet juste de survivre et n'apporte pas de solution aux problèmes proprement dits.

LES POISONS INTENSES CLINIQUES

Ces poisons sont dus à des troubles biologiques, cliniques, souvent sans cause extérieure réelle et sérieuse.

Par exemple, la dépression est une maladie, qui peut se déclencher en raison d'un petit stress ponctuel, ou même sans motif. Ses manifestations, durables dans le temps, sont une grande tristesse, un sentiment de désespoir, d'être « nul », sans valeur, des idées noires, morbides, des troubles du sommeil, de l'alimentation, la difficulté à prendre des décisions, la démotivation. De même que pour l'hyper-anxiété, la dépression est liée à un déficit de certains neurotransmetteurs, et tout particulièrement la sérotonine.

******

Illustration. Epicure et les douleurs

« Il ne faut pas tant regarder ce que l'on mange que celui avec lequel on mange. »

Epicure

Epicure est un philosophe grec, fondateur de l'épicurisme, qui a vécu vers 300 avant JC. Dans la « Lettre à Ménécée », Epicure définit les conditions du bonheur de l'homme.
Il classe les désirs des hommes en 2 catégories : les **désirs naturels** et les **désirs vains**.
« Parmi les désirs, les uns sont naturels, les autres sans fondement. »

Les désirs naturels et nécessaires :
Ce sont les désirs vitaux tels que boire, manger, dormir, ...et également la tranquillité du corps c'est-à-dire l'absence de trouble, de maladie...

Les désirs naturels et non nécessaires :
Ce sont des plaisirs à consommer avec modération.
C'est par exemple : manger des mets délicats, boire un bon vin, etc...

Les désirs non naturels et non nécessaires (désirs vains) :
Ce sont des désirs à éviter absolument car ils sont sources de tourments ; il s'agit par exemple de plaisirs tels que la richesse, la gloire, le désir d'immortalité, de jeunesse permanente, les fausses croyances...

Cela peut se comprendre ainsi : un artiste pourra par exemple atteindre la gloire et être adulé. Mais cette gloire pourra amener des jalousies, de la calomnie, une lutte ou une course permanente pour conserver son statut, son temps, ses biens, ses amis, sa famille.

*

L'homme doit rechercher essentiellement les plaisirs naturels et nécessaires, car le bonheur réside dans la suppression de toute « douleur », physique et morale.
Ainsi pour Epicure, le bonheur est l'absence des poisons dont nous avons parlé précédemment.

Pour lui, le bonheur est la « paix », la plénitude du corps et de l'âme, c'est-à-dire l'absence de troubles physiques et moraux : maladie, stress, etc.

« En effet, c'est à ce moment que nous avons besoin d'un plaisir, lorsque nous souffrons par suite de l'absence du plaisir ; mais lorsque nous ne souffrons pas, nous n'avons plus besoin du plaisir. Et c'est pour cette raison que nous disons que le plaisir est le principe et la fin de la vie bienheureuse »

Epicure, *Lettre à Ménécée.*

*

Quant aux plaisirs naturels non nécessaires, Epicure ne les rejette pas, mais précise qu'il faut les consommer avec discernement, car, à l'excès, ils seront aussi sources de souffrance.

Par exemple, si je mange ou bois trop, je serai malade.

Enfin, pour atteindre la paix de l'âme, Epicure recommande à tous les hommes de faire de la philosophie...

*

La doctrine d'Épicure est donc de vivre en évitant autant que possible les troubles, les problèmes, les soucis, les douleurs, maladies, fausses croyances, etc.

C'est une doctrine de prudence, à laquelle on rajoutera des plaisirs simples tels que l'amitié, la famille.

On dit d'ailleurs souvent que Epicure donne une définition négative du bonheur, en le définissant comme une absence de trouble.

Remarquons à ce sujet que cette doctrine est assez proche de celle de Schopenhauer, que nous allons présenter un peu plus loin.

******

Chapitre 3. Le cahotement quotidien

« Mon souci principal : essayer d'oublier mes soucis secondaires. »

Francis Blanche

Les poisons peuvent être forts mais ils peuvent être aussi faibles et sans excès, c'est-à-dire « modérés » : ce sont nos petits soucis quotidiens.
Dans cette partie, nous parlerons de ces poisons modérés ; leur cause peut être externe ou interne.

LA DESCRIPTION DES POISONS MODÉRÉS EXTERNES

Dans la vie quotidienne, notre environnement extérieur nous apporte régulièrement des influences hostiles, mais sans gravité : ce sont les poisons modérés.
Ils constituent un processus régulier, continu, non traumatisant.

Par exemple, nous devons faire l'effort de nous lever chaque matin pour aller travailler, faire les courses, le ménage, nous avons de multiples petits soucis, une facture, un redressement, une contravention, un accrochage en voiture, une jalousie, du stress, une roue crevée, une fuite d'eau, un reproche, une dispute, un retard, un train manqué, un enfant malade...
Cela peut être aussi un dossier administratif qui traîne, un travail en retard, une rayure sur notre voiture, un vase cassé, une réponse qui n'arrive pas, une remarque désagréable d'un collègue, etc.

*

Ces poisons modérés sont des nuisances, des déplaisirs, des épines constantes à retirer, malheureusement obligatoires, et nous devons apprendre à vivre avec eux.
Ils ont le plus souvent des origines humaines, soit proches (dans notre famille ou nos relations : conflit, jalousie, calomnie, ...), soit plus lointaines (employeur, administration, voisin, harcèlement, litige, accident, panne, etc.).

Nous faisons en permanence de petites concessions sur notre ego, notre temps, nos envies, pour supporter ces déplaisirs : ainsi, nous prenons souvent sur nous les critiques que peuvent nous faire notre supérieur au travail, notre parent, notre époux(se)....

Également, nous renonçons à une sortie agréable pour une contrainte administrative, pour garder les enfants, etc.

La vie est donc une lutte incessante : nous acquérons des valorisations, mais continuellement, nous en perdons, et devons sans cesse nous battre ou faire des choix pour les conserver, les récupérer, limiter leur perte, tout en tentant en parallèle d'en acquérir de nouvelles.

*

*

Au final, nous pouvons dire que, à côté des motivations directes que nous avons décrites précédemment, nous avons aussi quotidiennement des motivations « indirectes » qui consistent uniquement à tenter de diminuer ou résoudre nos poisons, afin de revenir à notre état initial.

On peut donc considérer que l'homme, toujours en mouvement, se consacre totalement à deux types d'activités : soit il cherche à satisfaire de nouveaux besoins (les motivations vues dans les parties précédentes : conservation, évasion, considération, etc...) ; ce sont des motivations « directes ».

Soit il cherche à supprimer un « poison », c'est-à-dire à rétablir une situation antérieure, à revenir à une situation « normale » qu'il avait auparavant : ce sont des motivations indirectes.

******

Chapitre 4. Nos petits démons internes

« N'envie à qui que ce soit le bonheur apparent dont il jouit ; car tu ne connais pas ses peines secrètes. »

proverbe hindou

Nous avons décrit les poisons modérés externes à nous, provenant de notre environnement extérieur. Mais les poisons modérés peuvent aussi être internes à nous-mêmes, en raison de notre fonctionnement biologique « imparfait » : le poison est alors lié à notre psychisme.
Bien sûr, il peut s'agir de maladies ou troubles psychologiques avérés tels que la dépression, la schizophrénie etc.
Mais sans aller jusque-là, nous avons tous des fonctionnements communs susceptibles d'engendrer des « poisons internes ».
Dans ce chapitre, nous présentons les poisons modérés internes, que l'on rencontre très fréquemment.

L'ANXIÉTÉ, LE STRESS

Le stress est un poison issu d'une accumulation de petits poisons ainsi que de notre construction psychique et physiologique.

Par exemple, certaines personnes ne savent pas dire « non », et acceptent une charge de travail trop importante ; si elles sont perfectionnistes, elles travaillent alors jusqu'à épuisement pour tenir leurs engagements, générant stress et anxiété.

D'autres souffrent du stress en raison d'une physiologie fragile. Elles ont des crises d'angoisses, pour un rien : elles s'inquiètent d'être en retard à un rendez-vous, de rater un train, d'appeler quelqu'un, ... elles ne supportent pas l'incertitude, et ont constamment des inquiétudes excessives.

*

Parfois, certains seront en permanence tristes, maussades, allant même jusqu'à des envies de suicide, sans raison véritable. Ils sont de nature sujette à l'hyper-anxiété ou la dépression, et la moindre contrariété peut les faire basculer.

Une insuffisance en sérotonine peut expliquer à elle-seule l'apparition de stress chronique et d'anxiété, même si cet état est souvent aggravé par des événements vécus difficiles.

Pour la plupart d'entre nous, il est possible de combattre le stress en changeant d'attitude. Il faut s'organiser, se donner des objectifs réalistes, mais aussi se changer l'esprit en prenant du temps pour des activités nouvelles qui nous font plaisir.

L'ASSOCIATION NÉGATIVE, LA « FOCALISATION »

Lorsque nous avons des malheurs, nous ressentons une douleur intense, et nous cherchons désespérément une solution pour amoindrir cette souffrance. Pour cette raison, nous avons tendance à y penser et repenser sans cesse, espérant comprendre le pourquoi et le comment. Obnubilés, nous ruminons des idées noires, de manière obsessionnelle, les répétant en boucle : c'est la focalisation.
Nous finissons par avoir l'impression que le sort s'acharne sur nous, que nous avons une malchance extrême, que nos maux son insurmontables, et que les conseils que l'on nous donne, que l'on lit ou écoute ne s'adapteront jamais à notre cas particulier, parce que notre situation nous apparaît inextricable.

*

Ce qui est bizarre, c'est que lorsqu'il n'y a qu'un petit souci, unique, et en particulier que nous sommes inactif, que nous n'avons pas la possibilité d'occuper notre esprit par d'autres idées, la structure de notre esprit fait que cette petite contrariété peut devenir obsédante, monopolisant notre attention et nous empêchant d'être serein.

Tant que nous avons une vie active et trépidante, que nous sommes pris dans une activité quotidienne importante, nous ne pensons généralement pas trop à nos petits soucis, ils sont mis en arrière-plan. Mais le gain de temps libre peut devenir un poison, le moindre petit tracas prenant une ampleur démesurée et accouchant d'une montagne.

Par exemple, certaines personnes pourront être contrariées toute une journée parce qu'elles ont eu une parole maladroite et craignent d'avoir vexé un ami.

*

La focalisation fait que nous perdons contact avec la réalité des choses. Notre objectivité et notre compréhension sont altérées : nous pourrons alors, parce que nous les sortons de leur contexte réel à force de ressasser nos idées noires, déformer, idéaliser (par exemple dans le cas d'une rupture sentimentale) ou mal interpréter une parole, une action, un geste, un regard. Cela peut, en particulier, générer des conflits dans un couple, une famille, des amis.

Précédemment, nous avions cité l'exemple d'une personne, qui, invitée à une réception, et étant placée loin de ses amis, ressassait sa malchance, pestant intérieurement contre la maîtresse de maison.
Alors qu'il était possible d'y trouver des avantages réels, comme l'opportunité de rencontrer et parler avec de nouvelles personnes, de créer de nouveaux liens...

LA COMPARAISON NÉGATIVE, LA JALOUSIE, L'ENVIE...

Un événement, une situation, une personne, peuvent nous faire penser, par comparaison à nous-même, à quelque chose de triste, engendrant un sentiment désagréable de peine, de déprime, d'échec : c'est la comparaison négative.

Par exemple, la mort d'une personnalité que nous apprécions, nous affectera et nous rendre triste, parce que nous pensons à la mort, à une période révolue qui ne reviendra plus.

Mais la comparaison négative se manifeste surtout, la plupart du temps, par des blessures d'ego.
Car l'être humain se compare en permanence aux autres, et, si la comparaison n'est pas avantageuse pour lui, cela empoisonne son existence.

Par exemple, cela peut être la frustration de voir qu'un nouveau poste de direction a été attribué à un collègue plutôt qu'à nous, l'impression que la maison de son voisin est plus belle que la nôtre, ou que celui-ci est plus riche que nous, etc.,..
Remarquons que la jalousie et l'envie dépendent des échelles de valeur de chacun : ainsi, si une personne accorde une importance essentielle à la bonté ou à l'intelligence, elle ne sera pas envieuse de son voisin grossier à la richesse ostentatoire.

En effet, chaque homme possède une certaine valeur de lui-même. S'il estime être égal ou supérieur à un autre, il pourra être envieux, jaloux, méchant, trouvant injuste que cet autre ait des plaisirs supérieurs à lui ; cela peut être la richesse, la possession d'un bien particulier, du pouvoir, la sympathie des autres, mais aussi tout simplement le bonheur : savoir l'autre heureux alors que l'on est malheureux peut devenir insupportable pour certains...... qui pourront alors agir pour détruire cette « supériorité » de l'autre.

Cette jalousie, cette envie se manifesteront en particulier au travers la calomnie, la méchanceté, le racisme, l'antisémitisme.

*

Citons Spinoza, par Alain (1946) :

« Les hommes sont pour la plupart méchants et malheureux.
Ils sont méchants parce qu'ils mettent leur bonheur dans la possession d'objets qui ne peuvent être à la fois à plusieurs, comme les honneurs et l'argent, et qu'ainsi le bonheur d'autrui les rend malheureux, et qu'ils ne peuvent, en revanche, être heureux que si leurs semblables souffrent.
De là naissent l'envie, la haine, le mépris ; de là naissent les injures, les calomnies, les violences et les guerres...
[...]
... à cela s'ajoute que nous nous réjouissons beaucoup moins de ce qui nous est commun avec d'autres que de ce qui nous est propre et exprime plus distinctement la perfection de notre être ; d'où il résulte qu'un homme se réjouit surtout de sa propre contemplation lorsqu'il contemple en lui-même ce qu'il nie des autres.
Il suit de là que nous sommes portés par cette raison-là aussi à nous réjouir de l'imperfection des autres, et à nous affliger de leur perfection. Et c'est là encore une cause de haine. »

*

Ainsi, l'ego humain peut conduire à des motivations négatives, destructrices de l'autre, y compris bien entendu dans tous les types d'organisations : dans le monde de la politique, de l'entreprise, parfois aussi de la famille...

Les actions engendrées ont alors un but totalement déconnecté de l'intérêt de l'organisation concernée, même si, bien souvent, l'intelligence de l'homme lui permet de convaincre le groupe que ses actions sont motivées par l'intérêt général.
Parmi les actions alors réalisées, on trouve fréquemment : le dénigrement de l'autre, la critique, la calomnie, la moquerie, ...

J'insiste sur le fait que la motivation n'est pas alors d'acquérir un « plaisir » (par exemple de possession matérielle), mais de dévaloriser l'autre, afin que la supériorité de celui-ci par rapport à nous soit moindre.

*

La tendance à la comparaison de l'homme peut être un poison, l'entraînant vers une insatisfaction permanente. A chaque succès éventuel, il mettra la barre plus haut, jalousant sans cesse celui qui est au-dessus de lui.

Des études montrent que l'on s'habitue vite aux choses agréables, d'où le bien-être disparaît rapidement avec la nouveauté. Par exemple si une personne gagne au loto, devenant très riche, et qu'elle s'achète des vêtements de luxe ou une Ferrari rutilante, elle aura d'abord un grand plaisir, mais rapidement, au bout d'une période de un à trois ans environ, son taux de bonheur redeviendra comme il était auparavant. La raison est qu'elle s'est « habitué » et a modifié son échelle de comparaison. Désormais, elle se compare à des personnes encore plus riches : elle augmente ses attentes et ses désirs...et donc ses frustrations... Par exemple, elle veut maintenant posséder un avion, un yacht, être admis dans un club de milliardaires, etc.

Inversement, si une personne est victime d'un accident et devient handicapée, elle aura certes une grande déprime. Mais, en quelques années également, son taux de bonheur redeviendra comme avant : elle aura en effet diminué à la baisse ses attentes et donc ses frustrations.

LES RELATIONS HUMAINES CONTRAINTES

La vie en société, en compagnie d'autres personnes, par exemple la vie en couple, la vie au travail, sont parfois agréables, mais il arrive aussi qu'elles soient des « poisons ».

Cela peut être par exemple : supporter quotidiennement les exigences, les caprices, les excès de colère d'un conjoint difficile, ou bien les manies ou propos quotidiens d'un collègue de travail imposé avec lequel nous n'avons aucune affinité.

Parfois il s'agit de petites choses qui paraissent anodines, mais leur accumulation nous insupporte, et finit par nous empoisonner la vie.
Par exemple, certains peuvent être exaspérés par une personne désordonnée, ou bien grossière, sale, bruyante ou simplement mal habillée, etc.

Il en résulte des critiques, du mépris, des rancunes, des ressentiments …

Comment expliquer un tel ressentiment ?
(car finalement l'autre ne nous fait à priori rien de mal).

En réalité, son attitude nuit à des motivations personnelles et des principes qui sont incontournables pour nous, mais pas pour lui. Par exemple, imaginons que dans un couple, l'un accorde de l'importance à la motivation de considération et qu'il a a le principe "pour être estimé il faut être toujours bien habillé".
Si son conjoint (ou sa conjointe) apprécie au contraire le principe «les vêtements n'ont pas d'importance, ce qui compte c'est se sentir à l'aise» et qu'il s'habille constamment mal, il y aura obligatoirement des reproches et des tensions, son conjoint ne pouvant pas supporter l'idée que les autres puissent dire ou penser : " comment peut-elle (il) vivre avec un tel souillon?"

Jean-Paul Sartre, dans la pièce de théâtre « Huis clos », montre bien comment la vie avec des personnes mal assorties peut devenir un « enfer » !...

L'ENNUI

Un être humain a besoin d'être en activité, en « mouvement », d'être porté par des objectifs, des projets à réaliser. L'ennui est un poison car il signifie que l'homme n'agit plus pour satisfaire ses motivations : il se sent alors vide, inutile, désœuvré, il ne fait rien et ne voit plus de raison de vivre.
Alors pourquoi une personne n'agit-elle plus et s'ennuie-t-elle ?
Soit parce qu'elle en est empêchée, par exemple étant enfermée, emprisonnée, malade, handicapée, soit parce qu'elle manque de courage, de volonté personnelle, ou encore tout simplement parce qu'elle manque d'imagination pour des activités qui lui plairaient.

En 2002, après un grave accident de la route qui l'a rendu tétraplégique, Vincent Humbert demande le droit de mourir, car il ne supportait plus cette vie. Il insiste en particulier dans sa demande sur le fait qu'aucun progrès n'est possible dans son handicap, et que cela ne lui laisse aucun espoir d'amélioration de son état et du plaisir de vivre.

LES DÉCISIONS ET CHOIX DE VIE PAR « COMPROMIS »

Il nous arrive régulièrement d'être confronté à un conflit, une dualité entre deux désirs incompatibles, nous obligeant à choisir : satisfaire l'un, ce sera sacrifier l'autre.

Cette dualité peut être considérée comme un poison, parce que la décision que nous prenons aura des conséquences de souffrance et de frustration, parfois importantes, sur notre vie en raison des concessions que nous faisons.

Bronnie Ware raconte ainsi, dans son livre « Les 5 regrets des personnes en fin de vie » (Edition Guy Trédaniel), l'histoire d'une épouse qui, bien qu'ayant toujours eu le désir de faire des voyages, y avait renoncé pour ne pas s'opposer à son mari, et s'était alors sentie en frustration permanente.
Son mari ayant disparu, elle est alors libre de voyager, mais en raison de son âge, elle n'en a plus le courage ni la force : en fin de vie, elle regrette alors de ne pas avoir plus exprimé ses désirs.

Pourquoi cette femme n'a-t-elle pas agi pour satisfaire sa motivation ?
Probablement par peur du conflit avec son mari, par crainte de perdre l'estime de celui-ci ou de ses enfants (la reconnaissance, la considération de ceux-ci), et par manque de confiance en elle, se disant « ce n'est pas grave, on verra plus tard», ou « c'est moins important que ma vie de famille ».

*

Certes, personne ne peut prévoir l'avenir de manière certaine. Peut-être pensait-elle que si elle avait tenu tête à son époux, et l'avait quitté pour satisfaire sa passion, elle aurait été ensuite plus malheureuse, étant financièrement démunie, ou brisant l'équilibre familial de ses enfants...
Ainsi croyait-elle avoir agi au mieux, en accord avec ses

principes et ses valeurs, et probablement dans l'intérêt de sa famille.
Cependant, il est probable que, par peur du changement, elle ait surestimé les difficultés futures, aussi bien financières que familiales : ne valait-il pas mieux vivre modestement mais libre ? Ses enfants étaient-ils vraiment heureux de voir leur mère triste et frustrée de ne pas réaliser ses rêves ? N'auraient-ils pas préféré la voir radieuse et épanouie ?

De la même manière, pour ne pas perdre son travail, une personne pourra accepter toute sa vie de faire un travail qui ne lui plaît pas. Elle sera probablement d'abord satisfaite d'avoir obtenu ce travail, parce qu'il répondait à sa motivation de se nourrir. Mais avec le temps, elle pourrait se sentir frustrée, par exemple parce qu'elle aurait aimé être musicien. Fataliste, elle pourrait alors décider de sacrifier cette passion, par crainte de ne pouvoir subvenir aux besoins de sa famille.

*

Remarquons que la dualité entre nos désirs est permanente, indépendante de la situation de la personne. Elle se manifeste quel que soit le pouvoir et la richesse de celle-ci.

En outre, nous avons aussi tendance à surestimer la valeur de ce que nous n'avons pas...

Ainsi, un homme pourra souhaiter avoir beaucoup de conquêtes amoureuses tout en ayant une famille unie. Cependant la multiplicité de ces relations le poussera peut-être à des échecs conjugaux, à rester célibataire ou à rendre son épouse malheureuse. Il perdra alors la complicité, l'amour, la vie de famille sereine et confiante qu'il pourrait obtenir en se consacrant à une seule personne.

Inversement, un homme marié et heureux dans son couple pourra envier parfois son ami célibataire qui enchaîne les conquêtes...

******

Illustration. Schopenhauer et la Volonté

« La vie, c'est comme une bicyclette, il faut avancer pour ne pas perdre l'équilibre. »

Albert Einstein

Arthur Schopenhauer est un philosophe du 19ème siècle. Dans plusieurs ouvrages, il met l'accent sur le besoin d'activité des êtres humains, leur motivation de progression, de projets, ainsi que sur leurs poisons, leurs souffrances, leurs douleurs, leurs idées négatives, tels que la focalisation, la jalousie, l'ennui, les malheurs de la vie, la calomnie.

Dans son livre « Le Monde comme Volonté et comme Représentation *» paru en* 1819, Arthur Schopenhauer affirme que les êtres et la matière, personnes, animaux, plantes, pierres, sont tous animés par un but commun, un principe qui régit l'univers, qui les pousse en avant : il y a bien sûr les lois de la physique, mais aussi pour les êtres vivants, le désir.

Ce but commun, Schopenhauer l'appelle « Volonté ».

Pour lui, cette « Volonté » nous rend aveugle , parce qu'elle nous pousse en permanence vers des désirs, des buts (besoin de conservation, de pouvoir, de plaisir...), qui nous font courir sans que nous puissions nous arrêter, et nous empêchent de voir la réalité du monde.

Notons que le concept de «Volonté» selon Schopenhauer se rapproche du concept de « motivation ».

Schopenhauer indique que si, parfois l'homme s'arrête un instant de courir après ses différents désirs, et regarde le monde tel qu'il est, il s'aperçoit alors de l'inutilité de ces buts, et même du vide de l'existence.

Pourtant, malgré cela, la plupart des **hommes « s'agitent»** jusqu'à la mort.
La «Volonté » nous pousse à avoir des désirs ; s'ils sont contrariés, nous souffrons, s'ils aboutissent, nous sommes satisfaits mais brièvement, car un autre désir surgit bientôt et demande nos efforts.

Donc nous sommes finalement toujours dans un état d'inquiétude et de souffrance...

*« ... **vouloir vivre, faire effort et souffrir, telles sont les trois phases***

invariables de toute existence... *».*
(Schopenhauer - Le Monde comme Volonté et comme Représentation)

*

Si l'homme arrête de s'agiter, alors **apparaît l'ennui**, un poison redoutable qu'il convient d'éviter.

« L'ennui n'est pas le moindre de nos maux ; il met à la longue sur les figures une véritable expression de désespérance. »
(Schopenhauer - Le Monde comme Volonté et comme Représentation)

*

L'homme a besoin d'être actif pour être heureux. La plus satisfaisante des activités est celle qui lui donne **le sentiment de progresser.**

«[....] « La vie est dans le mouvement », a dit Aristote avec raison.
C'est que l'agitation est l'essence de notre existence; une inaction complète devient bien vite insupportable, car elle engendre le plus horrible ennui.
C'est en réglant cet instinct qu'on peut le satisfaire méthodiquement et avec plus de fruit.
L'activité est indispensable au bonheur; il faut que l'homme agisse, fasse quelque chose si cela lui est possible ou apprenne au moins quelque chose; ses forces demandent leur emploi, et lui-même ne demande qu'à leur voir produire un résultat quelconque.
Sous ce rapport, sa plus grande satisfaction consiste à faire, à confectionner quelque chose, panier ou livre; mais ce qui donne du ***bonheur immédiat, c'est de voir jour par jour croître son œuvre sous ses mains*** *et de la voir arriver à sa perfection.*
Une œuvre d'art, un écrit ou même un simple ouvrage manuel produisent tout cet effet… »

(« Schopenhauer / Aphorisme sur la sagesse dans la vie, 1880 »)

*

Aldophe Bossert, dans « *Schopenhauer, l'homme et le philosophe* » décrypte Schopenhauer, indiquant que les hommes ne peuvent échapper aux souffrances et qu'ils doivent les accepter et apprendre à vivre avec celles-ci :

« L'erreur du commun des hommes est de croire que la cause de leur souffrance est en dehors d'eux.
Ah si telle circonstance avait pu tourner autrement, si tel hasard avait pu ne pas se produire, un malheur aurait été évité.
Mais la destinée a cent prises sur nous ; que nous lui échappions par un côté, elle nous reprend par un autre.
Chacun de nous a en lui une certaine capacité de souffrir il faut que la mesure soit remplie.
L'un, frappé par une grande douleur, est arrivé à mépriser les petits ennuis ; l'autre, que l'on croit heureux, se tourmente pour des contrariétés insignifiantes ; un troisième, faute de maux réels, s'en crée d'imaginaires.
***En réalité, chacun paye son tribut**, en grosse ou en menue monnaie.*

Le sage a reconnu qu'il est dans la nature de l'être humain de ne jamais se satisfaire ; il [le sage] [....] vivra avec «son grand chagrin», toujours en querelle avec sa destinée, mais du moins réconcilié avec lui-même, dans une certaine humeur mélancolique, qui ne sera pas le parfait bonheur, mais qui le préservera du moins de la contagion des petits plaisirs et des petites douleurs. »

*

La jalousie et l'envie sont des poisons pour l'homme ; il faut jouir de ce que l'on a, sans se comparer aux autres.

« L'envie est naturelle à l'homme, et cependant elle est un vice et un malheur tout à la fois.
Nous devons donc la considérer comme une ennemie de notre bonheur et chercher à l'étouffer comme un méchant démon.
Sénèque nous le commande par ces belles paroles : [....]
*«Jouissons de ce que nous avons sans faire de comparaison; **il n'y aura jamais de bonheur pour celui que tourmente un bonheur plus grand** » (De ira, III, 30)*
Et ailleurs: [....] «Au lieu de regarder combien de personnes il y a au-dessus de vous, songez combien il y en a au-dessous » (Ep. 15).
Il nous faut donc considérer plus souvent ceux dont la condition est pire que ceux dont elle semble meilleure que la nôtre.
Quand des malheurs réels nous frappent, la consolation la plus efficace, quoique dérivée de la même source que l'envie, sera la vue de souffrances plus grandes que les nôtres, et à côté de cela la fréquentation des personnes qui se trouvent dans notre cas, de nos compagnons de malheur. »

(« Schopenhauer / Aphorisme sur la sagesse dans la vie, 1880 »)

*

Il faut tout faire pour éviter les malheurs, mais lorsqu'ils arrivent, il faut **accepter ces douleurs et continuer à vivre** ; pour cela, la religion, la foi inconditionnelle en son Dieu, ou encore la philosophie, peuvent nous aider :

« En présence d'un événement malheureux, déjà accompli, auquel par conséquent on ne peut rien changer, il ne faut pas s'abandonner même à la pensée qu'il pourrait en être autrement, et encore moins réfléchir à ce qui aurait pu le détourner; car c'est là ce qui porte la gradation de la douleur jusqu'au point où elle devient insupportable [….] .
Faisons plutôt comme le roi David, qui assiégeait sans relâche Jéhovah de ses prières et de ses supplications pendant la maladie de son fils et qui, dès que celui-ci fut mort, fit une pirouette en claquant des doigts et n'y pensa plus du tout.
Celui qui n'est pas assez léger d'esprit pour se conduire de même, doit se réfugier sur le terrain du fatalisme et ***se pénétrer de cette haute vérité que tout ce qui arrive, arrive négligemment, donc inévitablement****...»*

(« Schopenhauer / Aphorisme sur la sagesse dans la vie, 1880 »)

*

Il convient d'**éviter de ressasser, de focaliser sur des idées négatives** du passé, car cela fait remonter des émotions stériles (colère, haine, tristesse, etc.).

«...Pour mieux refréner la fantaisie, ainsi que nous le recommandons, il ne faut pas lui permettre d'évoquer et de colorer vivement des torts, des dommages, des pertes, des offenses, des humiliations, des vexations, etc., subis dans le passé, car par là nous agitons de nouveau l'indignation, la colère, et tant d'autres odieuses passions, dès longtemps assoupies, ***qui reviennent salir notre âme****...»*

(« Schopenhauer / Aphorisme sur la sagesse dans la vie, 1880 »)

Il ne faut pas oublier que, parfois, **une situation que nous trouvons négative peut se révéler malgré toute apparence, positive au final** et inversement (cf l'histoire du paysan en introduction de ce livre).

*« ...**Nul événement ne doit nous faire éclater en grands éclats de joie ni de lamentations**, en partie à cause de la versatilité de toutes choses qui peut à tout moment modifier la situation, et en partie à cause de la facilité de notre jugement à se tromper sur ce qui nous est salutaire ou préjudiciable; ainsi il est arrivé à chacun, au moins une fois dans sa vie, de gémir sur ce qui s'est trouvé plus tard être tout ce qu'il y avait de plus heureux pour lui, ou d'être ravi de ce qui est devenu la source de ses plus grandes souffrances... »*

(« Schopenhauer / Aphorisme sur la sagesse dans la vie, 1880 »)

*

Une tendance humaine est que, lorsque nous pensons intensément à une contrariété, **notre esprit se focalise sur cette douleur**, la rendant obsédante.

« ...Ajoutons que la moindre contrariété, qu'elle provienne des hommes ou des choses, si nous nous occupons constamment à la ruminer et à nous la dépeindre sous des couleurs voyantes et à une échelle grossie, ***peut grandir jusqu'à devenir un monstre*** *qui nous mette hors de nous. Il faut au contraire prendre très prosaïquement et très froidement tout ce qui est désagréable, afin de s'en tourmenter le moins possible.*
De même que de petits objets, tenus tout près devant l'œil, diminuent le champ de la vision et cachent le monde, de même les hommes et les choses de notre entourage le plus prochain, quand ils seraient les plus insignifiants et les plus indifférents, occuperont souvent notre attention et nos pensées au-delà de toute convenance, et écarteront des pensées et des affaires importantes. Il faut réagir contre cette tendance.... »

(« Schopenhauer / Aphorisme sur la sagesse dans la vie, 1880 »)

*

Les hommes ont besoin d'avoir des projets, et de se donner des défis à surmonter.
Le sentiment de victoire en cas de réussite est un plaisir.

*« ...**Vaincre des obstacles est la plénitude de la jouissance** dans l'existence humaine, que ces obstacles soient d'une nature matérielle comme dans l'action et l'exercice, ou d'une nature spirituelle comme dans l'étude et les recherches : c'est la lutte et la victoire qui rendent l'homme heureux.*
Si l'occasion lui en manque, il se la crée comme il peut : selon que son individualité le comporte, il chassera ou jouera au bilboquet, ou, poussé par le penchant inconscient de sa nature, il suscitera des querelles, ourdira des intrigues, machinera des tromperies ou n'importe quelle autre vilenie, rien que pour mettre un terme à l'état d'immobilité qu'il ne peut supporter. »

(« Schopenhauer / Aphorisme sur la sagesse dans la vie, 1880 »)

*

Des propos calomnieux, même si l'on sait qu'ils sont faux, peuvent nous blesser de manière importante, en remettant en cause notre valeur; c'est une **blessure d'ego** : le propos calomnieux va créer un doute sur la valeur que nous avons de nous-même, si notre estime de nous-même n'est pas assez solide.

« … une […] opinion dont nous connaissons cependant l'entière incompétence nous blesse; ***une offense nous irrite; bien que nous sachions qu'elle ne mérite que le mépris****; de même encore, dix raisons contre l'existence d'un danger sont renversées par la fausse apparence de sa présence réelle, etc.*
Dans toutes ces circonstances, c'est la déraison originelle de notre être qui prévaut…. »

(« Schopenhauer / Aphorisme sur la sagesse dans la vie, 1880 »)

******

Chapitre 5. Les toxines de l'estime de soi

« Deviens qui tu es »

Nietzsche

Le manque de confiance en soi influe de manière négative sur nos décisions et notre comportement, nous faisant renoncer ou perdre nos moyens. Il s'agit donc aussi d'un poison modéré interne. Cela ne résulte pas d'un dysfonctionnement biologique; mais plutôt d'un dysfonctionnement « psychologique », issu de la complexité du cerveau humain, qui mémorise, analyse, associe les idées, et crée la peur, devient traumatisant : des échecs répétés, en particulier en raison d'une éducation inadéquate des enfants par les parents, ou de traumatismes vécus, vont durablement altérer la confiance dans les capacités. Ce poison engendre un sentiment d'infériorité, la peur de l'échec, une faible estime de soi, un doute continu, une volonté faible.

Ainsi, je me souviens que ma fille, lorsqu'elle avait huit ans, s'était mise à avoir des notes médiocres, à tel point que l'institutrice l'avait mise parmi les élèves en difficulté qui nécessitaient une assistance particulière.
Je m'étais aperçu que le contact passait mal avec sa maîtresse, une femme rigoureuse et autoritaire. Ma fille était persuadée qu'elle ne valait rien, qu'elle était nulle.
Pourtant, l'année suivante, j'eus la surprise de constater qu'en a peine deux mois, ses notes passèrent de 10/20 à 17/20...
Je compris alors qu'elle appréciait tout simplement son maître, un homme sensible et ayant de la compassion, qui lui avait tout naturellement redonné confiance en elle-même.

*

Chacun d'entre nous peut, à l'occasion d'un échec, douter provisoirement de lui-même, d'une ou plusieurs de ses aptitudes, sans que cela remette en cause sa confiance en elle.

Cependant, la répétition de ce sentiment d'échec, en particulier durant l'enfance, fera que la personne ancrera en elle un sentiment d'infériorité par rapport aux autres. Et cela pourra perdurer dans la vie adulte, même si elle a de grandes réussites par la suite.
Elle pourra considérer, au fond d'elle-même, qu'il « lui manque quelque chose » et fantasmer à tort sur un objet ou une qualité désirée, que d'autres auraient et qu'elle n'a pas.

Voici l'histoire de « la jeune fille à la barrette » qui illustre ce manque de confiance en soi :
Extrait du livre *« Le bonheur selon Confucius »* de Yu Dan, Editions Belfond (2009)

« Dans une petite ville vivait une jeune fille très pauvre. Elle avait perdu son père, et sa mère et elle tirait un maigre revenu de petits travaux artisanaux. Elle faisait de terribles complexes, parce qu'elle ne pouvait jamais porter de jolis vêtements ou le moindre bijou.

Le Noël de ses dix-huit ans, sa mère, pour la première fois, lui remit une bourse avec un peu d'argent, en lui disant de s'offrir ce dont elle avait envie. Une telle chance dépassait ses rêves les plus fous, mais elle n'osait toujours pas se promener dans la ville avec assurance. En se dirigeant vers les magasins, la bourse serrée dans la main, elle longeait les murs pour éviter les passants. Tout en cheminant, elle songeait que les gens qu'elle croisait avaient une meilleure vie qu'elle, et elle se disait tristement: "je ne pourrai jamais me promener ici la tête haute ; je suis la fille la plus minable de l'endroit." Apercevant alors le jeune homme qu'elle admirait en secret, elle se demanda avec mélancolie qui serait son cavalier au grand bal de la nuit de Noël.

Broyant ainsi du noir, elle arriva devant une vitrine pleine de toutes sortes de parures. Elle entra et tomba en arrêt devant le rayon des barrettes. Un vendeur approcha: "quels jolis cheveux blonds vous avez ! Essayez donc cette fleur vert pâle, elle vous irait à merveille." Comme celle-ci coûtait presque tout l'argent dont la jeune fille disposait, elle répondit :"je ne peux pas me l'offrir, n'en parlons plus." Mais le vendeur avait déjà fixé la barrette sur sa chevelure. Il lui tendit un miroir. Elle ne s'était jamais vue ainsi: rayonnante de santé et de beauté, comme si la fleur l'avait transformée en ange ! Sans hésiter un instant, elle ouvrit sa bourse et acheta l'ornement.

Ivre d'une exaltation qu'elle n'avait jamais éprouvée jusqu'alors, elle ramassa sa monnaie et se précipita dehors, heurtant un vieil homme qui venait d'entrer. Elle crut l'entendre l'appeler, mais, trop excitée pour s'en soucier, elle poursuivit son chemin, les pieds touchant à peine le sol. Lorsqu'elle revint à elle, elle se trouvait dans la grande rue. Tout le monde lui jetait des regards surpris, et elle entendait les gens s'exclamer: "je ne savais pas qu'il y avait une aussi jolie fille dans cette ville, qui sont donc ses parents ?" Elle croisa de nouveau le jeune homme qu'elle aimait en secret et, à sa grande surprise, il l'arrêta pour lui demander: "Me feriez-vous l'honneur d'être ma cavalière au bal de ce soir ?"

Transportée de joie, la jeune fille se dit: "Pour une fois, je vais faire des folies. Je retourne m'acheter un autre cadeau avec la monnaie qui me reste." A peine eut-elle franchi la porte du magasin que le vieil homme lui dit avec un sourire: "j'étais sûr que vous reviendriez ! Quand vous m'avez heurté, votre barrette est tombée. J'ai donc attendu que vous reveniez la chercher..."

Ainsi s'achève cette histoire. La jolie pince à cheveux n'avait pas dissipé toute la tristesse de la vie de la jeune fille, mais sa nouvelle confiance en soi l'avait transformée. Mais d'où vient la confiance en soi ? Du calme intérieur constant et de l'allure aisée, sereine, qui sont la marque du véritable junzi, l'homme honorable. »

CONFIANCE EN SOI ET ESTIME DE SOI

L'estime de soi est l'appréciation que l'on se fait de soi.
Avoir une bonne estime de soi, c'est avoir une image claire de ce que l'on vaut, de ses qualités, ses défauts, et se plaire ainsi, se sentir à sa place en toute situation.

Manquer d'estime de soi, c'est, à l'inverse, ne pas avoir une image claire de sa valeur, et donc douter de soi. C'est avoir une image faible ou fluctuante de soi-même, entre 2 extrêmes, en se sentant parfois « nul », parfois « fort » ; c'est aussi ne pas oser agir par peur de l'échec.

L'estime de soi est souvent confondue avec la confiance en soi, mais elle doit être distinguée.
Manquer de confiance en soi c'est manquer de confiance dans une ou plusieurs de ses aptitudes : on ne se sent pas capable de réaliser telle ou telle chose.

Le manque de confiance en soi n'est pas incompatible avec une bonne estime de soi : on peut très bien considérer qu'on est mauvais en sport, mais ne pas y accorder d'importance parce que l'on estime que le sport n'a aucun intérêt.

Inversement, le manque d'estime de soi entraîne le manque de confiance en soi, dans la plupart de ses capacités, parfois dans tout ce que l'on accomplit. On s'estime moins capable que la majorité des autres. Cette pensée auto-suggestive conforte évidemment le manque de persévérance dans les efforts pour réussir une action, et donc l'échec. Et c'est un cercle vicieux : les échec répétés et multiples vont confirmer qu'on « avait raison de penser que l'on n'est pas capable », donc renforcer la perte de confiance en soi pour de nombreux projets, et donc, en conséquence, la faible estime de soi.

VALEUR INSTANTANÉE, PRÉTENTION ET VALEUR MIROIR

Pour construire notre estime de nous-même, nous nous appuyons sur les trois valeurs suivantes, que nous « ressentons » intuitivement :

- la **« valeur miroir »**, qui est, de manière visible, la valeur que les autres nous accordent.

Les autres nous renvoient constamment une certaine valeur de nous-mêmes, positive, négative, neutre.
Cette valeur miroir va influer sur notre estime de nous-mêmes.
Par exemple, un enfant qui est constamment rabaissé par sa famille aura une valeur miroir faible, ce qui engendrera probablement une estime de très faible de lui-même.

- la **« valeur de prétention »** qui est la valeur la plus haute que nous estimons mériter (par rapport aux autres).

Car nous avons notre propre idée de nos aptitudes et nous nous positionnons intérieurement par rapport aux autres. Chacun de nous ressent au fond de lui, consciemment ou inconsciemment, cette valeur de prétention. Cependant, souvent la valeur de soi n'est pas claire, et cette valeur fluctue, suivant les circonstances, entre la valeur haute maximale qu'est la prétention et une valeur basse minimale associée, que nous appellerons la **«valeur de discrédit»**.

- la **« valeur instantanée » :** c'est la valeur de nous-même que nous ressentons en temps réel, qui peut varier en fonction du moment, de la situation.

Cette valeur de soi instantanée fluctuera donc entre le seuil de discrédit et la prétention.

Par exemple, si l'on m'annonce une promotion en raison de mes mérites, ma valeur instantanée sera forte pendant quelques jours, et sera alors égale à ma valeur de prétention.
Mais cette valeur instantanée pourra devenir faible rapidement, dès que reviendront des soucis, une critique, une contrariété.

Notons que, par définition, une estime de soi forte correspond à une prétention dont la valeur de discrédit associée est voisine (la valeur de soi est donc alors très peu fluctuante).

A l'inverse, une estime de soi faible correspondra à une prétention dont la valeur de discrédit associée est éloignée (la valeur de soi est donc alors très fluctuante).

Les personnes qui ont une prétention très forte sont élitistes, celles qui ont une prétention faible se considèrent inférieures aux autres.

Les personnes qui ont une prétention très forte se positionnent, plus ou moins clairement, au-dessus des autres, avec des fluctuations éventuelles de la valeur de soi.
Celles qui ont une prétention faible se considèrent moins capables, ou inférieures aux autres, avec aussi des fluctuations éventuelles.

Étudions le cas d'une prétention faible ou moyenne :

S'il y a des fluctuations de la valeur de soi (ce qui revient à dire une estime de soi faible), on aura affaire à une personne qui, malgré qu'elle se considère à priori comme moins capable que les autres, espère se tromper un peu et ne pas l'être tant que cela, et souffrira donc tout autant (sinon plus) qu'une autre d'être rabaissée, d'une blessure d'ego (vexation, moquerie,...) ; par exemple si une personne tierce maladroite lui fait ressentir une inaptitude dans un domaine particulier.

Sil y a peu de fluctuations de la valeur de soi (ce qui revient à dire une bonne estime de soi), la personne a simplement une image modeste d'elle-même, très stable : une image qui lui semble claire, simple, confiante, qui lui convient. Elle s'estime moins capable que d'autres, mais elle est sans amertume. Cependant, cette acceptation d'une « infériorité » fera qu'elle sera influençable, et pourra avoir du mal à prendre seule des décisions importantes.

LES 3 SORTES D'ESTIME DE SOI

On peut distinguer trois types de personnes, selon leur attitude par rapport à la valeur miroir qui est renvoyée.

Les personnes à l'estime de soi fragile (estime de soi faible et avouée)

La valeur de prétention et la valeur de discrédit associée sont éloignées, et la personne se remet en cause.

Ces personnes manquent de confiance en elles, doutent en permanence de leur valeur, mais elles se veulent lucides : elles ne veulent pas nier leur valeur de discrédit, et acceptent de s'avouer leur dévalorisation ressentie, se remettent en cause.
Leur valeur ressentie fluctue alors en dents de scie, suivant les périodes, entre «je suis super » et « je suis nul ». Leur personnalité manque de « solidité ». Si elles se sentent dévalorisée, elles auront tendance à la dépression.
Ce sont des personnes qui ont eu souvent une construction de leur personnalité défaillante, vécu des événements qui les ont traumatisées, subi des dévalorisations fréquentes.
En ce sens, elles ont un traumatisme.

*

Les personnes à l'estime de soi rigide (estime de soi faible

et niée)

La valeur de prétention et la valeur de discrédit associée sont éloignées, mais la personne évite toute remise en cause d'elle-même.

Ces personnes se connaissent mal également, n'ont pas une vision claire de leur valeur, qui est ici aussi fluctuante; elles doutent en permanence, mais elles ont une attitude rigide : elles « nient » leur valeur de discrédit, elles ont une **attitude de « fuite » ou de « lutte »** : il y a un rejet immédiat de toute mise en cause de leur valeur.
Toute atteinte à leur ego provoquera une crise de colère, ou une attitude de haine. En résumé, elles ne veulent pas se « regarder en face ».

*

Les personnes à l'estime de soi forte (estime de soi forte et souple)

La prétention et la valeur de discrédit associée sont proches, et la personne se remet en cause.

Ces personnes se connaissent bien, elles ont une image claire de leur valeur propre. Elles n'hésitent pas à adapter, ajuster avec souplesse et sans excès leur prétention et leur valeur de discrédit au mieux en fonction de leur expérience et de la valeur miroir.
Elles connaissent leurs limites, et font confiance à leur valeur ; elles acceptent de se réévaluer en permanence, sans excès.
Ces personnes ont une estime de soi sereine et sans conflit ou frustration.

******

Chapitre 6. Sens et non-sens

« Celui qui ressent sa propre vie et celle des autres comme dénuées de sens est fondamentalement malheureux, puisqu'il n'a aucune raison de vivre. »

Albert Einstein / Comment je vois le monde

L'histoire de l'évolution naturelle, telle que nous l'avons vue au début du livre, donne l'impression que la vie, dont celle de l'homme, est apparue sur terre par hasard.

Les animaux n'ont pas cette conscience car ils vivent dans l'instant. C'est l'intelligence de l'être humain qui lui permet de se poser des questions sur la finalité de son existence, ou à minima sur l'utilité de ce qu'il réalise dans la société humaine.

Certaines personnes peuvent alors avoir le sentiment que leur vie n'a pas de finalité. Si elles ressentent cela trop intensément, elles peuvent être l'objet de perte de motivation, de doutes, voire d'anxiété, tout au long de leur existence. En effet, le sentiment que notre naissance et notre vie n'ont pas de sens, pas d'utilité, que nous n'avons pas une place motrice et sereine dans l'univers et la société humaine, engendre un sentiment d'angoisse, de mal-être. Nous avons besoin, d'avoir une direction, aussi simple soit-elle, pour notre existence.
L'absence de sens est donc un poison modéré interne.

Le travail peut devenir un sens de vie. Par exemple, un contremaître dans une usine de fabrication de voiture pourra avoir le sentiment qu'il contribue au bien-être de ses semblables en apportant sa compétence reconnue pour la production de voitures de qualité.

Remarquons d'ailleurs que les entreprises elles-mêmes tentent de créer cette recherche de sens chez leurs salariés, en mettant en œuvre une « culture d'entreprise ». Nous avions cité précédemment l'exemple de Google qui a instauré une table de « 10 commandements » au sein de son entreprise; parmi ceux-ci, 4 d'entre eux donnent du sens au travail de ses salariés ; citons-les :

« - L'innovation technologique est notre sang
- Faites ce qui est juste pas ce qui est mal
- Google s'intéresse et soutient les communautés où nous travaillons et vivons
- Nous aspirons à améliorer et à changer le monde »

L'ABSENCE D'UN SENS À SA VIE

Précédemment, nous avions montré que les principaux moyens utilisés par l'homme pour donner du sens à son existence sont essentiellement : la vie exemplaire au sens religieux ou moral, la famille, l'altruisme (aider les autres), la compétence reconnue (qui revient à participer au bien-être collectif), la culture, les choses exceptionnelles.

Cela peut être : aider autrui dans sa communauté religieuse, protéger sa famille, participer à un projet humanitaire, être reconnu dans une compétence utile aux autres (technique, sociale, culturelle, politique, ...)...

Cependant, parfois, un être humain peut avoir le sentiment qu'il ne sert à rien ni personne, qu'il n'a pas sa place dans la société, que le fait qu'il soit là ou pas ne change rien pour personne. Et il sera alors triste. Un autre pourra avoir une compétence reconnue, et même une certaine réussite sociale, mais si un jour il estime que cela ne donne pas un sens à sa vie, il sera également malheureux.

Donner un sens à sa vie apporte en outre l'avantage de supporter plus facilement les petits poisons du quotidien. Nous pouvons supporter l'inconfort et le manque de plaisirs, et même de temps en temps abattre des montagnes si cela participe à quelque chose « qui a du sens » pour nous.

Ainsi, les chevaliers qui partaient en croisades pour de longues années, les missionnaires qui vont vivre dans des pays étrangers inhospitaliers, ...

*

On rappelle que les « sens de vie » forts sont généralement liés, directement ou indirectement, à l'utilité ou le secours que l'on peut apporter aux autres.

Ce constat est d'ailleurs en accord avec l'avis de nombreux ouvrages liés au bonheur : être en lien positif avec les autres, les aider, les assister, permet d'exprimer le meilleur de soi-même et d'être plus heureux.

Précédemment, nous avions expliqué cet altruisme par l'évolution naturelle qui a privilégié l'entraide humaine pour améliorer la survie de l'espèce.

COMMENT EXPLIQUER LE SUICIDE ET LE SACRIFICE DE SA VIE ?

Le sens de l'évolution a toujours été orienté vers une augmentation de la conservation et de la reproduction de la vie. L'intelligence de l'homme lui a permis de faire un bond extraordinaire dans sa conservation et sa reproduction : ainsi notre espèce est devenue dominante sur la terre, et nous vivons tous globalement en sécurité.

Comment alors expliquer qu'un être humain soit capable de se donner la mort volontairement, ce qui est totalement à l'encontre de la motivation fondamentale de conservation de soi ?

*

En réalité, le développement de l'intelligence a généré des effets

« parasites » : précisément parce que nous réfléchissons, nous sommes amenés à nous poser la question d'une recherche de sens de notre vie. On peux alors lui trouver ou non de multiples sens : gravir des montagnes, aider, collectionner, écrire un livre, pratiquer une religion, construire une œuvre (cf les histoires de Charles Péguy et du facteur Cheval)...
Mais certains en arrivent à la conclusion que leur vie est vide de sens, d'intérêt, et source de tristesse. Leur intelligence leur fait entrevoir un avenir qui n'est pas meilleur, sans plaisirs, sans signification, et ils décident alors de s'ôter la vie : c'est le suicide.
Notons qu'il existe d'autres raisons aux suicides que la perte de sens (voir annexe).

******

Chapitre 7. La maltraitance de soi

« Un symptôme se forme à titre de substitution à la place de quelque chose qui n'a pas réussi à se manifester au dehors. »

Sigmund Freud / Introduction à la psychanalyse

Un traumatisme est un choc émotionnel, une blessure du psychisme qui perdure. Il est généralement la conséquence d'un poison fort, c'est-à-dire d'un malheur ponctuel, ou d'un tourment qui a duré ou s'est répété dans le temps. Il peut être considéré comme une association d'idée négative intense, liée à la situation vécue, et est pratiquement irréversible. Ces associations d'idées, sur des objets, des animaux, des situations, peuvent être insupportables pour la personne traumatisée.

C'est le cas des personnes maltraitées ou terrorisées. Par exemple, être mordu par un chien agressif durant l'enfance pourra entraîner une peur de ces animaux durant toute la vie.

C'est le cas aussi des « petits » poisons qui durent et se reproduisent régulièrement : une situation précaire, des enfants difficiles, la calomnie, ...

J'ai connu des enfants maltraités, battus régulièrement avec une ceinture par leur père. Ces enfants avaient vécu dans la peur de nombreuses années, et étaient traumatisés. Ils avaient été placés dans une famille d'accueil, et vivaient désormais totalement en sécurité.

Pourtant, la simple vue d'une ceinture leur procurait un sentiment de panique. Cet objet avait été associé à une sensation désagréable de stress et de panique, et ce sentiment perdurait. On arrive donc à une situation dans laquelle une perception à la valorisation banale, « une ceinture », est devenue dévalorisante, alors qu'elle ne l'était pas à l'origine.

*

Notons que l'inverse est aussi vrai : on pourra, en raison d'événements particuliers, associer une perception quelconque à une valorisation positive. Il s'agira alors d'un souvenir agréable, ancré dans la mémoire de manière moins perturbante qu'un traumatisme.

Ainsi, un enfant qui a pris beaucoup de plaisir à faire du cheval associera, devenu adulte, la vue d'un fouet, d'une cravache, à quelque chose d'agréable (par exemple, les longues promenades au galop dans la campagne de son adolescence…). Un autre exemple, classique, d'association positive est celui de Proust qui associait le goût d'une madeleine à un plaisir intense qui lui rappelait son enfance chez sa tante.

*

Freud décrit, dans "5 leçons de psychanalyse", comment de tels traumatismes sont ancrés dans l'inconscient des personnes, et associés négativement à un objet ou une action (ici, l'acte de boire ou de manger) :

« La malade du Dr Breuer était une jeune fille de vingt et un ans, très intelligente, qui manifesta au cours des deux années de sa maladie une série de troubles physiques et mentaux plus ou moins graves.
Elle présenta une contracture des deux extrémités droites avec anesthésie ; de temps en temps la même affection apparaissait aux membres du côté gauche; en outre, trouble des mouvements des yeux et perturbations multiples de la capacité visuelle ; difficulté à tenir la tête droite; toux nerveuse intense, dégoût de toute nourriture et, pendant plusieurs semaines, impossibilité de boire malgré une soif dévorante.
Elle présentait aussi une altération de la fonction du langage, ne pouvait ni comprendre ni parler sa langue maternelle. Enfin, elle était sujette à des « absences …..

Elle raconta alors, avec tous les signes d'un profond dégoût, qu'elle s'était rendue dans la chambre de cette gouvernante et que le petit chien de celle-ci, un animal affreux, avait bu dans un verre.
Elle n'avait rien dit, par politesse.
Son récit achevé, elle manifesta violemment sa colère, restée contenue jusqu'alors.
Puis elle demanda à boire, but une grande quantité d'eau, et se réveilla de l'hypnose le verre aux lèvres.
Le trouble avait disparu pour toujours ....
Le sujet n'a pas conscience de la cause de son mal.
Là où il y a un symptôme, il y a aussi amnésie, un vide, une lacune dans le souvenir, et, si l'on réussit à combler cette lacune, on supprime par là même le symptôme....
Les hystériques et autres névrosés ... se souviennent d'événements douloureux passés depuis longtemps, ... ils y sont encore affectivement attachés ; ils ne se libèrent pas du passé et négligent pour lui la réalité et le présent.
Cette fixation de la vie mentale aux traumatismes pathogènes est un des caractères les plus importants et, pratiquement, les plus significatifs de la névrose. »

L'ORIGINE BIOLOGIQUE DES TRAUMATISMES

L'explication des traumatismes tient dans l'existence d'un petit organe du cerveau qui a une fonction de « système d'alarme », dont nous avions parlé au début de ce livre : l'amygdale du cerveau. L'amygdale accorde une valorisation spécifique aux perceptions de danger, plus ou moins forte en fonction des situations de la vie.

Ces dévalorisations mémorisées par l'amygdale ne peuvent pratiquement plus disparaître si elles sont excessives ou répétées, devenant alors des « traumatismes ».

Comme ils dépendent des circonstances de la vie et des aptitudes de chacun, les traumatismes, et donc les émotions qui les accompagnent, sont distincts pour chacun de nous.
Ainsi une personne pourra être paniquée, terrifiée par la vue d'une souris.
Une autre pourra se mettre en colère, être révoltée, si elle est la victime d'une injustice flagrante, mais pas si elle est agressée

verbalement, alors que ce sera l'inverse pour une autre personne.

Le traitement des traumatismes

Les traumatismes forts, matérialisés souvent par des terreurs incontrôlées, sont désignés par le terme ESPT (« Etat de Stress Post-Traumatique »).

Donnons un exemple réel d'ESPT : pour punir sa fille, encore petite, un père l'avait attachée sur son lit.
Un jour, devenue adulte, et ayant subi une opération, elle fut attachée dans son lit pour éviter qu'elle tombe. En se réveillant, se voyant attachée, elle se mit à hurler de terreur sans vraiment comprendre pourquoi : la valorisation très négative de la « sensation d'attachement », profondément mémorisée dans l'amygdale, était restée inchangée, c'est-à-dire associée à un sentiment de terreur, de panique (dévalorisation extrêmement forte).

Une personne ayant subi un traumatisme peut apprendre à contrôler sa « peur », à modérer la forte dévalorisation ressentie en utilisant sa raison (cortex préfrontal), grâce à des techniques telles que l'EMDR (*« Eye movement desensitization and reprocessing »*), qui se base sur un mouvement des yeux tout en pensant à son traumatisme) qui ont donné de bons résultats.

La technique EMDR est basée sur des mouvements oculaires (le patient suit les doigts du thérapeute qui passent devant ses yeux) et des stimulis auditifs.

Les thérapies EFT (Emotional Freedom Techniques) et TFT (Though Field Therapy) visant à soulager le stress et l'anxiété sont similaires à l'EMDR dans leur principe. Elles se pratiquent par des légers tapotements sur des points spécifiques du corps (dessus de la tête, milieu du menton, dessous de l'œil, du nez, des clavicules, des bras), correspondant à des points d'acupuncture, en même temps que l'on pense au traumatisme. Bien que la dévalorisation de l'amygdale demeure , elle est désormais compensée par la « raison » de la personne, qui relativise le traumatisme : il y a retraitement de l'information pour la « digérer ».

*

Plusieurs expériences ont confirmé cet effet « modérateur » du cortex dans le traumatisme.
Ainsi, des chercheurs (Equipe de Joseph Ledoux, Université de New York) ont traumatisé des rats en leur envoyant un choc électrique juste après que retentisse une sonnerie. Les rats ont bien été traumatisés, car, dès que la sonnerie retentissait, ils se figeaient sur place, terrorisés.
Puis, de nombreuses fois de suite, la sonnerie a retenti sans que se produise la décharge électrique. Les rats ont fini par ne plus avoir peur de la sonnerie.
Enfin, les chercheurs ont détruit une partie du cortex préfrontal de ces rats : les rats se sont alors à nouveau figés de terreur dès que retentissait la sonnerie !...

******

Illustration. Bronnie Ware et la fin de vie

« Choisir, c'est se priver du reste. »

André Gide

Bronnie Ware est une infirmière australienne en soins palliatifs. Elle a accompagné des centaines de personnes en fin de vie. De nature chaleureuse, elle a tissé des liens profonds avec eux, et leur a demandé de témoigner sur ce qu'ils regrettaient le plus au seuil de leur vie.
Cette question a un intérêt dans notre étude, car elle permet de mettre en exergue, au terme d'une vie, au travers des frustrations exprimées, les motivations insatisfaites et pourtant ressenties comme importantes dans une existence, et donc en particulier les sens et projets de vie, et les « maltraitances » de soi.

Bronnie Ware a montré en particulier que des motivations essentielles peuvent être sacrifiées parce qu'elles rentrent en conflit avec d'autres motivations, nous obligeant à faire des choix durables que nous pouvons regretter à la fin de notre existence.

Beaucoup de personnes, parce qu'elles font passer certaines motivations en priorité, sacrifient des passions qu'elles regrettent sur le tard. Cela se produit très souvent par peur de déplaire à son entourage, sa famille, aux conventions sociales...
Voici ci-dessous les 5 grands regrets qu'ont exprimé ses patients le plus souvent, par ordre d'importance.
(source : livre Bronnie Ware, « Les 5 regrets des personnes en fin de vie », Editions Guy Trédaniel)

*

« 1- Je regrette de ne pas avoir vécu ma vie, au lieu de celle que les autres attendaient de moi. »

On a toujours tendance, en raison de l'éducation, la pression familiale ou sociale, à faire ce que les autres attendent de nous, et à refouler ses projets, ce que l'on a envie de faire, au plus profond de soi.

Bronnie Ware conseille d'avoir un brin d'égoïsme (et de courage) pour imposer ses désirs.

S'occuper de soi, être épanoui, permet d'être plus disponible, à l'écoute, prêt à donner de l'amour aux autres.
Un arbre qui n'est pas arrosé ne donnera jamais de bons fruits à ceux qui l'entourent...

Bronnie Ware raconte :

« C'était le regret le plus commun. Quand les gens réalisent que leur vie touche à sa fin et qu'ils jettent un regard clair sur leur existence, il est aisé de constater combien de projets n'ont pas été réalisés.
La plupart des gens n'ont pas réalisé la moitié de leurs rêves et doivent mourir en ayant conscience que cela est dû aux choix qu'ils ont faits, où qu'ils n'ont pas faits. »

Bronnie Ware décrit ainsi un cas dont nous avions parlé dans la partie relative aux poisons : une patiente en fin de vie, mariée à un mari autoritaire, avait rêvé toute sa vie de faire des voyages. Lorsque celui-ci disparaît, elle est devenue trop âgée et malade, et ne peut plus réaliser son rêve de voyager...

*

« 2- Je regrette d'avoir autant travaillé. »

Bronnie Ware conseille de passer moins de temps au travail et plus de temps en famille ou auprès de nos amis.
Elle déclare :
« C'est un regret qui revient chez tous les patients masculins que j'ai eus à soigner. Ils n'ont pas vu leurs enfants grandir, et n'ont pas prêté assez d'attention à leur compagne. »

Travailler est certes nécessaire pour vivre, mais il faut éviter de tomber dans le piège de toujours vouloir plus, car cela prend le temps que nous pourrions consacrer aux autres, à nos enfants, notre famille, et nous apportera des regrets.

*

« 3.Je regrette de ne pas avoir eu le courage d'exprimer mes

sentiments. »

Souvent, on n'exprime pas aux autres ce que l'on pense, soit en ce qui concerne les sentiments négatifs, par orgueil ou lâcheté pour éviter les conflits ou les problèmes, soit, en ce qui concerne les sentiments positifs, par timidité de peur d'être ridicule, en disant par exemple « je t'aime » à une personne chère.
C'est une solution de facilité à court terme, mais qui nous affecte à long terme, parce qu'on subit le monde extérieur sans réagir et parce qu'on s'en voudra plus tard de ne pas avoir fait connaître ses sentiments.

Nous devons donc exprimer nos sentiments, nos envies, nos peines, ou notre amour, tant qu'il est temps, parce que ce sont

des instants qui ne reviendront plus.
A défaut, nous créerons en nous une blessure, une frustration, un regret douloureux, un traumatisme émotionnel, qui nous poursuivra toute notre vie.

Bronnie Ware écrit :
« Beaucoup de gens taisent leurs sentiments afin d'éviter le conflit avec les autres. En résulte qu'ils s'installent dans une existence médiocre et ne deviennent jamais ce qu'ils auraient pu être.
[...]
A cause de cela, beaucoup d'entre eux développent des maladies liées

à leur amertume et leurs ressentiments.
[...]
On ne dit jamais assez aux gens qu'on aime qu'on les aime... »

Bronnie Ware raconte ainsi l'histoire d'une jeune maman, Jude, qui se meurt, écrit alors une lettre à sa mère pour lui dire qu'elle l'aime, alors qu'elles étaient brouillées depuis plusieurs années en raison d'un mariage que sa mère n'approuvait pas.
Immédiatement, sa mère vient, et reste présente auprès de sa fille jusqu'à la fin.
Pourquoi tout ce temps perdu?

*

« 4- Je regrette de ne pas être resté proche de mes amis. »

La vie nous éloigne fréquemment de nos anciens amis, parce que notre disponibilité est moindre. Nous nous marions, nous déménageons, travaillons, avons des enfants, une nouvelle famille, une belle-famille, et n'ayant plus beaucoup de temps, nous espaçons les relations avec nos amis, jusqu'à souvent, les perdre de vue.

Pourtant, au fond de nous, ils nous manquent, nous regrettons les rires, les sourires, les complicités, les affinités que nous avions avec eux. Certes, notre famille peut nous combler affectivement, nous donner un sentiment de confort, de normalité ou réussite sociale, mais cela ne suffit pas, la relation avec nos amis est irremplaçable. L'estime, la joie en présence de nos amis est un baume au cœur, un rajeunissement, car nous partageons des éclats de rire ou des souvenirs communs de jeunesse. L'amitié est rassurante, apaisante, gaie, elle nous transcende un peu, et nous apporte des points de repère positifs dans notre existence.

Les amis semblent donc nécessaires au bonheur.
Et il est triste de ne le comprendre vraiment clairement qu'à la fin de son existence.

Bronnie Ware :
« Souvent, les patients ne réalisent pas tout ce que peuvent leur apporter leurs vieux amis jusqu'aux dernières semaines de leur existence. Quand ils s'en rendent compte, il est souvent trop tard pour retrouver leur trace.
[...]
Souvent, certains sont tellement pris par leur propre existence qu'ils ont laissé filer de précieux amis au fil des années.
[...]
Beaucoup regrettent de ne pas avoir donné à leurs amis le temps qu'ils méritaient. »

*

« 5- Je regrette de ne pas m'être accordé le droit au bonheur »

Par convention, habitude, ou encore une fois par confort quotidien, par habitude, sans chercher plus loin, nous restons parfois dans une existence routinière et triste, en nous disant sans conviction que l'on ne pourra pas avoir mieux et que c'est cela le bonheur.

Cette tromperie à soi-même, cette insatisfaction est une erreur, car le temps passe vite.
Arrivé à la fin de notre vie, nous devenons plus lucides sur nos choix de vie, et nous prenons alors pleinement conscience que, par paresse, habitude ou lâcheté, nous avons sacrifié nos envies, nos idées, nos désirs profonds.

Dans la mesure où nous ressentons au fond de nous ce qui nous manque, nous fait envie, il est essentiel de ne pas l'enfouir, mais de « faire le choix » de l'exprimer, de se battre, d'agir pour le faire valoir, tant que nous le pouvons encore...
Nous ne devrions pas craindre de déplaire, de bouleverser nos habitudes ou nos conventions sociales pour réaliser ce à quoi l'on tient.
Confucius nous dit d'ailleurs : *« Vis comme en mourant tu voudrais avoir vécu. »*

En particulier, il convient de ne pas sacrifier ses désirs profonds à sa vie professionnelle, à sa vie matérielle ; il faut faire l'effort d'équilibrer son temps.
L'idéal est bien sûr d'exercer un travail qui nous passionne : ce n'est plus alors un temps de pénibilité, mais au contraire une source de joie.

Bronnie Ware :
« C'est un regret étrangement récurrent.
Beaucoup ne se sont pas rendus compte durant leur vie que la joie est un choix. Ils sont restés rivés à leur comportement habituel et leurs habitudes. Ce que l'on appelle « le confort » de la familiarité a éteint leurs émotions et leur vie physique. La peur du changement leur a fait prétendre qu'ils étaient heureux ainsi, alors que, au fond, ils rêveraient de pouvoir encore rire ou faire des bêtises dans leurs vies. »

*

Bronnie Ware cite encore l'exemple de Rosemary, une femme en fin de vie. Rosemary déclare :
« Nous pouvons nous empêcher d'être heureux parce que nous pensons que nous ne le méritons pas ou parce que nous laissons entrer l'opinion des autres en nous les appropriant. Mais ce n'est pas ce que nous sommes n'est-ce pas ? Nous pouvons être tout ce que nous nous permettons d'être. Mon dieu, pourquoi n'ai-je pas réfléchi à cela plus tôt ? quel gâchis ! ».

Bronnie Ware va encore plus loin dans sa philosophie de vie, très pragmatique :
« Nous présumons facilement que nous allons vivre pour toujours. Mais ce n'est pas ainsi que fonctionne la vie. Au milieu des tourments de la vie, des jeunes décéderont toujours...
D'autres attendront la pleine maturité et disparaîtront au meilleur de leur forme. D'autres encore ne seront plus de la première jeunesse et dégénéreront lentement au fil des années.
D'aucuns diront qu'ils sont morts avant l'heure, mais ce n'est pas exact.
Nous nous en allons quand notre heure est venue. Des millions de gens ne sont pas destinés à vivre longtemps.
C'est parce que nous partons du principe que nous allons vivre pour l'éternité, ou du moins jusqu'à un âge avancé, que nous ressentons un tel choc et un tel désespoir quand une personne jeune meurt.

Mais c'est un processus naturel de la vie chez toutes les espèces. […]
Bien sûr, il est désolant de voir des jeunes mourir alors qu'ils paraissaient avoir toute la vie devant eux […]
Ils sont nés, ont rayonné et ont laissé un souvenir de pureté associé à tout ce qu'ils ont donné pendant leur bref passage.... »

******

Partie 5. Gérer sa course avec sérénité

Dans cette partie, vous trouverez les conseils pratiques pour favoriser un plein développement de ses motivations propres et pour « cohabiter » au mieux avec ses poisons. Ces conseils s'appuient sur les réflexions et expériences de nombreux philosophes à travers le monde.

Gérer sa vie avec sérénité, c'est parvenir à satisfaire ses motivations essentielles, tout en sachant relativiser les tourments et poisons quotidiens, qui sont inéluctablement attachés aux êtres vivants.

Chapitre 1. Les motivations assumées

« Il est plus facile de renoncer à une passion que de la maîtriser. »

Friedrich Nietzsche

ASSUMER SES MOTIVATIONS ESSENTIELLES

Nous avions synthétisé au début du livre les motivations « essentielles » ; rappelons-les : les motivations de conservation, de sécurité, de perpétuation, de sexualité, d'évasion artificielle, artistique, de jeu, de nouveauté, de propriété, de considération, d'appartenance, de progression par aptitude, de progression par objectif, d'estime de soi, et de sens.
Suivant les personnes, certaines sont plus importantes que d'autres. Pour cette raison, il convient de lister ses motivations par ordre de préférence et priorité. Ainsi :

-listez vos activités hebdomadaires, dont le travail (essentiel, car 8 heures par jour...), avec le temps consacré à chaque activité
-cochez celles qui vont ont donné du plaisir
-classez ces activités par ordre de préférence (plaisir ressenti)
-associez à côté de chacune d'elle la ou les motivation(s) qui est (sont) satisfaite(s).
Vous aurez ainsi une vision plus précise de votre situation et des points sur lesquels vous devez agir.
Par exemple, vous pourrez avoir listé les activités suivantes :
-je me suis mis en valeur dans une discussion (considération),
-j'ai fait une rencontre (considération, appartenance),
-j'ai peint un tableau (progression, évasion),
-j'ai fait un voyage (planification, évasion, association positive),
-j'ai planifié des week-ends ou des vacances (planification, association positive),
-j'ai fait un jeu avec mes enfants (appartenance)

Il est important de déterminer clairement quelles sont vos motivations essentielles et non essentielles.

AGIR

Il ne suffit pas de prendre conscience de ses motivations principales, il convient également de tout faire pour les satisfaire : surtout ne pas y renoncer, par exemple par peur de déplaire.
Pour chaque activité non satisfaisante, il faudra se demander comment on peut changer les choses.

Par exemple, si on estime que le temps passé avec ses enfants est trop souvent ingrat, source de déplaisir (disputes, tensions, ...), on pourra essayer de changer les choses en programmant régulièrement des activités positives avec eux, telles que sorties, jeux, goûters, spectacles, cirque, shopping, ...
Si notre rythme de vie hyperactif ne nous plaît pas, il faudra se demander comment l'améliorer : faut-il prendre une aide ménagère ou aux enfants, une demi-journée par semaine, changer d'activité ?
Arrêtez de vous dire « c'est impossible de changer quelque chose, j'ai trop de contraintes, je n'ai pas le temps... ».
Acceptez de commencez à y réfléchir sincèrement, et vous serez surpris, des solutions raisonnables vont commencer à apparaître !

Dans tous les cas, il faut être déterminé pour faire ce que l'on aime ; cela n'est pas facile, demande du courage, souvent des sacrifices. Mais y renoncer par crainte de l'opinion des autres ou simplement par lâcheté ou par paresse, nous expose à une amertume et des regrets ultérieurs.

Et pourtant, on est souvent surpris quand on se décide à exprimer ses désirs et ses frustrations : alors qu'on attendait une réaction négative de notre entourage, on obtient assez souvent une proposition d'aide ou une réponse qui est "tu as raison, tu dois faire d'abord ce qui est le mieux pour toi, ce que tu aimes".

Rappelons enfin l'importance de faire en sorte que le travail soit autant que possible un temps de plaisir, et non pas une contrainte. Encore plus que les loisirs, on y découvre des personnes, des projets, etc. Un grand nombre de motivations peuvent être satisfaites dans le travail !

« Choisissez un travail que vous aimez et vous n'aurez pas à travailler un seul jour de votre vie. »
Confucius

******

Chapitre 2. Le pouvoir du mouvement positif

« La gaîté ne peut être excessive, mais est toujours bonne ; la mélancolie, au contraire, est toujours mauvaise. »

Spinoza

Grâce à notre aptitude à créer des associations d'idées, il est tout à fait possible d'acquérir la bonne habitude de faire régulièrement des associations positives, donc d'être positif.

POSITIVER SON MENTAL

S'entraîner à pratiquer quotidiennement des automatismes d'association positive (c'est-à-dire "s'entraîner à positiver son mental").

Nous devons nous attarder en pensée sur nos joies quotidiennes, souvenirs ou sensations agréables et non sur nos tourments, nos soucis.
Par exemple, le seul fait de penser à la mer, de m'imaginer me promenant sur une plage, est plaisant et relaxant pour moi.

Remarquons également que les pensées positives que nous créons peuvent être seulement des projets, des joies à venir, des événements non encore réalisés, et qui ne se réaliseront peut-être jamais ...

Par exemple, la visite d'un ami demain, un week-end au soleil la semaine prochaine, le projet de monter son entreprise d'ici un an, d'avoir bientôt un nouveau travail, etc.

*

Nous pouvons également créer nous-mêmes volontairement des associations positives, en nous octroyant de « petits » plaisirs.

Nous avons cité précédemment Florence Servan-Schreiber, qui nous conseille de prendre l'habitude de nous accorder « 3 kifs par jour », quels que soient nos soucis.
Cela peut être par exemple un plaisir de gastronomie, un film, une musique, un massage, une visite chez un ami, la sexualité, la peinture, la rêverie, etc.

"La joie de vivre n'est pas un but, mais un devoir."
Louis Pauwels

*

On répétera les associations dans sa tête pour bien les mémoriser, et renforcer la sensation de bien-être de l'idée positive. Rappelez-vous Marcel Proust, qui ressentait un plaisir intense chaque fois qu'il trempait une madeleine dans son thé.... (il avait associé ce goût au plaisir qu'il éprouvait, lorsque, enfant, sa tante lui préparait ce goûter !).

*

On pourra également mettre en œuvre diverses techniques de relaxation existantes, basées sur l'association d'idées. Plusieurs activités de relaxation permettent de « dé-stresser ») et focaliser l'attention de la personne sur des perceptions simples et positives.

Citons par exemple : le yoga (respiration, détente, bien-être), la musicothérapie (utilisation thérapeutique de la musique pour relaxer), la concentration sur ses sens (méthode Vittoz : prendre conscience de ses sens, vue, ouïe, se concentrer, ...), etc.

La technique "d'ancrage" utilisée en PNL (Programmation Neuro-Linguistique) est également basée sur le principe associatif : on associe un souvenir agréable à un stimuli sensoriel (par exemple le toucher de son oreille). En cas de "besoin", le simple fait de toucher notre oreille déclenchera alors le souvenir positif et agréable... Cela permettra par exemple de se déstresser avant une prise de parole en public.

Par similitude avec l'ancrage PNL, il est possible de créer un "refuge" dans son esprit : on répète plusieurs fois dans sa tête un souvenir particulièrement agréable de notre vie, où l'on était heureux, bien, serein, en sécurité, et en cas de situation de stress, on le visualise pour se relaxer.

Enfin, il peut aussi être utile de s'appuyer sur une thérapie telle que celle proposée par Aaron Beck, psychiatre et professeur américain. Sa thérapie cognitive permet d'apprendre à éviter de penser négativement et d'acquérir une attitude positive : Aaron Beck avait en effet constaté que les patients déprimés avaient plus tendance que les autres à ne voir que les côtés négatifs des situations, ce qui les conforte dans leur mal-être, la mésestime d'eux-même et leur vision sombre de l'avenir.

POSITIVER LES SITUATIONS ET LES ÉVÉNEMENTS

S'entraîner à positiver les situations et les événements même si ceux-ci nous semblent négatif.

Nous avons (dans une certaine mesure, bien sûr) la possibilité de trouver un côté positif, tout au moins de petites choses positives, dans ce que nous vivons au quotidien, même si cela nous paraît parfois totalement négatif.
D'abord, il existe toujours des points positifs, même s'ils sont minimes, à une situation négative. Ensuite, quoi qu'il en soit, on ne peut prévoir l'avenir. Par exemple : vous êtes désespéré d'avoir raté votre avion pour un rendez-vous important; puis vous apprenez le soir que l'avion s'est écrasé....

Nous avions donné précédemment plusieurs exemples qui montrent comment le négatif peut devenir positif :
-Le conte du "casseur de cailloux" de Charles Péguy qui positive son travail.
- Le conte de Lao Tseu avec le paysan et son cheval.
- L'exemple de la personne mal placée à une réception de mariage...

*

Pour positiver notre esprit, nous devons également, régulièrement, attarder notre pensée sur les belles choses que nous avons acquises. Cela permettra d'augmenter notre bien-être : par exemple, notre belle famille, nos amis fidèles, notre jolie maison, un travail qui nous plaît, une bonne santé, etc.
En effet, lorsqu'il a des tourments, l'être humain a tendance à se focaliser sur ceux-ci, et à oublier les bienfaits dont il bénéficie dans de nombreux domaines.
C'est pourquoi nous devons y penser de temps en temps, être reconnaissant, éprouver de la gratitude et remercier la vie, le ciel, notre dieu, nos proches de ce que nous avons, de ce que nous possédons déjà, qu'ils s'agisse de biens, d'événements, de sentiments, de joie, de rires, de personnes, etc.

Meng-Tsen (philosophe chinois) nous dit :

« J'étais malheureux de n'avoir pas de souliers, alors j'ai rencontré un homme qui n'avait pas de pieds et je me suis trouvé content de mon sort. »

LES ACTIVITÉS NOUVELLES

Rechercher des activités positives, de préférence nouvelles (c'est-à-dire "s'entraîner à positiver grâce aux activités")

Il faut pratiquer des activités qui nous plaisent et occupent notre esprit parce qu'elles nous empêchent provisoirement de penser à notre charge mentale. On choisira de préférence des activités nouvelles car le plaisir de la nouveauté, de l'inconnu, ouvre des perspectives positives sur l'avenir.
Ces activités dépendent bien entendu des goûts de chaque personne. Cela peut être par exemple : découvrir un sport particulier, courir, peindre, étudier l'art, aller à des expositions, rencontrer des amis, faire des voyages, travailler beaucoup, prendre en main un projet humanitaire, .etc.

Ainsi pendant quelques heures, nous jouissons de moments positifs, et nous "déconnectons", nous oublions nos soucis et pouvons ainsi mieux les relativiser. Ceux-ci demeurent en tâche de fond, en arrière-plan, mais sont, malgré leur forte négativité, associés à des choses positives, ce qui atténue la douleur que l'on ressent...
En outre, dans le cas particulier de la pratique d'une activité physique, cela permet une libération de dopamine, ce qui procure du bien-être.

« Équilibre est synonyme d'activité. »
Jean Piaget

*

Comment trouver le courage d'agir ?

Bien souvent, lorsque nous sommes accablés, il est très difficile de nous motiver à agir ; nous sommes tentés de rester allongé à ressasser nos malheurs : c'est le phénomène de « focalisation », dont nous avons parlé précédemment.

La focalisation commence par une douleur intérieure et par la volonté de chercher à « comprendre », avant toute autre activité : on n'arrive pas accepter cette situation, cette fatalité, on veut une explication, on se repasse le « film », comment avons-nous pu en arriver là ? Ce qui nous arrive nous semble injuste, incompréhensible, inacceptable.
Nous ressentons à ce moment une souffrance intérieure souvent intense; il nous semble que seule une explication pourra la faire disparaître et nous permettre de passer à autre chose, de pouvoir aller de l'avant.
Nous nous disons "pourquoi cela m'arrive-t-il à moi ? quand j'aurais compris, je pourrais clore ce sujet et tout ira bien".
Alors nous pensons et repensons, ressassant les problèmes, cherchant sans fin une solution, une réponse, une résolution, et nous épuisons sans succès notre cerveau à faire cela.

Pourtant, il faut parvenir à s'en convaincre, on ne trouvera pas d'explication rationnelle de cette manière, car l'ego et le chagrin sont trop présents. Il ne sert donc à rien de ressasser les choses. Au contraire, la douleur et la focalisation sont auto-entretenues par la pensée.

Plus encore, elles altèrent notre analyse, notre jugement, et nous amène à perdre notre objectivité. En effet, les idées négatives finissent par générer des traumatismes douloureux, qui font qu'une simple idée, un simple mot pourra nous faire mal, nous rendant susceptible, parce que nous l'associons très négativement. Dans ce contexte, notre entourage pourra alors nous blesser sans l'avoir voulu, et sans qu'il comprenne pourquoi. Parce que nous transposons nos sentiments, notre façon de penser sur les autres, nous pourrons alors nous dire "mais comment peuvent-ils dire de telles choses ?" et leur en vouloir. Ainsi, nous pourrons mal interpréter une parole, une action, un geste, un regard, nous nous faisons alors des idées, négatives et déprimantes.... et fausses.... sur un conjoint, un proche de la famille, un collègue de travail, ...,
Ces idées, montées en épingle, créent des sources de tristesse, d'amertume, de conflit potentiels.

*

En réalité, il est préférable de faire exactement l'inverse pour chasser ses démons :
Commencer par ne pas chercher de réponse logique, mais s'obliger à être actif, participer à de nouvelles activités, afin que notre cerveau puisse, même provisoirement, échapper à ses pensées obsédantes, qu'il puisse prendre du recul sur la situation, chasser, moduler, contre-balancer les pensées négatives de notre esprit.
Comme nous l'avons précisé plus haut, même si nos idées négatives demeurent en arrière-plan, elles seront moins actives, moins traumatisantes, parce que notre cerveau est actif autrement, est occupé à autre chose. Cela va permettre de "digérer" les idées négatives en arrière-plan.
Notons la similitude avec la technique EMDR utilisée par les psychiatres pour soigner les traumatismes : l'EMDR permet de « re-traiter » les informations négatives, parce que l'on demande au patient de se concentrer sur son mouvement des yeux de droite à gauche tout en pensant à son traumatisme...

*

Une fois que l'on a pris l'habitude d'être quotidiennement actif malgré nos souffrances, on sera alors en mesure, grâce au recul que nous aurons pris, de se créer des réponses personnelles, qui ont du sens pour nous, qui peuvent aussi s'appuyer sur des valeurs ou des croyances nouvelles (dont en particulier la foi religieuse). C'est à chacun, en fonction de sa situation personnelle, de rechercher et trouver ce nouveau sens.
Cela peut être par exemple "cet échec m'a appris quelles sont mes faiblesses, j'ai donc progressé" ou bien "je vais changer et devenir fort pour mes enfants", « je vais écrire mes tourments dans un journal pour les exorciser, ou dans un livre pour faire profiter les autres de mon expérience ».

LES RENCONTRES

Rencontrer de nouvelles personnes est une « activité » nouvelle particulière, extrêmement efficace.

Elle va permettre de détourner notre attention de nous-mêmes, éventuellement de sourire, rire, retrouver certaines joies.
Mais cette activité particulière peut devenir une thérapie extraordinaire si nous avons la chance de rencontrer une ou des personnes avec laquelle (lesquelles) nous avons des affinités particulières.
Cela peut être une nouvelle amitié forte, un nouveau mentor qui nous conseille avec bienveillance, ou encore un amour naissant...
Ce sont les meilleurs antidotes aux poisons de la vie.
Combien de fois j'ai vu des amis au bord de la dépression, en particulier suite à une rupture, idéalisant leur amour perdu ou leur ancienne vie, et qui reprenaient goût à l'existence en retombant amoureux !

L'ÉCRITURE

Écrire notre ressenti, nos sentiments, nos frustrations, nos espoirs va nous aider à extérioriser nos notre mal-être, à extraire le poison. Cela va constituer une bonne thérapie personnelle. On pourra écrire un livre ou simplement un journal, dans lequel on notera les étapes positives réalisées au quotidien, même si elles sont minimes : un sourire, faire rire, voir un ami, sortir, jouer, écouter de la musique, ...

“Ecrire c'est une respiration !”
Julien Green

******

Chapitre 3. La main tendue

« Notre grand tourment dans l'existence vient de ce que nous sommes éternellement seuls, et tous nos efforts, tous nos actes ne tendent qu'à fuir cette solitude. »

Guy de Maupassant / Solitude

Certains d'entre nous, lorsqu'ils ont des soucis ou des tourments, s'isolent et se laissent aller à leur sort, refusant les diverses « mains tendues », alors qu'il existe des soutiens possibles dans notre environnement, notre communauté, nos amis, nos croyances. Refuser de demander ou recevoir de l'aide, par crainte de déranger ou de paraître faible, vouloir absolument s'en sortir seul, est une erreur.
Car l'aide de notre entourage constitue généralement un soutien psychologique important et efficace : le sentiment de se sentir compris et aidé, de ne pas être seul dans l'infortune ou l'adversité, nous permet d'être plus fort et de nous relever.

LE SOUTIEN DES AUTRES

Lorsque nous avons des tourments, il faut rechercher le réconfort ou la présence de ses amis, de sa famille, partager sa peine avec ses proches, ou tous les aidants qui sont disponibles et bienveillants. Cette aide peut être aussi celle d'une association, d'une communauté (religieuse, linguistique, ethnique, scientifique, historique, professionnelle, en ligne,....), club, professionnels (infirmière, assistante sociale, psychologue, psychanalyste, psychiatre, pédopsychiatre, neurologue, aidants,...)...
Par empathie, le sentiment de se sentir compris et aidé, de ne pas être seul dans l'infortune ou l'adversité, nous permet d'être plus fort et de nous relever. Par exemple une association d'entraide, humanitaire, de soutien aux femmes (seules, battues, violées, mineures, enceintes , démunies, ...), aux personnes ayant perdu un enfant, etc.

Euripide , Hécube, Théâtre 2
« C'est le malheur qui met en pleine lumière la véritable amitié, et la vertu se fait aimer, toujours, par son seul prestige. »

Tahar Ben Jelloun :
« L'amitié ne rend pas le malheur plus léger, mais en se faisant présence et dévouement, elle permet d'en partager le poids, et ouvre les portes de l'apaisement. »

Matteo Ricci :

« Quand un malheur m'arrive, ce m'est une consolation de voir le visage de mon ami. Dans le succès ou l'infortune, est-il un moment où les amis ne soient pas utiles ? Ils diminuent ma tristesse, quand je suis désolé ; ils augmentent ma joie, quand je suis réjoui. »

L'OUVERTURE AUX AUTRES

Nous avons parfois tendance à nous renfermer sur nos problèmes, à nous couper du monde extérieur, pour mieux nous apitoyer sur notre sort. Mais, de même que nous devons accepter la main tendues de nos amis ou relations, nous devons, nous aussi, ouvrir les yeux, les oreilles, et le cœur, pour écouter les autres, et si besoin, également leur tendre la main avec bienveillance malgré nos souffrances.
Cette attitude nous forcera à sortir de notre « boîte », à nous décentrer de nous-mêmes, à être empathique avec une personne et ce qu'elle ressent, et donc à ne plus focaliser sur soi. Nous pourrons en outre, éventuellement, trouver un ami pour partager également nos soucis, nos peines, nos espoirs, nos visions d'avenir, nos projets, et se sentir « compris ».

«Nous ne pouvons construire notre propre avenir sans aider les autres à construire le leur. »
Bill Clinton

« Tu trouveras, dans la joie ou dans la peine, ma triste main pour soutenir la tienne, mon triste cœur pour écouter le tien. »
Alfred de Musset

LA FOI

La foi religieuse est un principe de vie particulier, parce qu'il peut apporter un soutien fort. Par essence même, toute religion se base sur le principe qu'il existe une entité supérieure, pouvant être représentée par un ou plusieurs dieux, et qui nous a créé, a créé le monde, a décidé, décide et décidera de la vie et de la mort des êtres vivants. En général, les religions enseignent que cette entité nous protège dans les événements de la vie, dans la mesure où nous sommes des personnes ayant de bonnes valeurs.

Il en résulte que si une personne a foi dans cette entité, elle doit admettre que ses raisons sont impénétrables à la nature humaine, hors de sa compréhension, et qu'elle doit les respecter et les accepter avec confiance et dévouement, quels que soient les malheurs ou les soucis qui l'atteignent.

En conséquence, la foi permet de faire face à l'adversité, aux épreuves, aux ennuis, en apportant une conviction, une confiance forte en l'avenir. De nombreuses religions croient en outre en une vie de repos, de sérénité, de bonheur après la mort.

Ainsi, avoir la foi est une chance, car cela apporte un soutien puissant et permet de passer plus facilement au travers de nos tourments sur terre. Elle donne une conviction, une confiance forte en l'avenir ou l'au-delà, malgré les épreuves.

En particulier, penser et croire sincèrement qu'un être cher disparu est au ciel, serein et heureux, qu'il est aux côtés de notre dieu pour ses qualités, qu'il nous regarde et nous accompagne avec bienveillance, et qu'il souhaite également nous voir heureux dans notre vie sur terre, peut être d'un grand réconfort.

Victor Cherbuliez, académicien et romancier, nous dit :
« Quand on a la foi, on supporte tout. »

Johann Wolfgang von Goethe, dans «Les maximes et réflexions » :
« La foi est un capital particulier, secret, comme il existe des caisses publiques d'épargne et de secours, où l'on puise, pour donner aux gens le nécessaire dans les jours de détresse : ici le croyant se paye, dans le silence, à lui-même ses intérêts.

LE MENTOR

Le soutien du mentor est assez similaire à celui de la foi : dans le cas de la foi, on fait une confiance absolu à notre Dieu. Ici, la confiance est également totale, mais en une personne, qui peut être un représentant religieux (prêtre, rabbin, imam, chamane, ...) mais aussi toute personne en laquelle nous « croyons » : un proche qui nous est cher, une voyante, un magnétiseur, un psychanalyste, un coach de vie, ... C'est un être fort (ou que l'on estime tel) sur lequel l'on peut nous appuyer lorsqu'on ne sait plus quoi fort, que l'on est démuni devant certaines épreuves.

Mais il peut aussi s'agir simplement du « souvenir », de l'image de cet être fort. En particulier, nous pouvons trouver du réconfort et de la force, en nous appuyant, « par la pensée », sur une personne admirée, qu'elle soit vivante ou disparue. Nous nous demandons si celle-ci aimerait nous voir malheureux, accablé, triste et abattu, ... ou au contraire, préférerait-elle nous voir digne, combatif, riant et nous remettre rapidement ? La réponse est très certainement qu'elle sera ou serait fière de nous si nous luttons pour être heureux, et cela est bien sûr un soutien fort pour nous.

Je vous donne un exemple personnel : ma fille était en pleine période de révision d'examen lorsque son grand-père, qu'elle aimait beaucoup, est décédé. Pendant 3 mois, elle fut complètement abattue, dans l'incapacité de travailler, et elle échoua complètement à la première session de ses examens.
Puis elle décida de changer son point de vue : son grand-père était une personne qui accordait une grande importance à la réussite scolaire. Elle se dit en elle-même que c'était pour lui qu'elle devait réussir ses examens, parce qu'il serait fier d'elle s'il pouvait la voir, et qu'à l'inverse, il aurait été déçu si elle les ratait.... Et cela lui donna une volonté et un courage incroyable, et elle eut des notes excellentes pour sa seconde session.

******

Chapitre 4. Les règles de vie

« Pour pouvoir contempler un arc-en-ciel, il faut d'abord endurer la pluie. »

Proverbe chinois

La vie amène en permanence des tourments qui nous empoisonnent la vie. Parmi ces tourments, certains sont peu importants, d'autres sont intenses et peuvent affecter profondément notre capacité à être heureux. Cela peut être un handicap, un accident, un traumatisme, un divorce, la maladie, etc.

Il est possible de minimiser ses poisons, en changeant ou acquérant des règles et principes qui nous permettent de positiver au mieux notre vie. Mais bien sûr, cela demande du courage.

Démocrite, philosophe grec :
« Le bonheur et le malheur se trouvent dans l'âme. »

Frédéric Lenoir, sociologue et écrivain :
« Malheureux l'homme qui ne sait pas qu'il possède deux grands trésors à l'intérieur de lui-même: la clarté de l'esprit, qui peut le rendre libre, et la bonté du cœur, qui peut le rendre heureux. »

*

Nous avons tous construit, en nous-mêmes, des principes pour nous guider dans les décisions de notre vie. Ceux-ci nous permettent d'éviter de douter lorsque nous devons faire des choix. Cela peut être par exemple « le rose me va mieux que le bleu ».
Mais nous avons aussi tous des principes plus généraux, , des **« règles de vie »**, qui nous donnent une philosophie de vie ou qui encadrent notre vie. Cela peut être par exemple : « les hommes sont bons», ou encore « il faut toujours aider son prochain », ou « la chose la plus importante dans la vie, c'est la famille», etc.

Parmi ces règles de vie, certaines peuvent nous aider à surmonter les tourments, parce qu'elles nous rendent plus forts.

C'est pourquoi, lorsqu'une épreuve arrive, il convient en premier lieu de ne pas oublier ou renier ces principes particuliers, si nous les possédions déjà, mais au contraire les appliquer avec conviction.

Par exemple, nous pouvons avoir des règles de vie telles que :
« il faut agir courageusement dans le respect de ses valeurs morales, avec bonté, droiture et honnêteté, car cela permet d'être en accord avec soi-même et de se respecter, quoi qu'il arrive, malheur ou bonheur » .
ou encore
« la vie est un miracle et un cadeau de chaque jour, nous devons rechercher la beauté de chaque journée qui passe, même lorsque c'est difficile ».

Dans la suite, nous allons distinguer les différents types de règles de vie : celles relatives aux tourments, au temps, aux projets.

LES RÈGLES DE VIE RELATIVES AUX TOURMENTS

Ces règles de vie sont basées sur le fait d'admettre que que vie et soucis sont indissociables. Les tourments de la vie ne s'arrêteront jamais, et il convient de s'en convaincre.
De telles règles peuvent être : « la vie est faite de joie et de malheurs », ou encore “quand nous n'avons plus de souci, c'est que nous sommes morts“.

Un proverbe japonais nous dit :
« Quand un malheur passe, un autre arrive »

Citons *également* Léo Ferré, dans sa chanson « Le Bonheur »
« Le Bonheur c'est du malheur qui se repose, alors il ne faut pas le réveiller ... »

*

Certaines règles de vie sont liés à des objectifs « supérieurs », au-delà des bienfaits et des malheurs. Les personnes qui possèdent ces règles ont alors plus de force pour surmonter la plupart des épreuves que leur apportent l'existence, parce qu'elles ont un objectif "plus haut" que leurs propre vie, que leurs malheurs ou bonheurs : « mon malheur me rend triste, mais d'autres ont les mêmes peines, et mon rôle est maintenant d'éviter la même chose à d'autres personnes ».
Par exemple, cela peut être des hommes ou de femmes qui, pendant la guerre, ayant perdu leur famille en raison du nazisme,

continuent néanmoins à lutter jour et nuit pour sauver d'autres victimes.

Au Moyen Âge, la plupart des paysans avaient des existences très difficiles : la vie était précaire, leur habitation sommaire, leur travail pénible, la faim, la misère, la guerre, la maladie décimaient les familles, les enfants, les proches, etc.
Pourtant ils se relevaient de chacune de leurs épreuves. Une première raison est qu'ils devaient survivre et n'avaient pas le temps de s'apitoyer sur leur sort, donc étaient actifs en permanence ...
Une seconde raison est que, à cette époque, la mort étant toujours présente, à tout âge (l'espérance de vie ne dépassait pas les 30 ans), elle faisait partie de leur vie quotidienne : Les gens adoptaient donc inconsciemment une règle de vie du type : « je sais que la mort peut frapper à tout moment, mais je dois survivre et continuer ma tâche ». La famille n'était pas alors un sens de vie.
Enfin, rappelons qu'alors la foi est très solide dans les campagnes, et l'église catholique a alors un rôle majeur : elle aide, au niveau moral et matériel les plus pauvres ainsi que les veuves et les orphelins, et elle promet en outre un au-delà serein à tous ses croyants.

Aujourd'hui, en raison des progrès de la science, nous adoptons généralement des règles de vie qui éludent la mort et / ou la maladie. Il en résulte des traumatismes lorsqu'elles surviennent.
Plus encore, nous choisissons souvent notre famille, et plus spécifiquement nos enfants, comme sens de vie majeur. C'est souvent un sens de vie puissant, qui permet, malgré les contraintes que constituent l'éducation des enfants, de supporter les tourments de la vie quotidienne. Cependant la disparition d'un enfant peut alors nous anéantir, en détruisant notre raison de vivre. Trouver d'autres sens de vie demandera alors un immense courage.

LES RÈGLES DE VIE RELATIVES AU TEMPS

Chaque instant est unique : il ne faut donc pas refuser les joies du moment présent.

Par exemple une règle pourra être : « chaque jour qui passe est une chance de vivre et je dois profiter de chaque joie ».

En effet, lorsque nous avons un souci important, nous avons tendance à nous fermer aux joies extérieures, en pensant : « Une fois que ce problème sera réglé, tout ira pour le mieux, je serai enfin « tranquille » et heureux...

C'est une illusion, car dans la réalité les poisons, petits ou grands, se succèdent et ne s'arrêtent jamais. Les soucis, problèmes et malheurs, font partie de la vie. Il faut accepter cela et profiter des joies du présent dès que nous le pouvons. Il convient donc d'arrêter de vivre dans le futur, « en attendant » la fin de tel ou tel problème ou souci...
En reportant sans cesse notre droit au plaisir, nous ne voyons plus les belles choses qui passent devant nous, nous passons à côté de nombreuses joies de la vie, sinon de la vie tout court.

Je vous encourage à mémoriser la belle citation du poète indien Rabindranath Tagore, qui nous conseille d'accepter les malheurs inhérents à la vie, et de continuer à voir le positif de l'existence, car ce positif existe toujours malgré tout :

« Ne pleurez jamais d'avoir perdu le soleil ; les larmes vous empêcheraient de voir les étoiles ».

Nous devrions donc être en permanence conscient que rien n'est stable ou immuable, rien n'est acquis : dans la vie, tout peut changer d'un instant à l'autre. Ainsi, chaque joie, quelle que soit la période où elle survient, devrait être considérée comme unique et savourée pour cela.

Chaque moment de plaisir ou de bien-être est une période de vie dont il faut profiter parce que la vie ne le reproduira pas indéfiniment, ce moment pourra ne plus exister dans quelques semaines, quelques mois, au mieux quelques années.

Par exemple, l'histoire nous donne de nombreux exemples de personnes puissantes et / ou ayant une vie paisible depuis longtemps, qui ont été déchues en quelques jours : des rois détrônés ou conquis, des citoyens riches et respectés qui voient tout s'écrouler tout en quelques mois (crise de 1929, réquisition de biens par les nazis à partir de 1938, etc.), des personnes qui perdent brusquement leurs familles (guerres, épidémies, accidents, ...).

Un proverbe chinois dit :
« Quand le malheur vous tombe sur la tête, il est trop tard pour regretter. »

Ou encore Jean d'Ormesson, dans « Histoire du Juif errant »:
« ... le bonheur s'use jusqu'à se détruire. Il faut attendre qu'il disparaisse pour comprendre qu'il était là. »

Alain, dans « Propos sur le bonheur » (1928) :
« Quoi de plus difficile à surmonter que l'ennui, la tristesse ou le malheur de ceux que l'on aime ? Tout homme et toute femme devraient penser continuellement à ceci que le bonheur, j'entends celui que l'on conquiert pour soi, est l'offrande la plus belle et la plus généreuse. »

Pierre Louÿs :
« Le malheur, c'est toujours la même chose. C'est un bonheur ancien qui ne veut pas recommencer.

Le temps atténue les peines : il faut donc prendre son mal en patience.

Face à un tourment important qui dure ou un malheur, nous nous sentons démunis, nous avons l'impression que nous n'en sortirons jamais. Certes, pour les grands malheurs, il restera toujours une peine au fond du cœur, des années après.

Mais le temps efface ou atténue toujours les soucis et les chagrins. On finira souvent par arriver à oublier, à penser à autre chose, à avoir à nouveau des moments de joies, des projets.

Comme le dit Léo Ferret dans sa chanson :
« ...avec le temps, va, tout s'en va... »

Un événement négatif peut devenir positif dans l'avenir (et inversement)

Nous devons nous convaincre que nous ne connaissons jamais à l'avance les conséquences, bénéfiques ou néfastes, de tel ou tel événement, même parmi les plus dramatiques. Lorsque nous sommes jeunes, nous réagissons avec intensité. Mais l'expérience nous apporte la sagesse. Nous apprenons qu'un échec ou un malheur peut cacher une joie, et inversement.

J'avais raconté, dans le conte en introduction de ce livre, comment le paysan restait calme, sans joie ou peine excessive, devant des événements qui pouvaient paraître très favorables ou au contraire terribles. La personne sage reste mesurée lorsqu'un tourment survient, quel qu'il soit.

Citons : Euripide ,Iphigénie en Tauride, in Théâtre 1
« De l'excès du malheur peuvent naître, oui, peuvent naître d'étonnants changements de fortune, lorsqu'ils sont inscrits dans la destinée. »

Winston Churchill :
« Quand survient un malheur, il est tout à fait possible qu'il vous évite un malheur plus terrible encore. Et, quand vous commettez une erreur grave, elle peut vous être plus utile que la décision la mieux pesée. »

LES RÈGLES DE VIE RELATIVES AUX RÉSOLUTIONS ET AUX PROJETS

L'homme accablé ou malheureux accuse le coup et souffre pendant un certain temps, parfois quelques mois.

C'est souvent un moment de réflexion, de remise en question de ses valeurs profondes, et il arrive qu'il retrouve un équilibre en adoptant de nouveaux principes de vie pour l'avenir, ce qui contribue parfois à le rendre meilleur, plus fort, ou à à le grandir. En se donnant ainsi de nouvelles règles, des devoirs, des projets positifs pour l'avenir, il fixe sa volonté sur des objectifs qui lui redonnent une raison de vivre. Nous avions cité précédemment l'exemple de l'australien Nick Vujicik, né sans bras ni jambes, qui avait envisagé le suicide mais a trouvé le bonheur en confortant sa foi et se fixant des projets de vie :

s'investir dans sa communauté religieuse, partager son expérience en donnant des conférences sur le handicap.

Ces nouveaux principes, revigorants, qui nous donnent des projets, peuvent être par exemple : « dorénavant, je veux vivre près de la nature et la montagne », « je veux toujours rire à la moindre occasion », « je veux toujours aider les autres », « je veux travailler dans l'humanitaire », « je veux travailler dans la recherche médicale sur telle maladie », "je veux créer une association d'aide". Ou encore, après la perte d'un être cher « je vais adopter des principes et des qualités qui étaient chers à cette personne, ce qui est une manière de la rendre vivante à l'intérieur de moi-même. ».

Notons que les poisons modérés ne donnent généralement pas lieu à des changements de principes forts de vie. Il y a bien un processus qui consiste à accuser le coup, souffrir puis relativiser. Mais ces poisons modérés, tels que facture imprévue, panne d'automobile, maladie, dispute, etc., sont oubliés rapidement (un jour ou deux).

Dans le cas des poisons forts, tels que décès, dépression, stress intense..., il y a généralement création de traumatismes, de souffrances qui ne s'effacent pas. Pour cette raison, des changements profonds de principes de vie sont alors nécessaires pour diminuer cette souffrance permanente.

Louis Pauwels :
« Les malheurs qui ne nous tuent pas nous grandissent. »

Virgile :
« L'expérience du malheur nous apprend à secourir les malheureux. »

George Sand :
« Le malheur, en s'attachant à moi, m'enseigna peu à peu une autre religion que la religion enseignée par les hommes. »

******

Chapitre 5. L'évitement du négatif

« Une personne optimiste ne refuse pas de voir le côté négatif des choses ; elle refuse de s'attarder dessus. »

Alexander Lockhart

Devant les tourments, nous avons tendance à enchaîner les idées négatives, ce qui conduit à la focalisation, à l'abattement. Nous devons nous efforcer de minimiser cette tendance.

Il convient donc de s'entraîner à éviter le négativisme ("éviter de focaliser, de se comparer, de subir").

Pour cela :

ÊTRE COURAGEUX

Il est souvent tentant de se laisser abattre, de s'apitoyer sur son sort, de ressasser des contrariétés ou un ressentiment quelconque.
Cela demande du courage de rester fort devant les tourments, de se battre ou de savoir pardonner. Adopter un état d'esprit combatif, se dire « ces épreuves sont difficiles mais je vais me battre pour rester debout et les surmonter une à une », nous rend plus digne et plus fort moralement.

Varel Tchitembo Tchissafou :
« C'est dans la souffrance, l'échec et la perte qu'on voit le courage et la volonté. »

Alain, Propos sur le bonheur :
« Il est toujours difficile d'être heureux ; c'est un combat contre beaucoup d'événements et contre beaucoup d'hommes ; il se peut que l'on y soit vaincu ; il y a sans doute des événements insurmontables et des malheurs plus forts que l'apprenti stoïcien ; mais c'est le devoir le plus clair peut-être de ne point se dire vaincu avant d'avoir lutté de toutes ses forces. »

DÉTOURNER LES IDÉES NÉGATIVES

Les idées négatives sont elles-mêmes associées à d'autres idées négatives, d'où, plus nous focalisons notre esprit sur un malheur, plus nous déprimons.

Certes, il n'est pas possible de ne pas penser à des tourments lorsque ceux-ci sont intenses. Par contre on pourra cadrer nos pensées en se donnant des règles à respecter : on s'autorisera par exemple à penser à nos soucis et focaliser sur une « limite de temps » donnée dans la journée, puis on fera autre chose.

Également, on évaluera objectivement l'importance de nos tourments du moment présent en pensant à des personnes de notre entourage faisant face à des situations pires que la nôtre.

Chilon :
« Tu gémis de tes malheurs ! Si tu considérais tout ce que souffrent les autres, tu te plaindrais plus doucement de tes maux. »

*

Enfin, on tentera régulièrement de détourner notre esprit par des idées positives, même si cela est très provisoire. Regardez comment font les parents lorsqu'un enfant est polarisé sur un caprice ou une idée qui le rend triste : ils détournent son attention en lui parlant de quelque chose de gai ou positif (« regarde l'avion là-haut »), et immédiatement l'enfant oublie son chagrin et retrouve le sourire.

*

LE PIÈGE DE LA COMPARAISON NÉGATIVE

Plusieurs philosophes recommandent, pour être plus heureux, d'éviter de nous comparer aux autres, de croire que nous aurions une malchance particulière par rapport aux autres.

D'abord parce que les personnes donnent souvent une image d'elles-même positive, qui ne correspond pas à la réalité. Quels que soient leurs biens matériels ou leur bonheur apparent, leur vie peut être toute autre, remplie de tristesse, de maladies ou de malheurs de toutes sortes, sans qu'ils ne le laissent entrevoir.

Ces philosophes conseillent de vivre « dans son monde », de se créer un environnement familial ou amical de proches et d'amis chers, et d'éviter de « regarder » ailleurs.

Il est certes important d'avoir quelques biens matériels,

mais dans tous les cas, l'accumulation de biens n'amène pas le bonheur. Plusieurs penseurs estiment même qu'il vaut mieux ne posséder qu'un nombre limité (mais suffisant...) de ces biens matériels, car la richesse attire à la fois les jalousies, les convoitises et les soucis. Les études leur donnent en partie raison.

Ainsi, le World Happiness Report est un programme de l'ONU qui étudie le niveau de bonheur dans les différents pays. Plusieurs pays développés sont en tête, pourtant le Costa Rica, qui n'est pas un pays riche, fait partie des pays où les gens sont les plus heureux (on notera que ce pays a une culture des liens sociaux - familles, amis, voisins, ...-, ce qui confirme l'importance de l'appartenance dans le sentiment de bonheur).

Pascal, mathématicien, physicien, philosophe :
« *J'ai découvert que tout le malheur des hommes vient d'une seule chose, qui est de ne savoir pas demeurer en repos dans une chambre.* »

Voltaire termine le conte « Candide » par la phrase :
« *il faut cultiver son jardin* ».

Sans refuser la gloire, Jules César disait, pour éviter la comparaison et la soumission hiérarchique :
« *Je préfère être le premier homme ici que le second dans Rome* ».

Un dernier exemple :
Spinoza a refusé l'aisance et les honneurs, préférant consacrer sa vie à la philosophie, tout en vivant modestement, retiré à La Haye.
Il assurait sa subsistance en étant artisan, polissant des verres de microscopes : il était pauvre mais il était indépendant des autres.
En particulier, pour conserver cette indépendance, il refuse en 1673 l'invitation de l'Électeur palatin qui lui offrait une chaire à l'université d'Heidelberg (actuelle Allemagne).

L'ANTICIPATION

Nous devons constamment être prudent et essayer de prévenir et anticiper les dangers éventuels, lorsque c'est possible. Par exemple, apprendre à ses enfants à nager, à regarder systématiquement des 2 côtés pour traverser la route, à ne pas parler à des inconnus, c'est, d'une certaine manière, anticiper et écarter l'apparition d'un malheur (un accident) sur ses enfants.

Schopenhauer dans Aphorisme sur la sagesse dans la vie » :
« ... il faut [...] pousser si loin la prudence à prévenir et écarter les malheurs, qu'ils viennent des hommes ou des choses, et se perfectionner si bien dans cet art, que, pareil à un fin renard, on évite bien gentiment tout accident (il n'est le plus souvent qu'une maladresse déguisée), petit ou grand. »

LA PRÉPARATION

Arthur Schopenhauer préconise, avec raison, de se « préparer à l'avance », avant que le poison survienne :

Pour lui, « se préparer à l'avance », c'est envisager, imaginer ce tourment et réfléchir dans le détail à la façon dont on agirait alors. Cette préparation de notre esprit à un futur tourment éventuel « habituera » celui-ci et diminuera la souffrance ressentie si un jour celui-ci arrive réellement.

Par ailleurs, cette manière de faire présente un autre avantage : celui de mieux apprécier le moment présent. Car, en revenant à la réalité, on se dira : « à cet instant présent, le poison n'a pas eu lieu, réjouissons-nous de cela, profitons et soyons joyeux du présent ».

Ainsi, Schopenhauer nous dit dans « Aphorisme sur la sagesse dans la vie », 1880 :

Il est même salutaire de nous représenter à l'esprit certains grands malheurs qui peuvent éventuellement venir nous frapper; cela nous aide à supporter plus facilement des maux moins graves lorsqu'ils viennent effectivement nous accabler, car nous nous consolons alors par un retour de pensée sur ces malheurs considérables qui ne se sont pas réalisés... »

ou encore :

«... certainement, en considérant ainsi à l'avance un malheur comme possible, nous avons médité en même temps sur les motifs que nous aurons de nous en consoler et sur les moyens d'y remédier, ou pour le moins nous nous sommes familiarisés avec sa vue... »

******

Illustration. « Mieux-vivre » selon Noah Harari et Tal Ben Shahar

« Tout nos tourments sur ce qui nous manque me semblent procéder du défaut de gratitude pour ce que nous avons. »

Daniel Defoe / Robinson Crusoe

Noah Harari

Noah Harari est historien, professeur d'histoire, et l'auteur de *« Sapiens une brève histoire de l'humanité ».*

Pour lui, les hommes chasseurs cueilleurs étaient plus heureux que les agriculteurs qui les ont suivis, mais aussi que les « agriculteurs » que nous sommes. En effet, ils n'avaient pas de souci « d'avenir » : ils vivaient au jour le jour, et les fruits et le gibier ne manquaient pas.

Alors que, au contraire, les agriculteurs vivent désormais dans la crainte de l'avenir s'inquiétant s'il n'y a pas de pluie, si la récolte n'est pas bonne. Ainsi, les « agriculteurs » modernes que nous sommes avons de multiples sources d'inquiétude : ne pas avoir d'emploi, échouer à tel ou tel concours à venir, etc.
L'idée de Harari est de dire que l'abondance de biens nuit, dans le sens où elle implique des soucis multiples supplémentaires pour l'avenir.

Il faudrait donc s'entourer de suffisamment de biens matériels pour être en sécurité, mais « pas trop », afin de vivre sans attentes excessives et sans trop de souci pour l'avenir ....

En effet, s'il est vrai que les premiers hommes, démunis de biens matériels, vivaient au jour le jour et non dans l'avenir, comme les animaux sauvages aujourd'hui, ils connaissaient cependant fréquemment la peur, la faim, la souffrance, la terreur, la solitude, les bêtes sauvages, la maladie,...
La vie sédentaire a permis aux hommes de mieux se soutenir et s'entraider, et aussi capitaliser sur leurs connaissances, en les transmettant de génération en génération, améliorant ainsi leur aptitude à combattre les bêtes, la maladie, la solitude.
En contrepartie, elle leur a apporté, au travers d'une vie sociale plus complexe, plus de soucis pour leur quotidien et leur avenir.

TAL BEN SHAHAR

Tal Ben Shahar est enseignant en psychologie positive et auteur du livre *« L'apprentissage du bonheur »*. Il anime de nombreuses conférences sur le bonheur. Pour lui, le bonheur c'est, tout particulièrement :

Se remémorer quotidiennement des souvenirs positifs,
Éprouver de la gratitude envers les autres,
Avoir des rituels positifs (activité sportive, culturelle, relaxation, club d'amis, yoga ...), une activité physique,
Avoir de la bienveillance (rendre service, ...), savoir dire merci,
Tirer les leçons de ses expériences,
Gérer et prendre son temps,
Apprendre de ses échecs,
S'autoriser à vivre l'instant présent,
Accepter d'exprimer ses émotions,
Être parent et vieillir avec grâce,
Voir le verre à moitié plein et non pas à moitié vide,
Tirer parti de ce que la vie nous donne,
S'ouvrir à l'émerveillement,
Se demander quels conseils on se donnerait au soi-même d'aujourd'hui si on avait 110 ans....

Tal Ben Shahar nous propose l'équation :
plaisir + sens = bonheur.
Le terme « plaisir » englobe le plaisir immédiat, de l'instant, sans penser à l'avenir.
Le terme « sens » comprend ce qui a du sens pour nous sur le long terme, c'est-à-dire ce qui nous motive (« sens de vie »), nous promet du plaisir ou un moindre déplaisir pour l'avenir.

En conclusion, il conseille de ne pas vivre au jour le jour, mais aussi de ne pas vivre « que » dans l'avenir, sans récompense immédiate, dans l'espoir de réussite d'un but donné, car il faut des gratifications dans le présent.
Tal Ben Shahar rappelle également qu'aucune existence n'est exempte de souffrances, d'épreuves ou de contraintes. Il

conseille de renoncer à la perfection, d'accepter d'avoir des objectifs moins élevés.
Il indique enfin, en se référant à des études en psychologie positive, que 40% de notre bien-être dépend de notre état d'esprit. On retrouve ici les principes de la thérapie cognitive de Aaron Berg, basée sur l'attitude positive.

******

Conclusion

Sans motivations, il n'y a pas de vie humaine.

L'évolution a créé un cerveau humain qui est ainsi conçu que l'homme a toujours besoin d'agir, soit dans l'objectif d'acquérir de plus grandes « valorisations », soit dans l'objectif de minimiser les pertes de celles qu'il possède déjà.

Nous passons notre vie, avec constance, sans interruption, dans cette tâche incessante.

Car la vie ne fait pas de cadeaux.
Quand nous croyons avoir atteint un but, que nous commençons à nous dire que nous allons pouvoir enfin être totalement heureux, cela ne dure jamais longtemps...

Soit parce qu'il arrive bientôt un malheur inattendu qui nous attriste, une maladie, la disparition d'un proche, etc.
Soit parce que notre objectif, désormais atteint, présente moins d'intérêt à nos yeux, et que nous désirons maintenant autre chose.

Au début du livre, j'avais raconté l'histoire du paysan sage qui prenait tous les événements de la vie, bons ou mauvais, avec recul et philosophie.

L'homme sage comprend en effet que la vie est une roue, incessante, capricieuse, jouet des événements.
Il cherche à profiter de l'instant présent, en sachant qu'il y a et y aura des moments de la vie qu'il ne contrôlera pas.

Il accepte ces choses imprévisibles, et en les acceptant, il concède aussi qu'il aura parfois des joies, parfois des malheurs, et également parfois des joies qui deviennent des malheurs et inversement.

Le bonheur et le malheur font partie des lois de la vie, et sont aussi des choix.
Nous ne devons pas l'oublier, afin de profiter de chaque instant de joie, de regarder la vie sous son angle positif, et de continuer à lutter pour réaliser ce qui est important pour nous, ce qui nous motive.

******

Annexes

L'ÉPONGE DE MER, LE PREMIER ANIMAL SUR TERRE

La plupart des scientifiques sont d'accord pour dire que les éponges de mer sont à l'origine de la vie animale sur terre. Leur apparition date probablement d'environ 600 millions d'années.
Elles ne possèdent ni appareil génital, ni appareil respiratoire, ni bouche, ni anus, ni d'ailleurs aucun organe différencié.
Cependant, il existe, de manière extrêmement sommaire, des cellules nerveuses, ainsi que des molécules hormonales, qui laissent présager l'apparition future du système nerveux et du système hormonal des animaux à venir.

Structure cellulaire

Les éponges de mer possèdent essentiellement deux couches de cellules principales : une couche de cellules externes (le pinacoderme, constitué de cellules dites pinacocytes) qui fait l'interface avec l'extérieur et une couche de cellules intérieures (le choanoderme, constitué de cellules dites choanocytes), spécialisées dans la «nutrition», c'est-à-dire dans la transformation des particules issues du milieu extérieur. Cette transformation a permis en particulier à l'animal de retirer, par réaction chimique, les éléments et l'énergie nécessaires à la nourriture et la respiration des cellules intérieures.

Les choanocytes possèdent un flagelle, qui est utilisé pour assurer une circulation d'eau dans l'éponge, permettant, en particulier, la capture de nourriture et l'éjection des déchets. Les choanocytes ont aussi un rôle direct dans la nutrition.

Ces deux couches cellulaires sont séparées par une troisième « couche » sans réelle structure (ce ne sont pas des cellules), semblable à de la gelée, la mésohyle, qui est gélatineuse, presque fluide, constituée à 98% d'eau.
Cette gelée moléculaire est riche en collagène. Elle sert à soutenir le corps de l'animal, mais elle contient aussi différents types de cellules en suspension : on y trouve en particulier des cellules dites « collencytes », qui fabriquent la gelée, des cellules dites «amibocytes », capables de se déplacer, mais aussi de se différencier en cellules « gonocytes »

pour assurer la reproduction, ou en cellules « phagocytes » pour la digestion; on trouve également quelques cellules nerveuses, très rudimentaires, qui relient les pinacocytes de surface avec les choanocytes intérieurs.

J'ouvre une parenthèse à ce sujet, car il est très étonnant de constater que cette structure en feuillets (extérieur, milieu, intérieur) se retrouve au tout début de la création d'un embryon humain : en effet, vers le 15ème jour après la fécondation d'un être humain, se forment 3 feuillets primitifs : un feuillet externe, l'ectoblaste, un feuillet central, le mésoblaste, et un feuillet interne, l'endoblaste.

Nourriture

La grande majorité des éponges consomme principalement des bactéries, des débris organiques et des algues unicellulaires.
Les grosses particules (elles mesurent 1 et 50 µm de diamètre) seront phagocytées par les cellules amibocytes, les petites seront phagocytées par les cellules choanocytes.

Reproduction

Comme il n'y a pas de voies génitales différenciées, les cellules germinales sont dispersées.
Les éponges possèdent cependant des gamètes (spermatozoides et ovules) qui proviennent de la différentiation des amibocytes.
Il est probable que le déclenchement de la reproduction dépend de facteurs tels que la température, la luminosité, la quantité de nutriments....
En période de reproduction, en général vers la saison estivale, une éponge expulse des spermatozoïdes qui pénètrent dans une autre éponge, et sont capturés par des choanocytes ; ceux-ci se dédifférencient alors et deviennent des cellules mobiles, les archéocytes ; puis ils vont dans la mésoglée où se trouvent les ovules, et y transportent les spermatozoïdes.
Il y a alors fécondation : un œuf se développe dans la mésoglée, et devient une larve ; cette larve, recouverte de flagelles, peut nager, et est libérée dans le milieu extérieur. Elle va alors se fixer sur un support et devenir une éponge adulte...

Système nerveux et hormonal

Les spongiaires ont un système nerveux diffus. Celui-ci synthétise en particulier des neurohormones, secrétés par des cellules plus ou moins dispersées dans les espaces intercellulaires.

Comme il n'y a pas encore de réel système nerveux et de système circulatoire fonctionnels, les communications hormonale et nerveuse au sens habituel sont impossibles.
Le neurone n'existe pas encore, et le sang non plus.

On rappelle que, par définition, une hormone est une molécule « messagère », synthétisée par une cellule et qui, par voie sanguine, peut circuler et agir à distance sur des récepteurs spécifiques d'une cellule cible.
Or, ici il n'y a pas de sang et le mode de communication de l'éponge de mer est dite « paracrine », c'est-à-dire que la cellule cible est atteinte grâce à des messagers chimiques qui agissent dans le voisinage de la cellule qui les a synthétisés.

Concernant le système nerveux, certes, il n'y a pas de neurone chez l'éponge, mais ses constituants sont déjà présents.
En effet, même si les éponges ne possèdent pas de cellules reliées par des jonctions synaptiques (les neurones communiquent un influx nerveux par des synapses), elles présentent de nombreux gènes que l'on retrouvera plus tard dans le développement des synapses des futurs neurones.

Des chercheurs du *UCSB's Institute for Collaborative Biotechnologies* ont effectué le séquençage du génome des éponges et ont ainsi établi que de nombreux gènes impliqués dans le fonctionnement des synapses existaient dans le patrimoine génétiques des éponges.

Les expériences de Eric R. Kandel sur les limaces de mer

Eric R. Kandel, prix Nobel de médecine 2000, a réalisé de nombreuses expériences sur un mollusque, l'aplysie, qui est une sorte de limace de mer.

L'aplysie possède un système nerveux très simple, constitué de grandes cellules nerveuses, qui font jusqu'à 1 millimètre de diamètre.
Cet animal possède deux types de neurones de perception : des neurones de perception qui sont activés lorsque l'on recourbe les cils de l'animal, et des neurones de perception qui sont activés lorsque l'on appuie sur la tête de l'animal.
Ces deux types de neurones de perception, lorsqu'ils sont excités, envoient un influx nerveux à un neurone moteur unique dont la fonction est de commander le muscle qui active le retrait des branchies.

Si l'on recourbe légèrement les cils, on observe un retrait partiel des branchies. Par contre, la pression sur la tête, signe d'un plus grand danger, entraîne un retrait total.

En effet, de manière innée, la connexion entre les neurones de pression de la tête et les neurones moteurs est plus forte.

Si maintenant, on répète plusieurs fois de suite ces deux expériences, courbure des cils et pression sur la tête, on finit par arriver à un moment où, lorsqu'on se contente seulement de recourber les cils, on observe un retrait total.

On peut donc en conclure qu'il y a eu renforcement de la connexion entre le neurone de la courbure de cil et le neurone moteur, en raison de la simultanéité avec la pression sur la tête. On voit qu'ici on a créé un « réflexe conditionné ».

Enfin, si l'aplysie ne subit plus de pression sur la tête en même temps qu'on touche ses cils, elle « oubliera », et le retrait redeviendra à nouveau partiel.

Maintenant on touche l'une des branchies de l'animal : l'animal la rétracte doucement. Immédiatement après, on lui soumet un choc électrique : l'animal se rétracte vivement. Si on recommence le toucher des branchies, la rétractation sera plus vive et longue : c'est la

sensibilisation.
L'animal a donc associé le toucher des branchies au choc électrique, et donc à une rétraction forte.

Si l'on continue à toucher les branchies de l'animal, mais en ne causant plus de choc électrique, l'animal finit par ne plus tenir compte de ce toucher : c'est l'habituation.
Ainsi, l'association entre le toucher des branchies et la rétraction a diminué progressivement, jusqu'à disparaître.

Si on observe au microscope électronique les synapses dans chacune des expériences, on vérifie qu'il y a bien eu une modification des vésicules et des récepteurs (à neurotransmetteurs) afin d'augmenter ou diminuer la force de la connexion : l'animal s'est adapté à son environnement.
Par exemple, lors de la sensibilisation, où la force de connexion augmente, on visualise qu'il y a eu augmentation du nombre de vésicules et du nombre de récepteurs. Et, lors de l'habituation, où la force de connexion diminue, il y a bien eu diminution du nombre de vésicules et du nombre de récepteurs.

LES HORMONES ET LES CELLULES NERVEUSES

Les hormones n'agissent pas sur n'importe quelle cellule cible. Pour qu'une hormone ait un effet sur une cellule, elle doit atteindre un récepteur spécifique de cette cellule cible, qui la reconnaît comme une clé dans une serrure.
Notons encore que les hormones sont à la base de l'évolution animale mais aussi végétale.

Les « ancêtres » des cellules nerveuses (ou « neurones ») apparurent à priori avec les éponges de mer, .

Ainsi, un article Futura-Sciences par Laurent Sacco du 11/06/2009 indique :
« ...un groupe de chercheurs de l'Université de Santa Barbara en Californie [....a....] découvert que le génome des éponges de mer possédait un nombre important de composantes en commun avec celles intervenant dans le fonctionnement des synapses humaines. Une partie de l'origine du système nerveux se trouve donc être très ancienne et remonte au moins à l'apparition des éponges il y a presque 600 millions d'années »

*

Rappelons qu'une cellule nerveuse ou « neurone », est une cellule qui a muté en acquérant des « bras », un axone et plusieurs dendrites, ce qui lui a permis de communiquer un influx électrique à un autre neurone.

L'influx électrique est créé grâce à un « potentiel électrique d'action » issus de canaux à ions calcium Ca++.

Les dendrites du neurone libèrent des molécules, les « neurotransmetteurs », qui sont captés par l'axone d'une autre cellule nerveuse, très proche d'elle.
Cela permet de propager un influx nerveux, et, au final, d'activer un organe, une autre cellule (par exemple un muscle, etc).

Cette invention de la nature a permis de communiquer, de manière quasi-immédiate et ponctuelle, une excitation à des endroits spécifiques internes à l'animal.

Ainsi, le système nerveux du corps humain peut exciter ou non certains nerfs du cœur, pour permettre au cœur, par exemple, de battre plus vite lors d'un effort violent; il permet aussi dans ce contexte, d'augmenter le rythme de la respiration.

*

On notera que ces deux outils de communication, hormones et cellules nerveuses, se recoupent souvent dans les organismes des métazoaires, assurant souvent des fonctions identiques ou se complétant.
Par exemple, chez l'être humain, la régulation de la chaleur se fait par la thyroïde, qui peut agir par voie hormonale, mais aussi par voie nerveuse.

La différence principale entre ces deux « outils » de transmission, hormone et neurone, se trouve dans le temps de réponse.
Une hormone, de par sa nature chimique, effectue sa transmission de manière lente, diffuse, continue, pendant un temps assez long, alors que la transmission neuronale est quasi-immédiate.
Par exemple, avoir faim, soif, des envies sexuelles, désirer allaiter, sont des comportements durables, non instantanés...

A l'opposé, un neurone, de par sa nature électrique, effectue sa transmission de manière immédiate et ponctuelle. Par exemple : si on touche du feu, on retire la main immédiatement.

A noter qu'il existe dans la nature des cellules particulières, les « neurohormones », qui sont intermédiaires entre les hormones et les neurones.
Une neurohormone est une molécule produite par un neurone, et libérée dans le sang pour aller interagir avec une cellule cible. La neurohormone est donc une hormone particulière.

Qui est le premier : hormone ou ancêtre du neurone ?

Il est difficile de savoir qui des hormones ou des cellules nerveuses est apparu en premier, car on retrouve ces deux types de « communication » dans les animaux primaires tels que les éponges de mer.
Il semblerait que ces deux modes soient apparus quasi-simultanément, ou dans des périodes proches.

Cela est finalement assez plausible, parce que hormone et neurone correspondent à des processus chimiques similaires : une cellule libère une molécule (l'hormone, ou bien le « neurotransmetteur » dans le cas du neurone), qui est captée par une autre cellule.
La différence principale est que le neurotransmetteur agit sur une cellule cible (un autre neurone) qui doit se trouver impérativement à une distance très proche (transmission de neurone en neurone par les synapses), alors que l'hormone peut circuler dans le sang sur des distances importantes.

Les premiers êtres vivants

Très rapidement après l'apparition des premiers êtres vivants, l'évolution apporta deux éléments qui seront essentiels pour « motiver » les futurs animaux :
les hormones et les cellules nerveuses.
Ci-dessous, nous retraçons rapidement ce parcours de la vie vers les premières motivations.

Les premiers êtres vivants à apparaître sur notre planète sont d'abord des organismes constitués d'une seule cellule et possédant un ADN.

Par exemple, il y eut d'abord des bactéries, organismes sans noyaux, puis des protozoaires, qui sont des cellules possédant un noyau .

Ensuite on vit sur terre des êtres vivants à plusieurs cellules, capables de se reproduire dans son ensemble (protozoaires).
Il s'agissait de petits organismes marins très simples, constitués d'amas de cellules.

Certaines cellules uniques commencèrent en effet à en parasiter d'autres, c'est-à-dire à vivre à côté d'elles, par exemple en se nourrissant de leurs déchets.
Et parfois, des cellules hôtes ont fini par ne plus pouvoir se passer de leurs parasites en raison de leur spécificité.
Avec le temps, une symbiose s'est faite : l'ensemble a formé un être multi-cellulaire, capable de se reproduire dans son ensemble.

Ces micro-organismes marins se sont ensuite complexifiés.
Voici environ 650 millions d'années, des organismes tels que les éponges de mer, les coraux, les étoiles de mer se multiplient : ils possèdent un corps composé de cellules extérieures et intérieures.

Le développement du système hormonal

Deux nouveaux outils permirent une transmission et une communication entre les cellules extérieures et intérieures de ces nouveaux animaux : les hormones et les cellules nerveuses.

Ces outils étaient indispensables car un animal à plusieurs couches de cellules n'aurait pas pu être viable si les cellules extérieures avaient été incapables de transmettre des nutriments aux cellules intérieures, et plus généralement de communiquer avec ces cellules intérieures : celles-ci seraient mortes « de faim », et/ou n'auraient pu être contrôlées par l'animal.

Par exemple, les cellules de notre corps ne peuvent pas survivre sans apport régulier de lipides, glucides, sels minéraux, acides aminés...

Les hormones apportèrent une communication lente dans un fluide

Certaines cellules ont acquis la capacité de synthétiser puis d'émettre des molécules chimiques.
Ces molécules chimiques pouvaient circuler dans un fluide, et en particulier dans un fluide interne de l'animal : ce sont les hormones.

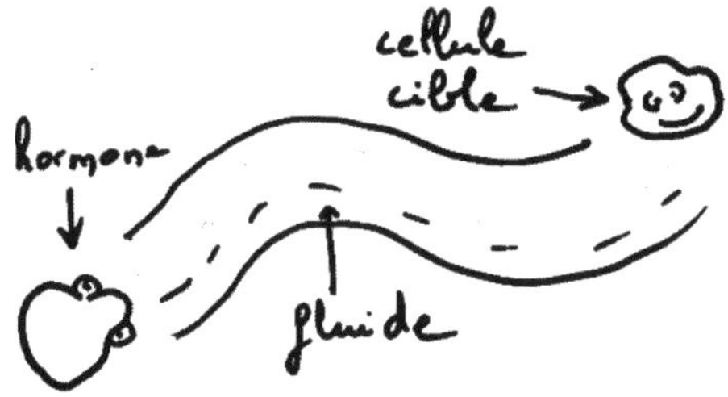

Ainsi, il était désormais possible d'agir à distance sur des récepteurs spécifiques de cellules cibles se trouvant à l'intérieur de l'animal.

Chez l'éponge de mer, ces molécules chimiques sont les ancêtres des hormones et le fluide est une sorte de gelée gélatineuse, appelée mésoglée.
Chez les mammifères, le fluide nécessaire est le sang ; pour les insectes, il s'agit d'une lymphe.

Les hormones ont permis le déclenchement des toutes premières motivations

Les hormones ont permis non seulement de nourrir les cellules internes, mais elles permirent aussi le déclenchement de comportements périodiques, nécessaires à la survie ou la reproduction de l'animal. C'est en ce sens qu'elles constituent des « motivations archaïques ».

Le système hormonal a permis de réguler la vie, c'est-à-dire l'ensemble des automatismes d'un organisme vivant, pour optimiser la survie.

Il existe de nombreuses hormones dans le monde vivant.

Par exemple, seulement pour la reproduction, l'être humain possède

plusieurs hormones : testostérone, progestérone, œstrogène ...
La progestérone est une hormone féminine qui sert à préparer l'utérus pour une grossesse.
Il existe également des hormones pour déclencher le sommeil, la faim, la reproduction, la croissance, le lait maternel, le besoin d'allaiter, la fréquence cardiaque, la pression artérielle, l'insuline, etc....

A titre d'exemple, chez les mammifères, l'hormone « mélatonine » est une horloge du corps qui permet de gérer les cycles nécessaires et les déclencher.

Elle est ainsi responsable des variations saisonnières de la reproduction chez les petits ruminants (ovins, caprins), les chevaux et de très nombreuses espèces sauvages. Elle programme la reproduction pendant les périodes favorables à la survie des petits.

C'est la concentration de mélatonine dans le sang qui permet de créer des cycles saisonniers.
En effet, la concentration de mélatonine est régulée par les variations de la lumière (alternances jour/nuit) : la production diminue avec la lumière.
Ainsi la mélatonine est produite surtout en obscurité, donc pendant la nuit et aussi en hiver (où les nuits sont plus longues).

De même, la faim, qui nous motive à rechercher de la nourriture, et est donc essentielle pour notre survie, est un processus hormonal lié à l'hypothalamus (organe du cerveau qui régule la faim, la soif, le sommeil la température corporelle, ...) .

Comment la faim se déclenche-t-elle ?
Le tissu adipeux, c'est-à-dire l'ensemble des cellules graisseuses, produit une hormone, la leptine, dite « hormone de la satiété » ; cette production est proportionnelle à la masse adipeuse.
Si l'animal est en sous-nutrition, son tissu adipeux est faible : la production de leptine est donc alors faible.
La leptine est véhiculée par le sang, et atteint le cerveau, et l'hypothalamus.
En constatant que cette hormone est en quantité faible, l'hypothalamus va alors déclencher chez l'animal une « sensation de faim ».

Dès les éponges de mer, l'évolution a commencé à construire un système hormonal.
Ce système, basé sur la chimie, se déclenche automatiquement en fonction de certains événements internes ou externes, tels que la lumière, le rapport sexuel, la grossesse, etc.).
Il s'agit donc d'un automatisme, qui constitue, d'une certaine façon, une « mémoire » de l'espèce.
En effet, en permettant de transmettre des automatismes d'espèce en espèce, de génération en génération, ce système hormonal, mis en place par la sélection naturelle, a favorisé les animaux qui le possédaient, leur permettant une meilleure survie, c'est-à-dire une meilleure conservation et reproduction.

Au cours du temps, le système hormonal des animaux s'est amélioré. En particulier, des glandes sont apparues, chargées de secréter des hormones.

Après les éponges, la sécrétion des hormones est désormais assurée par des organes spécifiques, les «glandes », et non plus par des cellules isolées.
Avec les mollusques et les arthropodes (crustacés, araignées, insectes), apparaissent des glandes endocrines (glandes de mue chez les insectes par exemple) .
On notera que, pour transporter les hormones, les insectes ont une sorte de sang, l'hémolymphe – qui n'est pas rouge car il n'y a pas d'hémoglobine.

Aujourd'hui, le système hormonal des mammifères et des humains, même s'il fonctionne sur le même principe que celui que nous avons vu pour l'éponge de mer, possède un niveau d'organisation, de distance et d'efficacité bien plus élevé.

Ainsi, ce sont plusieurs glandes, chacune ayant sa spécialité (tiroïde, hypophyse, ...), qui secrètent maintenant les hormones, qui sont diffusées par le sang ou la lymphe.

L'APPARITION DU NEURONE

Pour les premiers animaux que sont les éponges de mer, le neurone

n'existait pas encore (donc pas de système nerveux), mais néanmoins, certaines cellules de l'éponge possédaient de nombreux gènes similaires à ceux des futurs neurones, ce qui laissaient présager « l'arrivée prochaine » du neurone.
C'est effectivement ce qui se passa : à la suite de mutations génétiques, certaines cellules acquièrent des « bras », appelés dendrites et un long bras, l'axone : **ces nouveaux types de cellules sont les « neurones »**.
Très proches les unes des autres, ces cellules particulières peuvent désormais transmettre des molécules spécifiques, les neurotransmetteurs, dans une zone dite « synaptique ».

Les neurones apparurent avec les cnidaires (méduses, anémone de mer, coraux, ...) il y a environ 600 millions d'années.
Les cnidaires sont, comme les éponges, composés de deux feuillets (ectoderme et endoderme) séparés par une mésogelée.

Les cellules nerveuses apportent une communication et des déclenchements plus rapides

Les cellules nerveuses permirent, à partir d'une perception extérieure, d'exciter immédiatement un organe interne, donc de déclencher rapidement un comportement.

Ainsi, si on touche une aplysie (ou limace de mer), on provoque une réaction de retrait : l'animal est donc, grâce à ses neurones, motivé à agir pour sa sécurité.
Nous avons vu que les hormones ont permis la communication à distance, grâce à l'envoi de molécules spécifiques sur une cellule cible.

L'ÉMERGENCE D'UNE TÊTE

Le système nerveux des spongiaires et cnidaires est sommaire.

Mais l'évolution va accélérer le **développement neuronal,** ce qui apportera une aptitude à faire **des associations d'idées .**

Voici plus de 500 millions d'années, on va désormais trouver dans la mer des vers microscopiques possédant une boursouflure, un début de «tête» : ce ne sont alors guère plus que des amas de cellules nerveuses.

Mais celles-ci vont doucement se multiplier. Et une véritable « tête » se formera.

On considère aujourd'hui qu'un ver marin (probablement un ancêtre du ver planaire qui existe aujourd'hui) est à l'origine des premiers vertébrés (que sont les poissons puis les reptiles).

Puis les neurones de cette tête vont s'organiser et l'on va alors voir l'émergence de véritable cerveaux primitifs, permettant une centralisation des commandes nerveuses.

Le cerveau comprendra en particulier un thalamus pour trier, regrouper les multiples perceptions en une « perception globale » et permettre une décision de mouvement ou non, et un cervelet pour permettre la coordination et le contrôle automatique des mouvements.
Plus tard, on retrouvera aussi un « pallium » (ébauche de cortex) chez les reptiles et les oiseaux, qui évoluera vers un cortex, essentiellement chez les vertébrés.

Les premiers poissons sont apparus voici environ 500 millions d'années; ils ont essentiellement des mouvements automatiques, qui sont contrôlés par un cervelet ; ils n'ont pas de cortex.

Encore 250 millions d'années plus tard, le cerveau se complexifie encore et de nouveaux organes, l'amygdale et l'hippocampe, (on dit souvent qu'ils constituent le « système limbique ») vont permettre à l'animal d'avoir un début de véritable « mémoire », ainsi que des émotions de peur.

L'AMYGDALE, ORGANE DE LA PEUR

Il est probable que, bien avant l'apparition de l'amygdale, des réseaux de neurones se sont regroupés, formant des « noyaux » de neurones spécifiques, spécialisés dans la mémorisation des situations dangereuses, fuite, lutte, inhibition (se cacher), etc.

L'amygdale existe ainsi à l'état embryonnaire ou sommaire chez les poissons, les insectes, les reptiles, les oiseaux.
On rappelle que les insectes sont apparus il y a environ 400 millions d'années, les reptiles il y a 350 millions d'années, les oiseaux il y a 150 à 200 millions d'années.

*

Chez les mammifères, ce système d'alarme qu'est l'amygdale s'est complexifié, et il existe chez eux, un « circuit de la punition », lié au danger, au stress, et aux sentiments négatifs en général.

Ce circuit intègre bien sûr l'amygdale, mais il est aussi lié à une augmentation du taux du neurotransmetteur adrénaline dans le sang.

LA PEUR CHEZ LA MOUCHE DROSOPHILE

Les insectes n'ont pas d'amygdale, pourtant il semble que la peur existerait chez eux ; Il est donc il est possible qu'ils possèdent des noyaux neuronaux remplissant le rôle de l'amygdale.
Voici un extrait d'un article de *« Science & Médecine »* du Mercredi 20 mai 2015, par Florence Rosier, qui montre que la « peur » existe probablement chez la mouche drosophile :

« ...A l'instar des mammifères, la drosophile est capable d'éprouver une émotion de base voisine de la peur. Un modèle pour étudier les mécanismes de l'anxiété......
.....Ainsi, l'ombre incite des mouches qui ont jeûné à quitter des zones de nourriture placées au centre de la boîte : « La répulsion créée par l'ombre est plus forte que l'attraction de la nourriture », commente Jean-René Martin. Plus les mouches affamées ont été exposées au passage de l'ombre, plus elles mettent de temps à revenir à la nourriture. « Ces propriétés sont observées dans les réactions de peur

des rongeurs et de l'homme. Il est donc raisonnable de penser que les réponses des mouches sont liées à des émotions proches de la peur », commente Cyril Herry »

L'HIPPOCAMPE, ORGANE DE LA MÉMOIRE

De nombreuses observations, aussi bien chez les animaux que chez l'homme confirment le rôle important de l'hippocampe dans la mémorisation des informations nouvelles.

Ainsi, des chercheurs ont observé que lorsque l'on reçoit des informations d'entrée « habituelles », non nouvelles, comme par exemple prendre chaque jour le bus pour aller à notre travail, seuls les lobes pariétal et frontal du cerveau sont activés et l'hippocampe n'est pas activé.

Lorsque les informations perçues sont inhabituelles, donc nouvelles, comme par exemple trouver le chemin dans une ville inconnue, mémoriser une nouvelle information, on constate alors une activation de l'hippocampe dans le lobe temporal.

Lorsqu'on arrive dans un lieu inconnu, il est nécessaire de relever des informations nouvelles pour se repérer : c'est la mémorisation spatiale. C'est une mémorisation que nous avons tous.
Il s'agit bien d'une mémorisation d'informations explicites nouvelles, qui vont être reliées à un réseau existant.
En effet, dans une ville nouvelle, nous prenons des points de repère concrets, comme par exemple les monuments, les magasins, les parcs, les avenues, qui nous permettent de créer des relations entre les lieux (et avec des lieux déjà dans notre mémoire), et de nous forger une représentation de ce lieu.
Nous avons donc stocké des « informations spatiales ».

Des expériences sur le rat ont montré que la mémoire spatiale est bien située dans l'hippocampe, et s'appuie sur un stockage des lieux et de leurs relations : en chaque lieu, le cerveau élabore une « carte neuronale », dans laquelle chaque neurone correspond à un point du lieu.

On a constaté également que les personnes ayant subi une ablation de l'hippocampe deviennent incapables de mémoriser des informations explicites, comme par exemple un mot nouveau ou une date (c'est la mémoire « explicite ») ; elles sont par contre capables de retenir des informations implicites, comme des enchaînements de mouvements successifs (c'est la mémoire « implicite », encore appelée mémoire « procédurale » dont nous avons parlé précédemment).

Un exemple classique est celui du patient « H.M » qui avait subi en 1953 une ablation de deux organes du cerveau : l'hippocampe et l'amygdale.

H.M. fut étudié pendant plus de 40 ans à Montréal par le docteur Brenda Milner : il était devenu incapable de retenir ce qu'il avait fait dans la journée plus de quelques minutes.
En particulier, chaque jour, lorsque le médecin venait le voir, H.M. lui demandait « qui êtes-vous ? ».
Le médecin devait donc se présenter à chaque fois ... Par contre, H.M. pouvait se remémorer les souvenirs antérieurs à son ablation.
En résumé, H .M. était capable d'apprendre, mais pas de mémoriser : ses aptitudes d'apprentissage par répétition, association et comparaison étaient intactes, mais il était incapable de mémoriser à long terme des informations explicites ; cela est cohérent, puisque l'hippocampe étant supprimé, il n'y avait plus de neurogenèse.

Cependant, sa capacité de mémorisation à long terme pour des informations implicites était préservée.
On a pu le constater de la manière suivante : un jour, le médecin qui soignait H.M. fit une expérience : il mit une épine dans sa main ; lorsque H.M lui serra la main, il retira vivement sa main.
Le lendemain, le médecin tendit sa main à H.M. Celui-ci refusa de lui serrer la main, bien qu'il ne se souvint pas de l'incident de la veille. …
Donc, il avait conservé sa mémoire implicite à long terme.

La découverte d'une naissance permanente de nouveaux neurones dans le cerveau est très récente.
En effet, il y a encore une vingtaine d'années, les scientifiques pensaient que chaque être humain naissait avec un potentiel de neurones immuable : au fur et à mesure qu'un homme vieillissait, son nombre de neurones était supposé diminuer.
On a découvert récemment qu'en fait chaque personne produit en permanence de nouveaux neurones, c'est-à-dire qu'il existe une neurogenèse à l'âge adulte. Le nombre de ces nouveaux neurones serait de quelques milliers chaque jour.
Certes, c'est peu par rapport aux cent milliards de neurones du cerveau, sans compter que nous perdons, à l'âge adulte, plus de cent mille

neurones par jour. Cependant, comme nous l'avons vu, ces nouveaux neurones jouent un rôle très important : sans eux, il n'y aurait pas de mémorisation à long terme.

Des chercheurs de l'équipe Inserm (Bordeaux) de Nora Abrous ont étudié des rats pour déterminer ceux qui atteignent le plus vite une plate-forme immergée dans un labyrinthe aquatique, chaque rat ayant le droit à un certain nombre d'essais.
Au bout d'un certain nombre d'essais, variable suivant les animaux, les rats étaient capables de se diriger immédiatement, quel que soit l'endroit où ils étaient initialement, vers la plate-forme immergée.
Les scientifiques ont pu mesurer le nombre de neurones nouvellement créés.
Ils ont constaté qu'il existait un lien quantitatif entre les performances cognitives des rats et la neurogenèse.
Les rats qui ont retrouvé le plus rapidement la plate-forme présentaient des facultés supérieures de neurogenèse :
ils avaient donc été avantagés par leur meilleure mémoire explicite à long terme.

Diverses études ont montré que, l'apprentissage est perturbé si l'on empêche la neurogenèse. Cela confirme encore la nécessité d'une neurogenèse pour mémoriser à long terme.
La neurogenèse peut être perturbée naturellement et ce n'est pas un processus continu dans le temps, il varie en fonction de l'âge et des situations vécues.
En particulier, le stress peut nuire considérablement à la neurogenèse, et donc à l'apprentissage.

Ainsi, on constate que, en période de stress la production de nouveaux neurones est ralentie chez le rat.
En outre, en situation « normale », sans tâche d'apprentissage pour ces rats, la moitié des neurones nouveau-nés produits par neurogenèse, meurent deux semaines après leur apparition. Cependant, si on soumet ces rats à des tâches d'apprentissage, leur taux de survie est beaucoup plus élevé.
L'explication la plus plausible est que, en phase d'apprentissage, les nouveaux neurones sont utilisés, mis en place dans le réseau de neurones permettant le stockage à long terme, alors que s'il n'y a aucun apprentissage, ces neurones inutiles sont supprimés.

*

Même sans hippocampe, cette neurogenèse existe à l'état

embryonnaire chez les animaux simples : elle est alors réalisée dans des noyaux spécialisés.

En particulier, les insectes n'ont pas d'hippocampe.
Pourtant, on observe une production permanente de nouveaux neurones dans des zones spécifiques des cerveaux de l'abeille, la mouche drosophile, ou le grillon.

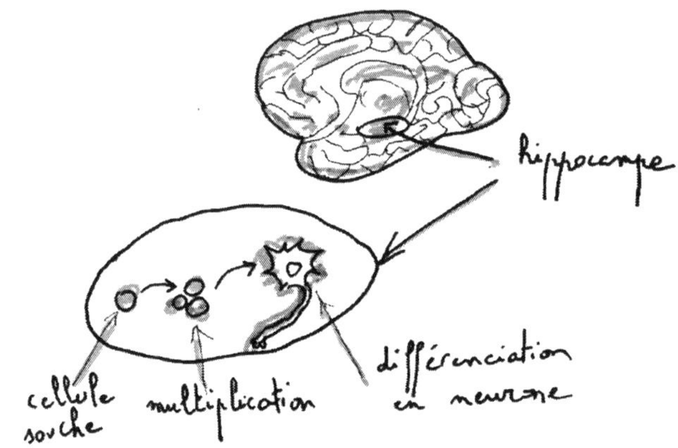

Chez les oiseaux, tout au long de la vie, et pas seulement à la naissance comme on le croyait jusqu'à récemment, de nouveaux neurones sont générés également dans un autre organe, le « centre vocal de l'animal » ; ces neurones semblent permettre le renouvellement du chant de l'oiseau chaque année.Chez les mammifères, des cellules souches se multiplient, puis se différencient en nouveau neurone.

Le jeu chez les animaux

Article « Est-ce que les animaux jouent ? »
de Pierre Garrigues
dans Enfances & Psy 2001/3 (no15), pages 11 à 17.

« Qui douterait que les animaux jouent en voyant des chats dévider allègrement une pelote de laine, de jeunes chiots se poursuivre, lutter et faire des cabrioles, des agneaux en train de gambader, ou bien encore un chien solliciter son partenaire humain de lui lancer un objet ? En effet, par intuition ou par empathie, nous qualifions couramment de « jeu » de telles activités, rejoignant par là une idée familière selon laquelle l'animal qui joue exprime plaisir et amusement dans une activité sans utilité, puisque non orientée vers l'accomplissement d'une tâche sérieuse, alors qu'il dépense beaucoup d'énergie et peut mettre, parfois, sa vie en danger ou s'exposer à des blessures graves.

Le philosophe Karl Groos (1898) a, le premier, tenté d'unir la psychologie animale évolutionniste avec l'esthétique (Fagen, 1981). Ainsi reliait-il l'activité artistique humaine au jeu animal. Il concevait celui-ci comme une forme de création artistique simplifiée, plus accessible à l'analyse scientifique que la complexité des cultures humaines.

Malgré son peu de popularité, à l'époque, cette audacieuse synthèse de la biologie et de l'art avait mis en relief un élément commun au jeu de l'animal et à l'activité artistique humaine : la qualité de faire « comme si », c'est-à-dire de faire semblant, idée que l'on retrouvera formalisée dans de récentes études de biologistes.

L'histoire naturelle des animaux abonde en observations de jeux. Ceux-ci sont largement répandus chez les mammifères ; ils sont plus rares chez les oiseaux, sauf chez les corvidés où ils se manifestent nettement. Aussi les mammifères non-humains forment-ils la toile de fond de cet article. La composante motrice, c'est-à-dire les postures, les mouvements et les interactions corporelles, constitue l'armature de toutes ces descriptions. Les données empiriques obtenues peuvent être regroupées selon deux critères : un critère moteur (le type d'activité motrice manifestée par l'animal) et un critère contextuel (la situation observée définie par le nombre et la nature des partenaires en présence). Les deux critères se retrouvent associés dans les descriptions naturalistes.

Pour rassembler des connaissances issues de la littérature scientifique et des observations personnelles, je propose de distinguer deux niveaux dans la lecture de la structure du jeu : d'une part, une lecture macroscopique des formes de jeu émergeant des mouvements d'ensemble du corps de l'animal en interaction avec les éléments de son environnement dans une situation donnée et, d'autre part, une lecture microscopique de l'organisation dynamique des composants moteurs de ces formes.

Les formes de jeu

Les formes de jeu sont inégalement réparties selon les espèces. Pour s'orienter dans une classification générale, on peut, avec la plupart des auteurs (Bruner, 1976 ; Fagen, 1981 ; Smith, 1984), distinguer trois grands types de jeu chez les animaux : les jeux locomoteurs et de rotation ; le jeu avec l'objet et le jeu social.

Le jeu locomoteur et de rotation

Cette forme de jeu se définit comme une mobilisation de l'ensemble du corps qui propulse l'animal d'un point de l'espace à un autre ou qui lui fait exécuter d'amples mouvements autour des axes principaux de son propre corps.

La plupart des jeux locomoteurs sont répartis de façon assez uniforme dans les diverses espèces animales : courir, courir en cercle, sauter, rebondir, ruer, rouler, glisser.

D'autres sont plus fréquents ou au contraire plus originaux. C'est ainsi que le comportement « sauter en l'air » a la distribution la plus fréquente. On le trouve chez les primates non-humains, les cétacés, les rongeurs, les carnivores, les artiodactyles (dont l'hippopotame).

À ce répertoire, certains animaux ajoutent quelques spécialités : pourchasser sa propre queue, comme le font le chien domestique et le vison, ou bien se suspendre avec la tête en bas, comme le gibbon, le panda rouge ou le corbeau.

Certains jeux locomoteurs et de rotation, du corps entier ou de parties du corps, comme ceux des jeunes chimpanzés, sont devenus populaires avec les descriptions faites par les primatologues, qu'il s'agisse des escalades et glissades répétées des jeunes chimpanzés sur le corps de leur mère, de leurs acrobaties entre les branches d'arbres, ou de l'invention de pirouettes pendant la marche.

Le jeu avec l'objet

Il est parfois difficile de différencier le jeu avec l'objet de l'exploration de l'objet. On retrouve ici les effets de l'imprécision de la définition commune du jeu.

Il semble cependant, du moins chez les primates, que l'exploration est plus riche en utilisation de modalités sensorielles telles que renifler, goûter, toucher, tandis que les jeux avec l'objet sont caractérisés par une plus grande implication des activités motrices : manipuler, tirer, pousser, mâcher. En réalité, les deux composants, sensoriel et moteur, coexistent et tendent à se répartir dans des proportions opposées sans que l'on puisse fonder sur cette différence une opposition tranchée entre exploration et jeu. Les modalités de la première sont relativement stéréotypées d'un individu à l'autre, alors que le second présente une plus grande variabilité.

Très voisine de l'exploration et du jeu, l'utilisation de l'outil implique également l'emploi d'un objet inanimé dans le but de manipuler une partie de l'environnement.

La séparation entre ces trois types de comportement n'est pas étanche, et le passage de l'un à l'autre est possible. En effet, à quel moment le jeu avec un objet se transforme-t-il en découverte d'un outil ? On sait que la complexité des interactions avec les objets augmente (chez les primates) avec les formes les plus évoluées de la vie et que la morphologie de la main impose ses contraintes à la possibilité d'utiliser un objet dans le jeu. Une main adaptée pour circuler dans les arbres et s'accrocher aux branches n'est pas faite pour la manipulation fine des objets de jeu ou pour l'usage d'un outil.

Le jeu social

Les formes les plus étudiées du jeu social sont, chez les primates, le combat ludique et le corps à corps ludique qui se pratiquent avec les pairs, la fratrie, et même la mère.

Dans le combat ludique *(play fighting)* et le corps à corps ludique (traduction personnelle proposée pour *rough and tumble*), H.K. Harlow et M.K. Harlow (1965) ont fait la différence, chez les primates non-humains, entre les jeux avec contact, où les animaux luttent, roulent, s'agrippent et simulent de se battre, et les jeux sans contact, dits jeux « d'approche et de retrait », où les animaux se poursuivent et fuient. Ces manifestations sont accompagnées de vocalisations et d'une expression faciale détendue (« bouche grande ouverte avec les dents couvertes ou en partie couvertes »), connue depuis son identification par Van Hoof en 1962 sous le terme de *play face*, ou « physionomie de jeu », expression faciale ritualisée de la morsure.

Le fond commun de toutes les formes de jeu

L'étude détaillée de ces formes de jeu, c'est-à-dire une microanalyse comportementale, met en évidence un système défini par la nature des parties du corps impliquées dans le mouvement, par l'agencement des divers actes unitaires dans une séquence donnée et par la structure temporelle de l'ensemble.

Cette dernière comprend la durée d'expression de chaque élément, la vitesse et le rythme de leur production, la durée des intervalles ou des pauses. Les éthologues ont comparé cette structure des jeux animaux avec l'organisation temporelle et hiérarchique de comportements ne faisant pas partie du jeu, comme cela s'observe, par exemple, dans les comportements ritualisés de cour, qui impliquent les mêmes parties du corps. Ils ont noté dans le jeu, non seulement l'absence de certains comportements, mais aussi le bouleversement des séquences, lié à la modification de l'ordre temporel des éléments, à la variabilité de leurs combinaisons et à l'absence de la stricte corrélation entre les unités qui les composent. La structure temporelle de l'ensemble de l'organisation est alors incomplète, ce qui se traduit par un mouvement inachevé.

Ce que disent les éthologues de la fonction du jeu

Le fait que le jeu soit largement répandu dans les espèces animales peut donner à penser que sa signification biologique compense largement ses désavantages (Immelmann, p. 100).

D'un point de vue évolutionniste, le jeu semble en effet avoir une valeur adaptative pour les espèces animales et contribuer au développement individuel. Par la surabondante activité physique déployée, les jeux participent sans doute au développement physique de l'animal, mais ce n'est pas le seul bénéfice. Dans ses interactions avec l'environnement, le jeune animal développe ses compétences sociales et cognitives. Il expérimente, dans des conditions relativement détendues, des situations variées, dans le cadre desquelles il apprend à trouver des solutions à des problèmes nouveaux : acquérir la distance adéquate dans l'interaction avec les congénères ou découvrir l'usage d'un outil. Au cours de ses explorations, le jeune animal met ainsi en œuvre des régularités comportementales vis-à-vis de l'environnement physique et social. De ce point de vue, la fonction centrale du jeu est de permettre chez le jeune individu le « déverrouillage » des différentes activités propres au répertoire de l'espèce ou issues des schèmes d'action acquis graduellement (Petersen *et al.*, 1984). Par un processus d'autoréférence, cet effet émancipateur du jeu favorise l'orientation du sujet dans son environnement et le modelage de ses activités en fonction de celui-ci.

Qu'est-ce qui fait qu'un comportement naturel devient un jeu ?
Deux principaux paramètres opèrent cette transformation : un signal et un système de motivation.

La fonction de signal de certains comportements apparaît clairement dans les jeux de locomotion et les combats ludiques.

La locomotion est transformée en jeu grâce au contexte créé par l'individu lui-même. Par exemple, le jeune *rhésus* déforme sa manière habituelle de se déplacer et donne à sa démarche une dégaine bizarre ; il gambade et trébuche au lieu de courir, marcher ou grimper comme à l'accoutumée. La « physionomie de jeu » précède en général ces particularités de déplacement, puis les accompagne.

Dans le combat ludique, l'émergence du signal vient du contraste avec le combat réel. La comparaison des jeux avec des comportements essentiels à la vie de l'animal et à la survie de l'espèce a permis de repérer la dimension opérationnelle de certaines unités de comportement. Dans cette optique, les comportements agonistiques animaux ont servi de modèle de référence et de contraste. L'hypothèse a été faite que, dans le jeu de l'animal, l'apparence d'activité « pas sérieuse » pourrait être l'effet de « conventions » qui entretiendraient la réciprocité et la « loyauté » des interactions sociales. En effet, dans un système d'interactions corporelles et de communication sociale comme le système agonistique, fait de comportements d'agression, de menace et de soumission, les tactiques utilisées sont dangereuses. Dans le jeu, au contraire, ces dernières et les morsures sont absentes, ainsi que les signaux stéréotypés de menace et de soumission. En revanche, la « physionomie de jeu » est toujours présente, comme un indicateur se superposant aux actes calqués sur ceux du combat réel, mais sans égaler leur violence.

Comment cela fonctionne-t-il ? Tout se passe comme si l'ensemble de ces modifications d'actes associé à la « physionomie de jeu » envoyait le message « ceci est un jeu », pour reprendre la suggestion de Gregory Bateson (1955).

Existe-t-il un système de motivation propre au jeu ?
Cette hypothèse a été invoquée dans le cadre de la théorie de l'éthologie objectiviste sur les motivations et la disponibilité à agir. Elle se fondait sur l'idée que le jeu survenait en l'absence d'activation des autres besoins. Dans ce cadre, il paraissait logique de le ranger auprès du sommeil, de la migration et de la curiosité, qui complétaient la liste des quatre grands systèmes motivationnels : nourriture, reproduction,

attaque, fuite. Mais l'argument est invalidé par le fait que les différents systèmes fonctionnels se combinent avec facilité. Qu'il existe une motivation propre au jeu, cela reste possible, mais on en attend la preuve (Immelmann, 1980). La question reste donc ouverte par le fait que des espèces animales ont élaboré leurs propres signaux de jeu à partir d'un comportement hautement développé, la « physionomie de jeu », et que celui-ci est utilisé par les individus pour indiquer leur disponibilité à jouer et prévenir les partenaires de tout malentendu pendant un combat ludique.

Joue-t-on pour communiquer ?

Ainsi, les animaux jouent.

Les recherches sur le jeu se rassemblent autour du thème du développement soit dans la perspective évolutionniste d'une espèce, soit comme un aspect capital du développement individuel.

Une conclusion unanime est que dans leurs jeux les animaux utilisent, avec des formes très différentes ou très semblables, des patrons moteurs participant à d'autres contextes, tels que la prédation, la défense contre les prédateurs ou l'accouplement. Certaines espèces ont élaboré des signaux pour établir ou maintenir une ambiance ou un contexte de jeu. La « physionomie de jeu » est l'un de ces signaux. Il en existe d'autres, notamment les signaux de sollicitation de jeu, qui favorisent la coopération entre les partenaires de jeu. Le mieux connu se trouve chez les canidés, sous la forme de la « révérence de jeu » (*play bow*), présentée par le chien pour inviter un congénère ou un humain à commencer ou continuer une partie de jeu. Accroupi sur le sol, le dos creusé en arc de cercle et la tête et le thorax tendus vers le partenaire, le chien garde ses membres antérieurs bien à plat devant lui ; il est prêt à bondir dans un sens ou dans l'autre. Cette attitude ne se voit que dans un contexte de jeu.

Ces signaux de jeu posent la question de la communication intentionnelle chez les animaux. Par les inférences qu'ils génèrent dans nos interprétations, ils sont le point de départ de pistes de recherche en éthologie cognitive. C'est ainsi que l'hypothèse d'une fonction de métacommunication dans les échanges corporels au cours des combats ludiques a été reprise, non seulement dans l'étude des jeux d'enfants (les bagarres des cours de récréation), mais aussi dans le champ des psychothérapies (psychodrame, thérapie de groupe ou de famille). »

LE DEEP LEARNING

Récemment, l'intelligence artificielle par réseaux de neurones a fait des progrès fulgurants, grâce à la technologie de « l' apprentissage profond » ou « Deep Learning », qui a permis à la machine d'obtenir une certaine aptitude « à comparer ».
Cette technologie s'appuie sur la mise en œuvre de plusieurs « couches » successives de neurones : l'information de sortie d'une couche devient l'information d'entrée de la suivante.
Ce process par couche successive est similaire à ce qui se passe dans le cerveau, où l'information brute, après traitement, dans des réseaux de neurones, donne une information plus globale, qui est elle-même traitée dans un autre réseau etc.
Grâce au Deep Learning il est désormais possible de reconnaître une catégorie d'images (chaise, chat, tête, etc...),quel que soit l'angle de vue, et même en montrant une petite partie de l'image.

Il est intéressant de noter l'importance de cette évolution, dite « apprentissage profond », pour l'intelligence artificielle.
En effet, dans les années 1980, les chercheurs avaient déjà créé des réseaux de neurones artificiels, capables de faire des associations multiples. Mais leur efficacité était limitée, car ils étaient incapables de gérer des catégories.
Le Deep Learning, technologie, mise au point par un chercheur français en intelligence artificielle, Yann Le Cun à partir des années 2010 (le grand public en entend parler surtout depuis 2016), apportera cet "'apprentissage profond".
C'est une véritable révolution pour l'intelligence artificielle : désormais , un ordinateur est capable de reconnaître les points communs multiples entre des items, et donc de créer des catégories de représentations (images, textes, vidéos, sons).

Ce n'est pas encore aujourd'hui une aptitude à comparer avec un grand niveau d'abstraction, mais c'est déjà un grand pas dans cette direction, et je suis persuadé que les progrès seront très rapides dans l'avenir.

Conscience et conscience de soi

Les idées conscientes et les idées inconscientes

Suite à une perception, de multiples réseaux de neurones sont activés successivement parce qu'ils sont connectés entre eux : c'est l'association d'idée.
Mais au final, l'idée dont nous avons « conscience », c'est-à-dire l'idée que nous « voyons » intérieurement, est bien souvent la dernière association d'idée activée de la longue chaîne d'association d'idées appartenant à notre mémoire à long terme (néanmoins, parfois, nous parvenons à retrouver le fil des associations d'idées qui nous a conduit à l'idée finale).

Pour cette raison, on peut définir la *« conscience »* à un instant donné comme l'ensemble des idées explicites dont les réseaux de neurones sont activés à cet instant.
Il est important de noter que l'on donne ici une définition assez large de la « conscience », qui ne répond pas exactement au sens commun :
Par exemple, si j'effectue machinalement une action, comme poser un verre, mon cerveau active tout un réseau de neurones liés à cette action, et pourtant je ne me rends pas toujours compte que je la fais : parce que je n'y accorde pas d'importance, je l'oublie rapidement... et dix minutes plus tard, je chercherai mon verre partout.

Il existe des idées « presque » perdues dans notre cerveau : c'est « l'inconscient ».

Il existe des réseaux neuronaux qui, avec le temps, perdent une grande partie de leurs connexions avec les autres réseaux neuronaux, et ne peuvent donc « presque » plus être activés : il n'y a plus de « point d'entrée » pour accéder à l'information, ou très peu.

Ces informations seront perdues et ne pourront plus revenir à la conscience (c'est-à-dire être activées), sauf si quelques « faibles » connexions avec des réseaux neuronaux voisins existent encore.
Si c'est le cas, on dit alors que ces informations font partie de « l'inconscient », parce que ces réseaux sont incomplets (une partie de leurs informations est définitivement déconnectée), ce qui fait que, lorsqu'ils sont activés, ils engendrent à notre insu des comportements inhabituels, que l'on a du mal à expliquer (comme l'a montré Freud).

L'exemple le plus connu de cette perte de « connexion » est celui de la

« madeleine de Proust ».
Proust ressentait une sensation de plaisir intense chaque fois qu'il trempait une madeleine dans son thé, mais ne comprenait pas pourquoi.

Puis, brusquement, une association d'idée s'est reformée, et un souvenir ancien lui est apparu.
Le souvenir était enfoui dans sa mémoire à long terme, et s'est brusquement « ré-accroché » à la perception réelle : s'il aimait tant le goût des madeleines dans le thé, c'est parce que cela lui rappelait le plaisir qu'il avait, enfant, à les manger lorsqu'il était chez sa tante Léonie.
Concrètement, lorsqu'il était enfant, Proust avait fait un apprentissage associatif entre le réseau de neurones « le goût de la madeleine dans le thé », et le réseau « sa tante ». Il avait également associé tous ces réseaux à un réseau de forte valorisation, de « sensation de plaisir » (Proust aimait donc beaucoup ces moments).
Avec le temps, les connexions entre neurones se sont dégradées : le réseau « tante » s'est pratiquement déconnecté des autres réseaux. Il n'est plus resté que la « sensation de plaisir » associée au goût de la madeleine dans le thé....

La conscience de soi-même

La conscience de soi consiste à concevoir clairement que nous sommes un être différent des autres.
Cette conscience de soi-même intervient donc si l'on est capable de comparer des informations et de les classer en au moins deux catégories : la catégorie « moi » et la catégorie « ce qui n'est pas moi ».
Effectuer une opération « consciente », c'est savoir que c'est nous-même qui faisons l'opération.
Par exemple, si je vois des billes, et que je les compte, je pourrai dire plus tard : « c'est moi qui ai compté les billes ».
Avant les mammifères, en raison d'une aptitude à la comparaison faible, les animaux n'avaient pas véritablement conscience d'eux-mêmes.
Notons que cette définition de la conscience de soi implique qu'un robot qui percevrait en permanence des informations en entrée (en provenance de capteurs), et qui aurait un processus de comparaison minimal, lui permettant de se distinguer de son environnement, serait conscient ...
Comment imaginer qu'un tel robot puisse apprendre à être conscient de lui-même ?
Imaginons par exemple que le robot soit de forme carrée. Il constatera alors que, chaque fois qu'il fait une rotation à droite dans une porte

étroite, son côté angulaire droit se cogne.
Après comparaison, ces situations seront associées à de mêmes neurones de comparaison, ce qui fait que la prochaine fois qu'il envisagera de tourner dans une porte étroite, il pourra « prévoir » qu'il se cognera.
Dans un deuxième temps, la comparaison de toutes ces informations « immuables » (parce que liées à lui-même) l'amènera à toutes les lier par de nouveaux neurones de comparaison : il aura ainsi créé un ensemble d'informations « caractéristiques de lui-même ».
Cette approche permet de prévoir qu'il existe dans le cerveau des zones spécialisées dans les informations « caractéristiques de nous-mêmes », zones de neurones égocentriques qui ne parlent que de nous.

Certains chercheurs pensent que ces zones sont situées dans le cortex insulaire antérieur.
La conscience de soi apparaît lorsque des informations perçues sont comparées à ces « zones » spécialisées de « soi-même ». Par exemple, si j'ai conscience de voir une chaise, c'est-à-dire si je peux dire « je vois cette chaise », c'est d'une part parce que le réseau « chaise » est activé (c'est la conscience des choses), et d'autre part parce qu'il est associé au réseau « moi-même » : je sais que la chaise n'est qu'un objet par rapport à moi, que je peux m'asseoir sur la chaise, la prendre.

Le cortex cingulaire antérieur

Plusieurs nouveaux organes, encore assez mal connus, tels que le « cortex cingulaire antérieur » (noté « CCA ») ou le « cortex insulaire » (appelé aussi « insula ») sont apparus dans le cerveau humain (et dans celui de certains primates) pour renforcer les tâches de la mémoire de travail.
Leur rôle est de gérer et pondérer toutes les informations et leurs valorisations, afin d'optimiser la prise de décision.

Antonio Damasio suppose que l'insula, parce qu'elle est connectée à tous les centres majeurs des émotions et de la cognition (thalamus, amygdale, hippocampe, CCA, cortex préfrontal, ..) jouerait un rôle de modulateur (réalisation d'une « moyenne » des diverses valorisations positives et négatives) de l'information émotionnelle et sensorielle.

Le **CCA**, quant à lui, jouerait un rôle dans **l'évaluation de différentes hypothèses** (prévisions), des multiples conséquences possibles suite à un choix.

Cet organe estimerait la probabilité et le coût d'obtention d'une récompense à venir pour chaque « chemin » possible.

Les chercheurs ont en effet constaté que le CCA possède des neurones qui s'activent lorsqu'il y a une récompense en jeu, des erreurs à corriger, ou encore différentes réponses possibles pour un problème.

En particulier, on observe que le CCA s'active quand un singe effectue des tâches pour obtenir de la nourriture, ou bien lorsqu'un homme travaille pour obtenir de l'argent.

Les scientifiques supposent également que le CCA travaillerait de concert avec le cortex préfrontal latéral (« CPFL »).
Le **CPFL** serait impliqué dans la **planification précises des actions** à réaliser pour parvenir à la récompense.
Ainsi, le CCA réaliserait les différentes explorations, les évaluations des performances, et le CPFL intégrerait alors ces évaluations, planifierait les « chemins » et tirerait les conclusions en fonction des difficultés rencontrées sur ces chemins.

Les patients souffrant d'une lésion du CPFL produisent des réponses automatiques inappropriées, sont incapables de mettre en œuvre une stratégie, un plan d'action cohérent vers un but, d'adopter un ordre temporel approprié pour atteindre un but comportemental.
Ces résultats s'appuient en particulier sur les travaux de scientifiques tels que A.R. Luria, Jean Lhermitte, J.M. Vendrell, Paul W Burgess, Tim Shallice, Angela Sirigu, Tiziana Zalla.

LE POSITIF AU TRAVAIL

Nous avons souligné l'importance de se mettre en "mode positif" dans nos actions quotidiennes.
Cela est également valable pour le travail.
Il faut, quel que soit son travail, rechercher le "positif" et éviter le "négatif".

<u>Pour maximiser le "positif"</u> au travail :

- sourire, parler aux autres, être de bonne humeur, voir ce qu'il y a de bon dans ce qu'ils disent (et non l'inverse), ...

- positiver son travail, ses tâches : voir ce qui est positif dans notre mission et non ce qui est négatif.
Par exemple : un déplacement imprévu est contraignant mais cela peut être aussi l'occasion de rencontrer des collègues, de faire le point en direct sur un sujet, de prendre des contacts pour son évolution de carrière, etc.

- communiquer le plus chaleureusement possible : par exemple au lieu d'envoyer un mail, souvent froid et pouvant être mal interprété, il vaut mieux aller dans le bureau de la personne ou l'appeler au téléphone.
Si on parle avec un collègue, il faut éviter les tournures négatives, être compréhensif, ne pas juger la personne.

- faire des pauses, se relaxer quelques minutes de temps, se donner des petits moments de plaisir : aller boire un café, discuter avec des collègues...

- personnaliser son coin de travail pour le rendre plus agréable à nos yeux : mettre des plantes vertes, des couleurs, se faire un coin cosy...

- apprendre de nouvelles choses : par exemple, en demandant des formations sur des sujets qui nous intéressent, en acceptant des nouvelles missions qui nous font découvrir de nouvelles compétences, etc.

-exprimer de la reconnaissance aux autres pour leur travail : l'une des motivations humaines parmi les plus importantes est la considération : au travail, cela se manifeste par le souhait que nos efforts, notre travail, soient reconnus à leur juste valeur.
Pour cette raison, il faut savoir exprimer cela à ses collègues. Par exemple, si une personne vous rend un rapport rapidement, ou simplement un service dans votre mission, n'oubliez pas de lui glisser un mot gentil et valorisant pour elle.

- de même que la motivation de considération, la motivation d'"appartenance" est essentielle pour les êtres humains. Vous pourrez favoriser celle-ci par exemple en participant pleinement à des projets d'équipe dans un esprit de solidarité et non de compétition.
Par exemple, imaginons que vous deviez mettre en œuvre une équipe sur un projet : vous avez la possibilité de faire une réunion froide et pragmatique, en attribuant arbitrairement les différentes tâches aux personnes.

Mais vous pourriez aussi tenter de créer une dynamique positive de groupe, humaine, amicale, conviviale : par exemple en remplaçant la réunion par un petit déjeuner, en présentant le projet de manière ludique (par exemple en tirant des cartes), en choisissant une salle chaleureuse, en demandant à chacun les tâches qu'il préfère réaliser, en formant des groupes de travail par affinité et objectif commun, etc.

<u>Pour minimiser le négatif au travail :</u>
Malheureusement, au travail, il y a aussi souvent des moments qui nous pèsent et des situations désagréables. Comment y réagir ? Il convient de :

> -Ne pas sacrifier sa vie de famille, séparer vie professionnelle et vie privée. L'équilibre entre la vie professionnelle et familial est difficile. Il faut savoir séparer les deux, ne pas tout donner à l'un au détriment de l'autre; et pour cela, il faut parfois savoir dire "non".
>
> - Exprimer ses besoins : plutôt que de se sentir frustré par un manque, une idée non appliquée etc., il faut avoir le courage de dire ce qu'on pense, d'exprimer une demande, ou même une opposition à à une décision de sa hiérarchie.... en y mettant les formes bien sûr...
>
> -accepter les critiques, savoir se remettre en question : il n'est pas facile d'admettre que l'on peut se tromper, et d'entendre des critiques sur notre travail.
> Nous devons essayer de mettre de côté notre affectif, nous dire que ces critiques sont formulées dans un esprit constructif, et les écouter avec objectivité afin de pouvoir progresser.

La théorie de Vroom

On oppose souvent la théorie de Vroom à la théorie de Maslow, mais de mon point de vue, il n'y a pas de discordance.
Plus généralement, cette théorie de la motivation de Vroom n'est pas non plus contradictoire avec la liste des motivations vues.

En effet :

La théorie de Maslow montre essentiellement les différents types de motivations humaines : besoin de conservation, sécurité, etc.), en précisant, très « globalement », lesquelles sont prioritaires (d'où sa pyramide).
Mais Maslow n'a pas étudié, comment, par exemple entre deux objectifs donnés, chacun de ces objectifs étant lié à un ensemble de motivations, une personne fera son choix.
C'est-à-dire qu'il n'a pas étudié l'intensité, la « force » des motivations pour des cas précis de la vie réelle.

La théorie de Vroom permet de remédier à cela.
Je dirais qu'elle permet de calculer la force « F » de la motivation d'une personne pour un objectif que celle-ci se propose (ou qu'on lui propose) de réaliser.
On distingue en fait :
l'objectif proposé : c'est l'objectif proposé à la personne
l'objectif désiré : c'est l'objectif désiré au final par la personne; cet objectif désiré est en fait généralement un "ensemble" de motivations proprement dites.

Vroom dit que :
Devant un objectif proposé, toute personne estime intuitivement la force de motivation pour cet objectif de la manière suivante : F = V x I x E
Avec :
V = valeur que la personne accorde à l'objectif désiré
I = probabilité estimée d'atteindre l'objectif désiré indépendamment des aptitudes
E = probabilité estimée d'atteindre l'objectif proposé compte-tenu des aptitudes

Exemple :
Supposons par exemple que mon objectif désiré (motivation) soit d'obtenir une promotion.
Mes motivations, de manière exhaustive, peuvent être (aux sens définis dans mon livre) : conservation (me nourrir, me loger), propriété (argent), domination directe (poste hiérarchique supérieur), considération (être respecté), progression par objectif (devenir directeur), progression de pouvoir (commander des équipes), identification, estime de soi, sens de vie.
-Si ce qu'on me propose est juste une petite prime pour un poste similaire et que je gagne déjà correctement ma vie, je ne serai pas

motivé, et on aura donc : V = valeur faible.
-Si l'objectif qu'on me propose est énorme en temps de travail ou bien que d'autres employés l'ont atteint mais n'ont pas eu la promotion (qui est l'objectif désiré), on aura : I = valeur faible.
-Si l'objectif proposé fait appel à des compétences que j'estime ne pas avoir, on aura : E = valeur faible.

Remarque :
Dans le livre, on a décrit précédemment les différents poisons qui constituent des « dévalorisations » qui « empoisonnent » les motivations.

Pour rester proche de cette conception « motivations/poisons », j'aurais envie de présenter la théorie de Vroom de la manière suivante :
F = V x C x 1/P x E où
V et E : mêmes définitions que précédemment
C= Crédibilité = probabilité d'atteindre l'objectif désiré en supposant qu'on atteigne l'objectif proposé.
P = Poison = Dévalorisation (poison modéré) attendue pour atteindre l'objectif proposé.

Exemple :
-Si d'autres employés ont atteint l'objectif proposé mais n'ont pas eu la promotion (qui est l'objectif désiré) : on aura C = valeur faible.
-Si pour atteindre l'objectif proposé, je dois rentrer tard tous les jeudis soirs, moment important pour moi parce que je joue de la musique avec mes amis, on aura 1/P = valeur faible.

Le sacrifice de vie

Le sacrifice de sa vie par renoncement : suicide (perte de sens)

L'esprit rationnel montre une vie qui n'a pas ou plus de sens. La personne souffre, estime qu'elle n'ira pas mieux dans l'avenir.

Le sacrifice de sa vie par raison (motivation de sens de vie)

Le sacrifice de sa vie peut aussi être rationnel, tout en étant guidé par une motivation altruiste sans excès.
La logique, la raison apportée par l'intelligence peuvent justifier un tel acte : certains accepteront de sacrifier leur vie pour sauver d'autres personnes parce qu'ils estiment n'avoir plus rien à perdre, et qu'ils accordent de l'importance à la vie des autres (et probablement aussi à certaines valeurs, comme le courage).
Le raisonnement est alors le suivant : « si je ne fais rien, nous mourrons tous de toutes façons. ».

En 1944 et 1945, beaucoup de jeunes aviateurs japonais ont accepté de mourir comme kamikazes en jetant leurs avions sur des navires américaines.
Une étude a montré qu'ils n'étaient pas heureux de mourir, mais qu'ils avaient été convaincus que de toutes façons, les américains tueraient tous les japonais, et en particulier leur famille, et que dans tous les cas, ils mourraient.

Le sacrifice de sa vie pour sa descendance (motivation fondamentale de perpétuation)

L'instinct maternel répond à la motivation fondamentale de perpétuation de l'espèce.
Il consiste à vouloir protéger sa progéniture à tout prix, et peut être à l'origine du sacrifice de sa vie, par une mère ou un père aimant.
Cette cause semble plus importante que sa propre vie.
La raison, l'estime de soi, peuvent également conforter ce sacrifice. On se dit :
« Si je ne fais rien et que je survis, je me mépriserai moi-même pour avoir été aussi lâche ».

Le sacrifice de sa vie pour des valeurs fortes (motivation de sens

de vie)

Mais la cause du sacrifice peut être totalement indépendante de toute motivation fondamentale.
En effet, notre aptitude à l'abstraction nous amène à créer des valeurs fortes et des mythes (Dieu, vie après la mort, roi divin, patrie, gloire, honneur,...) et à y croire, en être convaincu. Ce sont des « sens de vie » extrêmement forts.
Je vous encourage à lire le livre *Sapiens – Une brève histoire de l'humanité, de Noah Harari, Edition Albin Michel),* qui explique en particulier le phénomène des mythes humains.
Ces mythes peuvent conduire certaines personnes à survaloriser des causes par rapport à leur propre existence.
Ils considèrent alors que la vie n'a aucune valeur par rapport à ces causes supérieures.

Nous avons cité plus haut l'exemple des aviateurs japonais qui se suicidaient « par raison ».
Mais en réalité, il convient bien évidemment de tenir compte aussi de la culture et des valeurs au Japon : l'importance du sens patriotique, la culture du sens de l'honneur, la pression sociale et la pression familiale étaient extrêmement fortes.
Les jeunes aviateurs avaient un fort sens de l'honneur ; ils savaient qu'ils seraient méprisés par les leurs en cas de refus et ils ne pouvaient l'accepter.

De même, certains fanatiques peuvent sacrifier leur vie au nom de leur religion.

Les hommes selon Schopenhauer

Il faut éviter d'être trop bienveillant ou d'avoir besoin des autres. Car beaucoup de personnes, dès qu'elles sentent que nous les apprécions ou que nous pouvons avoir besoin d'elles, se sentent supérieures et nous méprisent.

« ... Les hommes ressemblent aux enfants qui prennent de mauvaises manières dès qu'on les gâte; aussi ne faut-il être trop indulgent ni trop aimable envers personne...
C'est surtout l'idée qu'on a besoin d'eux que les hommes ne peuvent absolument pas supporter; elle est toujours suivie inévitablement d'arrogance et de présomption […]

N'avoir jamais et d'aucune façon besoin des autres et le leur faire voir, voilà absolument la seule manière de maintenir sa supériorité dans les relations.
En conséquence, il est sage de leur faire sentir à tous, homme ou femme, qu'on peut très bien se passer d'eux; cela fortifie l'amitié:
il est même utile de laisser s'introduire parfois, dans notre attitude à l'égard de la plupart d'entre eux, une parcelle de dédain; ils n'en attacheront que plus de prix à notre amitié.
«Chi non istima, vien stimato» (Qui n'estime pas est estimé), dit finement un proverbe italien.
Mais, si quelqu'un a réellement une grande valeur à nos yeux, il faut le lui dissimuler [...]
C'est à peine si les chiens supportent le trop de bienveillance, bien moins encore les hommes... »

(Schopenhauer / Aphorisme sur la sagesse dans la vie, 1880)

Se vanter, vouloir paraître, est le signe d'une faiblesse que l'on veut dissimuler; cela se découvre toujours et provoque le mépris.
Notons que c'est aussi le signe que l'on accorde trop d'importance à la considération des autres, on a besoin de briller devant eux...

« ...Aussi, gardons-nous de toute affectation. Elle provoque toujours le mépris [...]
Le fait d'affecter une qualité, de s'en vanter, est un aveu qu'on ne la possède pas.
Que des gens se vantent de quoi que ce soit, courage ou instruction,

intelligence ou esprit, succès auprès des femmes ou richesses, ou noblesse, et l'on pourra en conclure que c'est précisément sur ce chapitre-là qu'il leur manque quelque chose; car celui qui possède réellement et complètement une qualité ne songe pas à l'étaler et à l'affecter; il est parfaitement tranquille sous ce rapport.
C'est ce que veut dire ce proverbe espagnol : «Herradura que chacolotea clavo le falta» (A ferrure qui sonne il manque un clou).

Il ne faut certainement pas, nous l'avons déjà dit, lâcher entièrement les rênes et se montrer en entier tel qu'on est; car le côté mauvais et bestial de notre nature est considérable et a besoin d'être voilé; mais cela ne légitime que l'acte négatif, la dissimulation, mais nullement le positif, la simulation.
Il faut savoir aussi que l'on reconnaît l'affectation dans un individu avant même d'apercevoir clairement ce qu'il affecte au juste.
Enfin, cela ne peut pas durer à la longue, et le masque finira par tomber un jour.
«Nemo potest personam diu ferre; ficta cito in naturam suam recidunt» (Sénèque, De clem., l. I, c. 1)
(Personne ne peut longtemps porter le masque, tout ce qui est déguisé reprend bientôt sa nature)... »

(Schopenhauer / Aphorisme sur la sagesse dans la vie, 1880)

De même que lorsqu'on calomnie quelqu'un, les personnes croiront une partie de ces calomnies, de même, lorsqu'on se louange soi-même, les autres croiront une partie de ces louanges (à condition bien sûr de le faire subtilement, sinon cela revient à se vanter – cf le paragraphe précédent).

« ...Bacon de Verulam pourrait bien n'avoir pas tout à fait tort quand il prétend que le «semper aliquid hæret» (« il en reste toujours quelque chose ») n'est pas vrai uniquement de la calomnie, mais aussi de la louange de soi-même, et quand il la recommande à doses modérées...»

(Schopenhauer / Aphorisme sur la sagesse dans la vie, 1880)

Rien n'est immuable dans la vie ; en particulier un bonheur acquis peut disparaître brusquement, et nous devrions toujours en avoir conscience en imaginant le pire...

« ...On devrait ne jamais perdre de vue l'action qu'exerce le temps ni la mobilité des choses; par conséquent, dans tout ce qui arrive actuellement, il faudrait évoquer de suite l'image du contraire : ainsi, dans le bonheur, se représenter vivement l'infortune; dans l'amitié, l'inimitié; par le beau temps, la mauvaise saison; dans l'amour, la haine; dans la confiance et l'épanchement, la trahison et le repentir; et l'inverse également.
Nous trouverions là une source intarissable de sagesse pour ce monde, car nous serions toujours prudents et nous ne nous laisserions pas abuser si facilement.
Du reste, dans la plupart des cas, nous n'aurions fait ainsi qu'anticiper sur l'action du temps. Il n'est peut-être aucune notion pour laquelle l'expérience soit aussi indispensable que pour la juste appréciation de l'inconstance et de la vicissitude des choses.
Comme chaque situation, pour le temps de sa durée, existe nécessairement et par conséquent de plein droit, il semble que chaque année, chaque mois, chaque jour va enfin conserver ce plein droit pour l'éternité.
Mais rien ne le conserve, ce droit d'actualité, et le changement seul est la chose immuable.
L'homme prudent est celui que n'abuse pas la stabilité apparente et qui prévoit, en outre, la direction dans laquelle s'opérera le prochain changement... »

(Schopenhauer / Aphorisme sur la sagesse dans la vie, 1880)

La jalousie et l'envie sont mauvaises conseillères. Il faut au contraire se réjouir de ce que l'on a, en imaginant ce que nous serions sans cela, et nous réjouissant alors de les avoir...

« ...À la vue de biens que nous ne possédons pas, nous nous disons très volontiers : «Ah! si cela m'appartenait !» et c'est cette pensée qui nous rend la privation sensible.
Au lieu de cela, nous devrions souvent nous demander : «Comment serait-ce si cela ne m'appartenait pas?»
J'entends par là que nous devrions parfois nous efforcer de nous représenter les biens que nous possédons comme ils nous apparaîtraient après les avoir perdus; et je parle ici des biens de toute espèce :

Richesse, santé, amis, maîtresse, épouse, enfant, cheval et chien; car ce n'est le plus souvent que la perte des choses qui nous en enseigne la valeur.

Au contraire, la méthode que nous recommandons ici aura pour premier résultat de faire que leur possession nous rendra immédiatement plus heureux qu'auparavant, et en second lieu elle fera que nous nous précautionnerons par tous les moyens contre leur perte : ainsi nous ne risquerons pas notre avoir, nous n'irriterons pas nos amis, nous n'exposerons pas à la tentation la fidélité de notre femme, nous soignerons la santé de nos enfants, et ainsi de suite.
Nous cherchons souvent à égayer la teinte morne du présent par des spéculations sur des possibilités de chances favorables, et nous imaginons toute sorte d'espérances chimériques dont chacune est grosse de déceptions; aussi celles-ci ne manquent pas d'arriver dès que celles-là sont venues se briser contre la dure réalité.
Il vaudrait mieux choisir les mauvaises chances pour thèmes de nos spéculations; cela nous porterait à prendre des dispositions à l'effet de les écarter et nous procurerait parfois d'agréables surprises quand ces chances ne se réaliseraient pas.
N'est-on pas bien plus gai au sortir de quelque transe?
Il est même salutaire de nous représenter à l'esprit certains grands malheurs qui peuvent éventuellement venir nous frapper; cela nous aide à supporter plus facilement des maux moins graves lorsqu'ils viennent effectivement nous accabler, car nous nous consolons alors par un retour de pensée sur ces malheurs considérables qui ne se sont pas réalisés... »

(Schopenhauer / Aphorisme sur la sagesse dans la vie, 1880)

Les maux et les tourments font partie de la vie. Nous devons donc nous préparer à leur venue, rester stoïques lorsqu'ils adviennent, et tout faire pour les éviter et nous en accommoder.

« L'homme, surtout, qui reste calme dans les revers, prouve qu'il sait combien les maux possibles dans la vie sont immenses et multiples, et qu'il ne considère le malheur qui survient en ce moment que comme une petite partie de ce qui pourrait arriver : c'est là le sentiment stoïque, qui porte à ne jamais être «conditionis humanæ oblitus» (oublieux de la condition humaine), mais à se rappeler sans cesse la triste et déplorable destinée générale de l'existence humaine, ainsi que le nombre infini de souffrances auxquelles elle est exposée.
Pour aviver ce sentiment, il n'y a qu'à jeter partout un regard autour de soi : en tout lieu, on aura bientôt sous les yeux cette lutte, ces

trépignements, ces tourments pour une misérable existence, nue et insignifiante.
Alors on rabattra de ses prétentions, on saura s'accommoder à l'imperfection de toutes choses et de toutes conditions, et l'on verra venir les désastres pour apprendre à les éviter ou à les supporter.
Car les revers, grands ou petits, sont l'élément de notre vie. »

(Schopenhauer / Aphorisme sur la sagesse dans la vie, 1880)

La vie est une lutte permanente, à la fois contre la destinée et contre les hommes, et il faut l'accepter.
Nous devons donc être courageux et nous battre à chaque instant.

« ...Le courage est, après la prudence, une condition essentielle à notre bonheur.
Certainement on ne peut se donner ni l'une ni l'autre de ces qualités; on hérite la première de son père et la seconde de sa mère; cependant, par une résolution bien prise et par de l'exercice, on parvient à augmenter la part qu'on en possède.
Dans ce monde où le sort est d'airain, il faut avoir un caractère d'airain, cuirassé contre la destinée et armé contre les hommes.
Car toute cette vie n'est qu'un combat; chaque pas nous est disputé, et Voltaire dit avec raison: «On ne réussit dans ce monde qu'à la pointe de l'épée, et on meurt les armes à la main.».
Aussi est-ce d'une âme lâche, dès que les nuages s'amoncellent ou se montrent seulement à l'horizon, de se laisser abattre, de perdre courage et de gémir. Que notre devise soit plutôt :
Tu ne cede malis sed contra audentior ito (Ne cède pas à l'adversité, mais marche hardiment contre elle.)... »

(Schopenhauer / Aphorisme sur la sagesse dans la vie, 1880)

Imaginer le pire est le meilleur moyen de moins souffrir si ce pire advient.

« ...La raison principale pour laquelle un événement malheureux est moins lourd à porter quand nous l'avons considéré à l'avance comme possible et que nous en avons pris notre parti, comme on dit, cette

raison doit être la suivante : lorsque nous pensons avec calme à un malheur avant qu'il se produise, comme à une simple possibilité, nous en apercevons l'étendue clairement et de tous les côtés, et nous en avons alors la notion comme de quelque chose de fini et de facile à embrasser d'un regard; de façon que, lorsqu'il arrive effectivement, il ne peut pas agir avec plus de poids qu'il n'en a en réalité.
Si, au contraire, nous n'avons pas pris ces précautions, si nous sommes frappés sans préparation, l'esprit effrayé ne peut, au premier abord, mesurer exactement son étendue, et, ne pouvant le voir d'un seul regard, il est porté à le considérer comme incommensurable, ou, au moins, comme beaucoup plus grand qu'il ne l'est vraiment.
C'est ainsi que l'obscurité et l'incertitude grossissent tout danger.
Ajoutons que certainement, en considérant ainsi à l'avance un malheur comme possible, nous avons médité en même temps sur les motifs que nous aurons de nous en consoler et sur les moyens d'y remédier, ou pour le moins nous nous sommes familiarisés avec sa vue... »(Schopenhauer / Aphorisme sur la sagesse dans la vie, 1880)

Table des matières

Dépôt légal : Octobre 2021

Imprimé en France

Printed in Poland
by Amazon Fulfillment
Poland Sp. z o.o., Wrocław

85566318R00213